张春华 著

美国广播电视体制变迁研究

从"公众委托模式"到"市场模式"

A RESEARCH ON U.S. BROADCASTING SYSTEM'S CHANGE:
FROM "PUBLIC TRUST MODEL" TO "MARKET MODEL"

社会科学文献出版社
SOCIAL SCIENCES ACADEMIC PRESS (CHINA)

本书为 2014 年度国家社科基金青年项目（14CXW008）以及 2013 年度教育部人文社会科学规划基金项目（13YJA860024）的阶段性成果，同时也是江苏高校现代服务业协同创新中心、江苏高校人文社会科学校外研究基地"江苏现代服务业研究院"和江苏高校优势学科建设工程资助项目（PAPD）的研究成果。

目　录

引　言

在任何情况下，历史都是一个时代发现另一个时代价值的记录。

——雅各·布克哈特（Jacob Christoph Burckhardt）①

选择这个题目时，有很多人问我：为什么是美国而不是英国？英国的广播电视体制对我们应该有更大的借鉴意义……

提问者中有我的同学，还有老师。无疑，他们大多具有作为学者的良知、胸襟与强烈的社会责任感，认为以英国 BBC 为代表的公共广播电视体系或者其公共电视与商业电视并行的"双轨制"才应当是中国广播电视乃至世界广播电视业的发展方向，而以商业电视为主导的美国则未必如此。

在此，我想特别加以说明。在我看来，"应然"与"实然"之间永远有一段距离，或可跨越，或不可跨越。由于传媒体制与政治体制间密不可分的联系以及社会文化传统的诸多差异，中国的广播电视体制与英国的广播电视体制之间的鸿沟在可预见的时期内是无法跨越的；而随着政治体制改革、传媒体制改革的推进，中国广播电视乃至整个传媒业呈现出的状态与所面临的问题，与美国广播电视业有了越来越多的相似性，尽管二者在体制上也存在巨大差异。

"他山之石，可以攻玉"，理论永远有其现实指向性。这就是本书选择美国广播电视体制进行研究的原因之一。今天中国传媒业的现实和社会现实使我们不得不对广播电视业发达国家的历史和现状进行关注与研究。

传播政治经济学的代表人物赫伯特·席勒（Herbert Schiller）曾说过："美国的广播与电视的经验对于当时刚刚发展广播电视的国家之所以有用，不是因为它能够为这些国家提供模仿的东西，而是因为这些国家通过认识美国可以避

---

① 〔英〕约翰·基恩：《媒体与民主》，刘士军等译，社会科学文献出版社，2003，第 33 页。

免发生错误。"① 作为批判研究的代表人物,席勒此言自然有其特有的立足点和依据。然而,一味批判并非本研究的立场,诚然,美国广播电视体制给今天的美国电视业乃至美国的政治、社会、文化带来了一系列问题,但是从体制演化的脉络以及相关规制措施来看,它也有一些可供后发展国家借鉴之处。因此,我们今天研究美国广播电视体制,不仅仅是因为"通过认识美国可以避免发生错误",也因为美国模式或许可以提供一些可供借鉴、可供参考的经验。

尽管很多人会提出,我们不能从历史中学到任何东西,因为过去不能决定未来,但是作为人类的我们还是在过去经验的基础上规划我们的未来。如尼古拉斯·加汉姆(Nicholas Garnham)所说:"……我们创造我们自己,但我们自己不完全是由我们来创造。我们站在那些已经过去的历史的肩膀上。如果我们想要对现有的社会结构和传媒的表现采取批判的姿态的话,我们必须知道,它们为什么存在,它们存在的方式如何,有什么样的历史变化会发生,以及什么样的植根于历史的实践铭刻在我们继承的社会交往制度里。"②

开始写作之前,有相关学者曾向我发问:你的研究能有什么原创性?莫非你能把 FCC 历届主席请来做访谈?……是的,以我之能力与资源,这一点确实力有不逮。

20 世纪 20 ~ 30 年代,以哈耶克(Friedrich August Hayek)为代表的制度经济研究者们曾提出过一个深入的问题——什么样的体制才是好的?或者说,当一个国家面临着两种或多种不同的可供选择的体制时,应该如何进行取舍?其判断的依据是什么?对于给定的经济环境,是否存在一个或多个机制来保证既定社会目标的达成?如果存在,那么什么样的机制能够用更少的信息或更低的成本就可实现既定目标?

通常认为,评价某种经济机制优劣的基本标准有三个:资源的有效配置、

---

① 〔美〕赫伯特·席勒:《大众传播与美利坚帝国》,刘晓红译,上海译文出版社,2006,第 17 页。

② 〔英〕尼古拉斯·加汉姆:《解放·传媒·现代性——关于传媒和社会理论的讨论》,李岚译,新华出版社,2005,第 36 页。

信息的有效利用以及激励相容。[1] 资源有效配置通常采用帕累托最优标准，有效利用信息要求机制运行时支出尽可能低的信息成本，激励相容要求个人理性和集体理性一致。这样一来，问题就变成什么样的体制能同时满足以上三个要求。为了满足或无限接近这三个要求，该如何设计机制的具体运行方式？即如何寻找实现既定社会目标的机制，如何设计博弈的具体形式，在满足参与者各自条件约束的情况下，通过参与者所选择的策略的相互作用使配置结果与预期目标相一致？[2]

　　本书的核心研究对象是体制，然而对于这样一个重要而又具有普遍性意义的问题，却也无法给出一个确切的答案。

　　本研究能做到的，只是尽可能详尽地搜集资料，以重大法律法规和重大事件为线索，尽可能全面地对各家的观点进行总结、综合与评价，尽可能客观地呈现美国广播电视体制变迁的路径及其与公共利益之间的关系。说它是一项描述性研究也罢、解释性研究亦可，唯愿本研究能对中国当前以及将要进行的传媒体制改革与创新有稍许启示。

---

① 何德旭、王朝阳、张捷：《机制设计理论的发展与应用——2007 年诺贝尔经济学奖评介》，《中国经济时报》2007 年 10 月 23 日第 8 版。

② 目前，机制设计理论已经进入了主流经济学的核心部分，被广泛地运用于垄断定价、最优税收、契约理论、委托代理理论以及拍卖理论等诸多领域，许多现实和理论问题如规章或法规制定、最优税制设计、行政管理、民主选举、社会制度设计等都可归结为机制设计问题。

第一章 绪论

历史学家和经济学家一样，他们对构造有关过去的模型存在一个不可逾越的"心理"障碍，那就是：所有人几乎都永远相信，过去的经济制度是"无效率的"，这是这种制度消亡的终极原因。作为制度与制度变迁理论，这有许多重大的遗漏之处——不仅今天的生产技术而且现代的制度均代表着从过去继承下来的思想和传统的发展。这是不言自明的。同时，制度及技术存在着一个进步的时间周期，这可上溯于相当长的历史周期，这或许也是千真万确的。但是，由此得出理论说，由于过去没有按照我们现已认识的较优方式组织生产和交换，因而是无效率的，这会使我们对历史事件的理论解释显得空洞无物和毫无意义。

——卡尔·达尔曼（Carl Dalman）①

第一节 美国广播电视体制概况及 研究现状

一 美国广播电视体制变迁的基本脉络

从美国第一部关于广播传播的立法《1912年广播法》（Radio Act of 1912）颁布至今（2014年）已有百余年的历史。百年间，虽然广播电视的"频谱资源公共所有"和实际"运营商业化"这两大基本特征从未改变，但随着美

---

① 〔美〕丹尼尔·W. 布罗姆利：《经济利益与经济制度——公共政策的理论基础》，陈郁等译，上海三联书店、上海人民出版社，2006，第18页。

国政治经济的变化以及广播电视技术的发展，美国广播电视体制及其产业发展发生了巨大的变化。

总体来说，美国广播电视的发展方向基本上由两部重要法规确定：一部是《1934 年通讯法》（Communications Act of 1934）；一部是《1996 年电信法》（Telecommunications Act of 1996）。本书以这两部具有里程碑意义的法规为界，将美国广播电视业的发展划分为三个阶段：

第一阶段，从美国广播电视业的诞生到《1934 年通讯法》的颁布，此为广播电视体制的孕育与萌芽阶段。在这一阶段，美国广播电视业经历了一个由运作混乱、管理无序向逐步规范化、法治化转变的过程。其中，《1927 年广播法》（The Radio Act of 1927）基本上奠定了美国广播电视体制"公众委托模式"的雏形。

第二阶段，从《1934 年通讯法》的颁布到 20 世纪 80 年代初，此为美国广播电视业的"公众委托模式"阶段。所谓"公众委托模式"，是指联邦通讯委员会出台的针对私人个体使用公共资源的广播电视管制模式。在该阶段，《1934 年通讯法》确立了美国广播电视的"公众委托模式"①，即确立广播电视频谱资源为公共资源，政府委托具备一定资质条件的私人资本进行运营，并对广播机构实行直接的内容管制和间接的结构管制，以确保广播电视业在"公益、便利及必需"（Public interest, convenience, necessity）② 的准绳下运行。此后的几十年，《1934 年通讯法》虽几经修订，联邦通讯委员会对广播电视业的规制政策也不断调整，但基本上确保了其"公共利益至上"的基本原则，保证了整个美国广播电视业的良性运转。直到 1981 年之后，联邦通讯委员会才开始放松相关规制。

第三阶段，从 20 世纪 80 年代初至今，此为美国广播电视业的"市场模

---

① 《1934 年通讯法》（Communications Act of 1934）明确阐述了其颁布的目的：AN ACT TO provide for the regulation of interstate and foreign communication by wire or radio, and for other purpose。

② 根据《1934 年通讯法》，"Public interest, convenience and necessity would be served thereby"这一标准沿用了美国公共事业管理中对"公共利益"的界定。

式"阶段。① 所谓"市场模式"，是指从 20 世纪 80 年代美国开始启用的广播
电视规制模式，政府希望通过市场力量进一步满足公众的普遍利益。在该模式
下，政府大大放松了对广播业的规制，使得广播执照持有者成为"市场参与
者"，而不是公众委托的对象，是市场力量而不是 FCC 对节目服务的评价来决
定广播中公众的利益所在。在这一阶段，笔者认为，可以将《1996 年电信法》
的颁布视为一个质变过程的"节点"，在此之前，尽管市场的作用已经开始显
现且不断增强，但直到《1996 年电信法》颁布，才真正从法律法规的层面上
确立了"市场模式"的主导地位——《1996 年电信法》从实质上解除了在美
国存在 60 年之久的对广播电视所有权的管制，将《1934 年通讯法》确立的传
统一扫而空，其目的在于"为消费者提供更廉价、更优质的广播媒体"，但
是，事实上该法案导致的大量兼并和大规模传媒集团的出现并没有更好地满足
公共利益，FCC 所倡导的"多样性"和"竞争性"原则也没能得到真正贯彻。
虽然这一法律在文本中并未否定《1934 年通讯法》所确立的公众委托模式，
也未否定"公共利益至上"的原则，但结构管制的大规模放松实质上使得美
国广播电视业进入了一个市场自由竞争的阶段，市场取向明显取代了政治文化
的取向。② 在今天占主流地位的"市场模式"中，广播电台仍然具有满足公共
利益的要求。然而，该模式认为，广播机构会自然而然满足公共利益。在市
场利益的驱使下，"公共利益至上"的原则不可避免地受到了实质性的
侵害。

---

① 本书对"公众委托模式"和"市场模式"的界定参照了阿纳斯塔西娅·贝德纳斯基在《从多
样到同一：美国〈1996 年电信法〉影响下的大规模兼并及市场模式的失败》一文中的定义。
事实上，《1996 年电信法》后，美国广播电视依然是在"公众委托模式"下运行，只是它改
变了内在的运行机理，使得"公众委托模式"名存实亡，而"市场模式"成为实践中的主流。
对于这两种不同的广播电视规制模式，其他学者也有类似的界定——理查德·R. 萨拉贡撒在
《公共利益概念沿革：信托模式让位于市场方式》一文中将前者界定为"信托模式"，而将后
者界定为"市场方式"；单波在《关于当前美国媒介改革运动的观察与分析》中将前者界定为
"托管制度"；鞠宏磊在《媒介产权制度——英美广播电视产权制度变迁及其对我国的启示》
中将二者分别界定为"公共信托模型"和"私人市场模型"。其实质大同小异。为叙述方便，
本研究统一采用"公众委托模式"与"市场模式"的说法。

② 《1996 年电信法》（Telecommunication Act of 1996）颁布的目的在于：TO promote competition and
reduce regulation in order to secure lower prices and higher quality service for American telecommunica-
tions consumers and encourage the rapid deployment of new telecommunications technologies。

通过研究，笔者发现，从 1934 年到 20 世纪 80 年代初，在公众委托模式下运营的美国广播电视业强调的是公共利益、传播自由，以及传播内容的质量和多样性，在这一阶段，经济效益只能作为参考标准，而不能作为主导原则，也就是说，在放松规制之前，在美国广播电视业的运营中，商业利益虽然一直存在，但从来没有上升到主导地位；而到了 20 世纪 80 年代，尤其是在《1996年电信法》颁布与实施之后，美国广播电视业逐步走入"市场模式"的轨道，这一模式强调遵循市场、技术、消费者和公民意愿的逻辑，而不是强行实施其"公共利益至上"的目标，很显然，它给了经济而非社会福利与文化福利更多的优先权。

那么，美国广播电视体制为什么会发生这样的转变？其时代背景、政策意图与理论依据是什么？这样的转变给美国传媒业带来了什么变化？其意义何在？不同的学派、不同的利益团体（如政府、传媒集团、公众）对其有何评价与反应？这是不是未来世界传媒政策的基本走向？我们应当如何看待西方传媒业的体制变迁？它对中国现阶段的传媒体制改革有何借鉴意义？……

本书以美国广播电视体制的变迁为时间顺序，把这一系列问题放在国家利益、商业利益与公共利益博弈的框架中，从社会福利、经济福利、政治福利等几个维度进行考量。

二 美国广播电视体制国内外研究概况

（一）国外相关研究：多视角、多成果

20 世纪以来，伴随着政治、经济、技术和社会变化的潮流，世界传媒业经历了重大的变迁。各国传媒业的变迁无不同规范、管理以及传媒政策密切相关。传媒政策因而一直受到国际学术界的关注。传媒政策制定者、媒体研究者、社会学家、政治哲学家、法学家、经济学家及相关知识分子从具体政策规范、意识形态、社会文化、民主政治、社会公正、制度变迁等层面对传媒体制进行了一系列的论述，这些观点散见于各类著作和学术论文。

据发表在《传播学季刊》的综述《传播法律和政策——研究与理论的现状》所统计，从 1997 年到 2004 年，美国主流学术期刊上有 330 多篇文章直接

对传媒体制和政策进行了分析和论述。

同时，也有大量的专著对之进行阐述，如《传媒所有制》《传媒政策与实务》《广播的解禁》《广播管制的市场论》《公共利益与广播电视》《电视传播管理及通讯法回顾》《大众传播法概要》等。

此外，在笔者的研究视野中，经济学界及法学界也有部分学者对美国广播电视体制进行了大量的研究，相关文章散见于《法律与经济杂志》《贝尔经济学杂志》《法律与社会问题》《美国政治与社会学学术年报》《斯坦福法学评论》《哈佛法学评论》《哥伦比亚法学评论》《杜克法学杂志》《耶鲁法学杂志》等。笔者发现，在美国，传媒体制研究不仅仅是新闻传播学学者的专利，其他社会科学的学者在这方面也有深入研究，其丰富的、多元的视角能给中国的传媒体制研究带来相当多的启示。

（二）国内相关研究：视角较单一，但逐步引起重视

在国内，随着传媒和文化体制改革推进以及传媒业日益融入世界潮流，传媒体制、传媒业的规制越来越成为国内新闻传播学界关注的焦点。主要表现在三个方面。

第一，关注传媒体制改革的文章逐渐增多，关于传媒业的产权与性质、传媒业的政府规制、传媒业结构调整的文章纷纷出现；此外，关于"公共媒体"、媒体公共性的探讨也被提到了相应的高度。

第二，介绍各国传媒体制的书籍逐步出现。2006 年出版的《中外传媒体制创新》书系，以新闻传媒体制改革为研究对象，其中一本研制了一套观察与评估体制优劣的结构模型与指标体系，另外五本分别介绍和评价了美国、英国、日本、俄罗斯、韩国等国家传媒体制的形成、特色及沿革。《媒介产权制度——英美广播电视产权制度变迁及其对我国的启示》一书探究了英国和美国广播电视产权制度的源起，从管制、价值以及功能和效果的维度，分析了两国广播电视产权制度的流变。

第三，介绍国外相关研究成果的译著开始出现。例如金冠军、郑涵等主编的《国际传媒政策新视野》编译了近年来发表在《欧洲传播杂志》《国际传播法与政策杂志》《联邦传播法杂志》等国际学术期刊上的一系列文章，其中颇多有批判意识的文章让人耳目一新。《新闻大学》《国际新闻界》《现代传播》

等核心期刊译介西方传媒体制的文章也逐步增多。此外,《传媒所有制》[吉利恩·多伊尔(Chillian Doyle)]、《传媒政策与实务》[霍华德·裘伯(Houard Tumber)]、《媒体与民主》[约翰·基恩(John Keane)]、《富媒体 穷民主》[罗伯特·W.麦克切斯尼(Robert W. McChesney)]等专著的翻译和出版,也为我们认识西方传媒体制提供了新的理论视野。

相对西方来说,国内的传播体制研究起步较晚,研究者多来自新闻传播学领域,视角相对比较单一,但是近年来相关文章和著作正在逐渐增多,观点也开始呈现出多元化的态势。

三 文献回顾

由于美国广播电视的强大影响及其体制的代表性,美国广播电视体制历来为国内外学者所关注。从美国到世界各国的学者都对之进行了大量的研究,其内容既涉及对美国广播电视体制、公众委托模式、市场模式自身的评价,又分析了美国广播电视体制确立、发展、变迁的原因,同时还以此为原点拓展到了传媒政策的基本原则,媒体与民主的关系等领域。由于立场、学术路径的差异,不同的学派、不同的学者对美国广播电视体制的认识有所不同,甚至大相径庭。我们很难评价其中的对错与偏颇,但梳理这些观点能使我们对美国广播电视体制乃至人类传播体制有更清晰的认识。

根据本书的研究对象——美国广播电视从"公众委托模式"向"市场模式"的转变,笔者尝试从四个方面对现有研究成果以及主要观点进行概括。

(一)对美国广播电视体制变革的评价

对于美国广播电视的"公众委托模式"和"市场模式"的评价,不同的学者从不同的立场出发,观点可谓大相径庭。

1. 对"公众市场模式"的担忧,对"委托模式"的追忆

斯特林(Chistophe Sterling)认为,《1996年电信法》对于许多并购来说更像是催化剂而不是导火索,这导致了两个结果:一是广播电视用户开销的增加;二是多样性的减少,人们的选择减少。这显然与《1996年电信法》制定者们的预想不符。因为媒体单个所有者组成的情况不复存在,

经济风险非常大。①

贝德纳斯基对早期的"托管模式"和20世纪80年代以后的"市场模式"进行了分析，认为 FCC 选择"市场模式"虽然没有放弃保持市场多样性和竞争性的承诺，却以市场模式为借口放松了对行业的监管，导致了大量兼并的出现，妨碍了满足受众利益以及多样性和竞争性的发展。他认为，虽然重新启用托管制度的条件还不成熟，但政策的放宽明显已经过头。②

约翰·基恩（John Keane）对"解除管制"的批评主要集中在两个方面：一是指责它忽视了以市场为基础沟通媒体的自相矛盾与自我瘫痪趋向；二是指责它对不断增长的国家审查没有给予足够的重视。③

从这些观点中，我们都可以看到比较清晰的公共利益导向。

2. 对"委托模式"的贬抑，对"市场模式"的追捧

帕特里克·帕森斯（Patrick R. Parsons）和罗伯特·弗里登（Robert M. Frieden）在《有线与卫星电视产业》一书中对委托模式进行了毫不留情的批判。他们认为，FCC 实行的是一种"命令和控制"的管制，把《1934 年通讯法》所确立的体制称为"旧世界秩序"，将《1996 年电信法》以后的体制称为"新世界秩序"。"在旧世界秩序里，FCC 利用其专有技术和指令作为市场入侵性管制基础，为'公共利益'服务。联邦通讯委员会不怎么使用经济分析，如果使用的话，得出的结论显然也使得市场失败。"对于市场模式，他们如是评价："FCC 现在认为……市场竞争已经成熟，或者已经完全是竞争性的。无论在哪件事情上，FCC 现在倾向于不再决定谁可以进入一个特定的市场并为公众服务。"这样的观点很明显是从技术与市场的角度出发的，它认为《1934 年通信法》阻碍了技术发展，违背了市场原则；同时肯定了市场模式的优势。

---

① 〔美〕克里斯多佛·H. 斯特林：《美国通信产业所有权问题和〈1996 年电信法〉：分水岭抑或始料未及的结果?》，转引自金冠军、郑涵《国际传媒政策新视野》，上海三联书店，2005，第295～308 页。

② 〔美〕阿纳斯塔西娅·贝德纳斯基：《从多样到同一：美国〈1996 年电信法〉影响下的大规模兼并及市场模式的失败》，转引自金冠军、郑涵《国际传媒政策新视野》，上海三联书店，2005，第 211～333 页。

③ 〔英〕约翰·基恩：《媒体与民主》，刘士军等译，社会科学文献出版社，2003，102 页。

3. 对美国广播电视制度的整体反思

麦克切斯尼（Robert W. McChesney）对美国广播电视体制进行了全面批判，他认为《1934年通讯法》奠定了美国广播电视业的发展道路：它虽然不反对公共广播的存在，但是允许广播私有化，实际上就是肯定了广播的商业化发展模式，种下了媒体反民主的祸根；《1996年电信法》的出台更是导致了媒体的唯利是图、玷污了新闻和公共机构的正统精神。在他看来，媒体改革必须通过广泛的政治运动来推进：第一，建立可行的、非营利的、非商业化的组织；第二，建立与维持非商业的、非营利的公共广播与电视系统；第三，当商业广播涉及公共利益时要加强政府规制；第四，结束大规模公司垄断的局面，建立一个更富竞争性的市场，将某些媒体控制权从大公司那里转移到公民消费者手中。① 深刻的批判性和建设性洋溢在文字之中。

政治经济学批判理论对1996年之后的世界广播电视业持批判态度，其主要观点有：①经济控制与逻辑居于决定地位；②媒介结构有集中化倾向；③媒介发展有全球性整合倾向；④内容和受众被商品化；⑤多元性减少；⑥对立和另类的声音被边缘化；⑦传播的公共利益居于私人利益之下。②

默多克（Graham Murdock）和葛尔丁（P. Golding）指出了放松规制、私有化、自由化带来的两大问题：第一个问题是所有权和商业化策略形式对文化生产的冲击。他们认为商业公司在文化产品的生产中抢占了越来越多的份额，导致了"公共领域"的进一步缩小和那些媒介从业人员所承受的压力。第二个问题从文化消费角度解释政治经济状况，特别指出从我们这一时代的传播"富饶"中获益的物质和文化障碍，以及在富人与穷人之间潜在的日益拉大的信息鸿沟。③

自由市场理论者对《1996年电信法》持肯定态度，并可以说，该理论直

---

① 〔美〕罗伯特·W. 麦克切斯尼：《富媒体 穷民主：不确定时代的传播政治》，谢岳译，新华出版社，2004，第 7~16 页。
② 〔英〕丹尼斯·麦奎尔：《麦奎尔大众传播理论》，崔保国、李琨译，清华大学出版社，2006，第 70 页。
③ 〔英〕丹尼斯·麦奎尔：《麦奎尔大众传播理论》，崔保国、李琨译，清华大学出版社，2006，第 71 页。

接推动了该法的颁布。自由市场理论的出发点是，消费者最能知道自己想要什么。因此，媒体政策应该努力创造一个具有更大竞争可能的环境，使消费者拥有至高无上的决定权。这样可以形成一个理想化的系统：媒体产品符合人们的需要，种类丰富，可供人任意选择；媒体独立于政府，不怕受到干预与影响；社会需要和市场体制的功能之间并没有冲突。

新自由主义的倡导者还主张，新科技的发展已经大大加强了解除管制的必要性；世界的变化也使得促进媒体竞争成了传播政策的关键目标——媒体是迅速发展的信息和知识经济的一部分，越来越成为重要的财富和就业机会来源；同时，媒体经济的全球化也会使土生土长的国内媒体遭受来自国际的激烈竞争，因此，为了提高国内媒体的市场效率，解除"官僚体制"的束缚势在必行；为促进媒体多样化而设计的管制措施，也因为媒体的扩张而变得没有必要。①

社会市场理论者在原则上相信市场是媒体组织的最好办法，但在实践上又倾向于对市场运行持批判态度。他们认为，为了保护公共利益不因媒体组织本身的弊端和市场失灵而受损，必须对媒体加以管制。在他们看来，虽然培育一个成功而有竞争力的媒体产业是公共政策的一个重要目标，但媒体政策的主要目标应该是保证信息和意见的多元化，保证这些信息和意见编辑方针的多元化——民主的需要还是第一位的。

社会市场理论学派曾证实过公共广播电视服务存在的合理性。他们认为，首先，电视具有"公共福利"的特性，收取公共电视执照费是弥补广播电视的固定开支、使大家能够共享成本低廉节目的最好办法；其次，需要大范围的管制来对付市场特有的内在趋势，即由少数企业控制整个广播电视市场。为了维护公众真正的选择权，现在比以往任何时候都更需要公共干预。②

持市场多元化理论者主张的是一种援助弱势媒体的模式。他们认为，传媒体制最重要的目标是在市场主导的框架内推动媒体的多样化和多元化，以扩展

---

① 〔英〕詹姆斯·卡瑞、珍·辛顿：《英国新闻史》（第六版），栾轶玫译，清华大学出版社，2005，327~328 页。
② 〔英〕詹姆斯·卡瑞、珍·辛顿：《英国新闻史》（第六版），栾轶玫译，清华大学出版社，2005，329~330 页。

消费者的选择余地和民主讨论的空间。这一理论用于实践的最著名例子就是瑞典和挪威不断完善的报业补贴制。其独特之处在于为了保护小众的声音，需要在整个产业的范围内对市场竞争进行重新改造，通过特别的干预达到三个目的：第一，帮助新媒体创立；第二，协助媒体进行发行；第三，通过细水长流的补贴使媒体得以生存。[①]

媒体发展理论者将政府看成媒体企业的推动者。他们强调，传媒产业是财富和就业机会的重要创造者；同时，作为一种介质，媒体对公众的自我表达和潜在的对国家和民族的认同感具有重要的意义。因此，为应对跨国传媒集团的冲击，国家应该对传播业"施以援手"，政府可以扮演推动新技术标准化的角色，还可以资助本土的电影和电视工业，并帮助做好产品的发行工作。[②]

持公共服务理论者与持市场多元化理论者的观点恰好相反：持市场多元化理论者关注怎样使个体消费者的需求得到满足，而公共服务理论则更关心如何更好地服务于社会的需要。这一理论大体上可以总结为三个方面：第一，服务于民主政治的需要；第二，生产具有文化价值的内容；第三，促进社会融合。持公共服务理论者对公共广播电视持支持态度，其观点如下：首先，公共广播电视服务应该客观公正地进行新闻报道，并确保公共事务占有相当的比例，这样才能保证人们得到足够的信息，以行使自己的公民权利和义务，并为民主政治体制的健康运转贡献力量。其次，公共广播电视要保持节目的高标准，并促进社会文化资源的发展，而不能仅仅提供那些有利可图的东西。最后，公共广播电视服务是更为可取的体制，因为在一个越来越私人化的社会里，它是最好的联系和整合手段。[③]

詹姆斯·沃克（James R. Walker）和道格拉斯·弗格森（Douglas A. Feoguson）认为，美国广播电视产业是在所谓的许可证体制下运行的。尽管

---

① 〔英〕詹姆斯·卡瑞、珍·辛顿：《英国新闻史》（第六版），栾轶玫译，清华大学出版社，2005，第 333 页。

② 〔英〕詹姆斯·卡瑞、珍·辛顿：《英国新闻史》（第六版），栾轶玫译，清华大学出版社，2005，第 332 页。

③ 〔英〕詹姆斯·卡瑞、珍·辛顿：《英国新闻史》（第六版），栾轶玫译，清华大学出版社，2005，第 335 页。

《1996 年电信法》对管制规则做了几项意义重大的修正，但是广播电视产业最核心的内容仍然在于《1934 年通讯法》及其修正案——它授权 FCC 管理无线电波的公共所有权，并通过 FCC，在符合"公益、便利及必需"的前提下为广播电视和个人发放经营许可证。① 这一观点虽未失偏颇，但过分表面化，限于法规文本的层面，没有看到市场模式带来的实际影响和效应。

国内学者张咏华在《美国新自由主义思潮与 FCC 新规之争》中归纳：赞同 FCC 放松传媒管制的理由可归结为以下几点。（1）由于信息传播科技的迅速发展，过去对传媒所有权的限制规定已经过时，不符合传媒市场的当前现实；（2）放松管制有利于传媒公司提高运作效率、改进其新闻内容并提高其服务质量；（3）放松管制可以使广播电视业主在市场竞争中不被捆住手脚。抨击新规定的人士和群体则以 FCC 在制定传媒所有权规定中的使命是为公共利益服务等作为理由，纷纷提出反对少数传媒巨头垄断的观点，防止多样化观点消失。

（二）对美国广播电视体制变迁诱因的分析

詹姆斯·沃克（James R. Walker）等人认为，广播电视的大政方针和体制变迁是多种力量动态博弈的结果，这些力量包括：FCC、国会、白宫、联邦法院、广播电视产业、公共机构、观众和投票人。FCC 虽然是广播电视产业管理的核心，但其行为仍要受到其他强大势力的影响。② 从这一意义上说，FCC 不是在推动公共利益，而是在不同的利益集团间摇摆。

詹姆斯·卡瑞（James Curren）和珍·辛顿（Jean Seaton）也将影响媒介制度演化的因素概括为：政府的决策、政治压力、经济影响、媒体专业精神以及来自社会集团的压力与公众的关注。③

---

① 〔美〕詹姆斯·沃克、道格拉斯·弗格森：《美国广播电视产业》，陆地、赵丽颖译，清华大学出版社，2005，第 83 页。
② 〔美〕詹姆斯·沃克、道格拉斯·弗格森：《美国广播电视产业》，陆地、赵丽颖译，清华大学出版社，2005，第 73 ~ 78 页。
③ 〔英〕詹姆斯·卡瑞、珍·辛顿：《英国新闻史》（第六版），栾轶玫译，清华大学出版社，2005，第 301 ~ 310 页。

　　张卫华在《联邦通讯委员会管制政策的变迁》一文中，从美国国家管制思想的演变出发，对 FCC 的管制政策进行梳理，认为其变迁是多方利益博弈的结果。谢国平认为，美国广播电视体制变迁的原因可以归结为：第一，技术的进步和广播电视业的发展；第二，为推动"信息高速公路"计划，政府方面给 FCC 出了难题；第三，20 世纪 80 年代初，西方新自由主义开始占上风。①

　　值得一提的是，相关学者注意到了在多方博弈过程中公众团体的力量。例如鞠宏磊提到了 1921～1925 年发生在美国的"广播改革运动"，认为它挑战了美国广播的私营、垄断和商业性质，但"由于它的失败，从法律方面挑战美国私营商业广播的时代便结束了"②。赵月枝则认为，"虽然这场运动没能从根本上改变美国的商业广播制度，但三大商业网在各方面受到了 FCC 的严格管理"。此外，她还提到了 20 世纪五六十年代的媒介民主化运动：一些社会活动分子想把新技术当作改变传播现状的突破口，但是他们的这些愿望在具体的政策过程中被扭曲。③ 单波对自 2003 年以来美国的媒介改革运动进行了研究，认为该运动的意义在于"将公众而非新闻界设定为媒介改革的主体，试图建构公众在媒介社会控制中的主体性，从而在思想与实践的层面，创造了美国历史上媒介改革的新景观"。但是，媒介改革运动试图对资本主义内在文化矛盾进行修正，但并未解决矛盾，而且面对着巨大的反对力量，其发展前景尚无法预测。④

　　（三）对媒体与民主、公共利益关系的探讨

　　约翰·基恩（John Keane）探讨了一系列批判性问题：不受国家审查的现代自由理想及"新闻自由"是从哪儿来的？新的数字技术、卫星广播以及广播与电子沟通的结合到底是阻碍还是有助于新闻自由理想的实现？……他激进

①　谢国平：《改变世界的搏击——西方信息业大兼并透视》，复旦大学出版社，1999，第 95～105 页。

②　鞠宏磊：《媒介产权制度——英美广播电视产权制度变迁及其对我国的启示》，四川大学出版社，2006，第 59～63 页。

③　〔加〕赵月枝：《公共利益、民主与欧美广播电视的市场化》，《新闻与传播研究》1998 年第 2 期，第 25～42 页。

④　单波、刘学：《关于当前美国媒介改革运动的观察与分析》，"中美媒介生态与媒介改革"国际会议提交论文，2005 年 11 月。

地解释了媒体对于民主的重要性，详尽阐述了公众服务沟通模式这一新概念。他概括了一种新的激进的公共服务模式：媒体沟通的目的应该是赋予大多数公民权利，让他们既不受制于非民主国家，也不受制于市场力量。媒体应该为公民所享有，而不是为政治统治者和商人谋取个人所得或利润。这种模式需要发展大量非国家和非市场的媒体，以此成为制约国家权力的力量，成为生活在一个形形色色的、有组织的社会里的公民最基本的沟通方式。①

艾里胡·卡茨（Elihu Katz）提出了一个颇具权威性的论断：传播秩序的变化削弱了自由民主制度的基础。其主张建立在十分牢固的三根支柱之上：第一，人们不再通过公共电视这一共同的聚集地进行彼此的交流，电视频道的泛滥导致了大众的离散化和片断化。第二，公共电视的衰落使人们获取信息的渠道越来越少。第三，从本质上说，自由民主制度产生于民族国家，并且依赖于对国家的认同，以此维系大众参与民主程序的热情，但民族国家和广电体系日渐分离，导致了人们对国家认同感的削弱。②

麦克切斯尼认为，媒体在积聚财富的同时削弱了民主的根基。美国已经形成了一个媒体与民主之间的悖论：政府"鼓励"传媒公司联合与集中，导致作为公共机构的大众传媒由少数几家大公司主导，媒介公司借助高科技无限放大了媒体的传播功能，它们制作那些迎合受众的、缺乏"公共性"的节目，将公民"浸泡"在娱乐节目的世界中，使公民既失去了关心公共问题的兴趣，也失去了判断是非的能力。

依照麦克切斯尼的观点，媒体变成了一种"反民主"的力量：第一，媒体沦为公民的政治权利的"杀手"，成了政治腐败的帮凶和社会文化的毁灭者，由民主的卫道士变成了民主的掘墓人。第二，媒体运用其巨大财力影响决策，造成自由民主向极权政治退化。媒体之所以有如此大的财力与影响力，与美国政府历史上对待媒体的态度密不可分。③

詹姆斯·库兰（James Curran）就新自由主义"对市场天真的信赖"进行

---

① 〔英〕约翰·基恩：《媒体与民主》，刘士军等译，社会科学文献出版社，2003，第6~10页。
② 〔英〕詹姆斯·卡伦：《媒体与权力》，史安斌译，清华大学出版社，2006，第239~240页。
③ 〔美〕罗伯特·W. 麦克切斯尼：《富媒体 穷民主：不确定时代的传播政治》，谢岳译，新华出版社，2004，第21页。

了批判。他认为，新自由主义者们对新自由主义的追捧恰恰从四个方面损害了它试图获得的东西。首先，如今的市场自由限制了有效的出版自由——因为市场的准入费用太高，公共领域的中心地带变得难以接近了。其次，自由市场减少了公共信息的流通，使人们变得不再见多识广了——销售最大化的市场压力导致趣味性报道越来越多地代替了公共事务报道。再次，自由市场限制了公众辩论的参与度。它给精英们带来了信息充裕的媒介，而给普通受众带来的只是信息贫乏的媒介。市场却在巩固而不是挑战着这种不平等。最后，市场损害了明智而理性的辩论。市场导向的媒介所生产的信息是简单化的、个性化的、去情境化的，强调动作而不是过程，强调直观而不是抽象，诉诸刻板印象而不是人类的复杂性。这是将信息当作商品加工所产生的副产品。①

麦克马纳斯（John H. McManus）在《市场新闻业：公民自行小心？》中对市场模式下电视新闻的剖析入木三分：如今，媒体承受着压力，要争取受众以扩大利润，那么，新闻专业主义的社会精神特质将置身何地？市场驱动的新闻业对美国的新闻受众会产生什么影响？其回答令人芒刺在背。

詹姆斯·卡瑞（James Curran）和珍·辛顿（Jean Seaton）认为，英国的公营广播电视因为控制得当而效果良好，而报业却被现代的市场化搞得面目全非，因此国家有限度地介入媒体对于媒体而言是较好的。他们认为，完全不受约束的媒体看上去却并不很美。②《英国新闻史》一书的可贵之处在于，它认为我们所要考虑的不仅是如何通过市场手段来最大限度满足个体的需求，而且还要思考什么是民主国家社会利益实现的最佳方式。

赵月枝认为，虽然新自由派意识形态、商业利益、新技术的出现和传播民主化的愿望等复杂因素促使欧美各国政府在广播电视管理中强化了市场机制的作用，但各国具体的政策制定和执行过程充满了妥协和反复，而且在现行的法

---

① 〔英〕詹姆斯·库兰：《对媒介和民主的再思考》，见〔美〕米切尔·古尔维奇编《大众媒介与社会》，杨击译，华夏出版社，2006，第121~122页。
② 〔英〕詹姆斯·卡瑞、珍·辛顿：《英国新闻史》（第六版），栾轶玫译，清华大学出版社，2005，序言。

规中多多少少保留了传统的"公共利益至上"原则。①

夏倩芳认为，公共利益是广播电视媒介政府规制的正当性之所在，规制的目的是调和产业利益与公共利益之矛盾。但是，在规制实践中，公共利益常常具有模糊性和功利性，被各种势力用以合法化其自身利益。在政策制定和执行过程中，由于媒介企业与公众之间组织资源的不平衡，公共利益往往不能被公平地表达。②

（四）对传媒政策的基础理论与原则的探讨

菲利普·纳波里概括了传媒政策的基础原则，主要包括：第一修正案、公共利益、自由的意见市场、多样性、竞争性、普遍服务、地方主义。其中每条原则都至少可以追溯到《1934 年通讯法》甚至更早，但每一条原则至今都还存在有关其界限的争议。③ 这些基础原则无疑反映了电视管制的特征，同时也反映了广播电视业对广阔的社会和政治存在的潜在影响。

库伦伯格（Kullenberg）和丹尼斯·麦奎尔（Denis McQuail）提出了一个新的政策范式，设定了政策为"公众利益"服务的总体原则。认为如何界定媒体中任何公共部分的范围和目标，如何在经济手段、管制和自律之间做出选择，如何为所有门类探寻出一套原则和管理框架，如何定义并实施文化政策，怎样平衡言论自由和社会需要之间的关系等都向政策制定者提出了挑战。他们认为，任何新的传播范式都应当包括三个核心概念：传播自由、接入和管控/可问责性。其目的在于确保对一种能多样化满足人们信息和传播需求的社会传播体系的自由、平等接入。④

有学者认为，近几十年来公民在媒体中的地位变得更加弱化了，恢复公民

---

① 〔加〕赵月枝：《公共利益、民主与欧美广播电视的市场化》，《新闻与传播研究》1998 年第 2 期，第 25 ~ 42 页。
② 夏倩芳：《公共利益与广播电视规制——以英国和美国为例》，博士学位论文，武汉大学新闻与传播学院，2004，第 87 页。
③ 〔美〕菲利普·纳波里：《基础原则和传播决策》，转引自金冠军、郑涵《国际传媒政策新视野》，上海三联书店，2005，第 38 ~ 53 页。
④ 〔荷〕简·冯·库伦伯格，〔英〕丹尼斯·麦奎尔：《媒体政策范式的转型：论一个新的传播政策范式》，见金冠军、郑涵《国际传媒政策新视野》，上海三联书店，2005，第 15 ~ 35 页。

在媒体和媒体政策讨论中的地位显得很有必要。他们提出的问题是：现代传媒在多大程度上为公民服务？如何加强媒体对民众的问责性与责任性？在他们看来，媒体社会责任和问责性仍然是比较有展望性的概念，应该严肃看待这些问题。此外，媒体现存的政治和市场导向的问责制没有能够正确对待公民的充分参与。①

关于问责制，麦奎尔认为媒体对公民的根本职责和义务应超越任何直接的经济目的。在对政治问责和市场问责进行批判的基础上，麦奎尔认为，"公共责任"模式才是民主社会确保公共利益得以表达的一个好方法。在这个模式中，自愿性、多样性、参与性等先决条件被考量。但该模式现在不成熟且支离破碎，同时还不知不觉地受到有影响的压力集团的威胁。

雷蒙德·威廉姆斯（Ragmond Williams）认为，需要对大众传播手段进行集体控制，以便在人们普遍拥有传递和接受信息权利的基础上，促进进一步的"文化革命"。这将使人们能够提升主导自己生活方式的力量，通过经验的交换扩大集体了解，并且不断提高"个人独立的反应和选择能力"。根据雷蒙德·威廉姆斯的理论，广播电视一直受到极权主义、商业和家长式组织形式的束缚。"民主化"的替代方式从未被采用。

与此相对，约翰·凯恩（John Crane）则从激进主义的视角，提出了改造媒体组织结构的计划，用他的话说，就是要认识到事实的复杂性、多样性和差异性，不能信任任何一个人、团体、委员会、政党或组织，即使其宣称会从关心公民的角度出发，为他们做出更好的选择。按照他的观点，现在需要一个多元化的媒体系统，包含不同的人以不同的方式来监督社会力量的运作。

尽管两人的观点有所差异，但是雷蒙德·威廉姆斯和约翰·凯恩的思路其实非常相似。他们都对那些同市场和国家结合紧密的媒体提出了批评；他们都在寻求创造一种真正独立的媒体，即凯恩所称的"非市场非国家的媒体公共机构"；两人都试图研究出一种模式，让公共干预在发挥了正面的作用之后就

---

① 〔荷〕乔·巴德尔，里因·海因斯：《贴近民众的传媒模式：超越市场机制和政府管制模式》，转引自金冠军、郑涵《国际传媒政策新视野》，上海三联书店，2005，第58~80页。

自我隐退。按照凯恩的设想，这意味着"针对不同观众和不同服务，实行不同管制的范围广泛的大市场"。要想达到这个目的，涉及很多事情，其中可能就包括与私人媒体公司协调拨出时间的分配和共同转播的安排；对地区性独立电影院、录音工作室和租用广播电视设备进行资金援助；向政治性报纸提供补贴；出版商与发行商合作经营；等等。①

英国学者詹姆斯·库兰（James Curran）认为，一个民主的媒介体制应该使人们能够探问、讨论并知晓他们的利益所在；应该能够培养某种局部的一致性，以强化那些对于各种集体利益的有效表征来说必不可少的组织功能；应该保有对政府和各种权力中心警觉的监督；应该给予那些弱小的、尚未组织化的利益集团各种保护和补偿的来源；应该为真正的社会协议或妥协创造条件，这些协议或妥协是建立在各种意见开放运作基础之上的，而不应当是某种由精英主导的、刻意的共识。只有通过建立一种以公共事业广播为核心的媒介体制——围绕这个中心的是私人企业、社会市场、专业及市民等各个媒介部分——这些要求才能最大限度地得以实现。后面四个部分的媒介能强化作为一个开放对话体系的公共事业广播的功能，并进一步推进市民社会所具有的那种集体的、自我组织化的传统。②

国内学者李良荣认为，从世界范围来看，无论在何种社会制度、何种新闻体制下，媒介具有公共性进而公共利益优先的原则都得到了一致认可。传播业必须坚持公共利益至上。确立公共利益至上的原则需要一整套规则来约束传媒业。③

以上就是笔者研究视野之内关于美国广播电视体制和传播体制研究方面一些比较有代表性的观点，它们为本研究的展开奠定了开阔的理论视野与深厚的研究基础。

---

① 〔英〕詹姆斯·卡瑞、珍·辛顿：《英国新闻史》（第六版），栾轶玫译，清华大学出版社，2005，第336～337页。
② 〔英〕詹姆斯·库兰：《对媒介和民主的再思考》，见〔美〕米切尔·古尔维奇编《大众媒介与社会》，杨击译，华夏出版社，2006，第144页。
③ 李良荣：《论中国新闻改革的优先目标》，《现代传播》2007年第4期，第1～3页。

第二节　美国广播电视体制研究的价值与意义

一　传媒体制研究的必要性与紧迫性

诺斯（Douglass C. North）认为，"制度是社会的博弈规则，或更严格地说，是人类设计的制约人们相互行为的约束条件。……用经济学术语说，制度定义和限制了个人的决策集合"。制度是在一定历史条件下形成的政治、经济、文化等方面的体系；体制是特定社会制度下社会组织对资源进行配置、管理的制度安排和结构方式。

要了解当前的社会经济和其将来的发展倾向，必须从制度和体制发展过程入手，描述和探讨其缘起和发展过程中的各种形态，进而解释这些制度和体制的作用以及和它们相适应的社会经济关系。

在大众传播领域，传播体制的变革不仅影响到传媒自身的结构和功能，而且会潜在地影响到观念的生产和流通，影响到整个社会文化与民主进程的发展。因此，各国政府都意识到了传媒产业对社会和政治潜在的特殊影响，从20世纪初起就开始重视传媒的体制建设与改革。传媒政策与体制研究也成为各国新闻传播学界研究的一个重要领域。从中国的现实情况来说，传媒体制改革研究也显得尤为必要，具体体现在以下四个方面。

（一）研究传媒体制是扩大社会主义民主、促进民主政治进步的必然要求

2007年中国共产党的十七大报告指出要保障人民的知情权、参与权、表达权、监督权。大众传媒是公众知情、表达、监督、参与的主要渠道。而在现阶段，中国的大众媒体在实现公众的知情权、表达权方面的表现还不尽如人意：虽然信息的公开化是一个趋势，但大部分公众应当知道的与切身利益相关的信息还不能通过媒体公开传达出来；虽然公众参与媒体越来越多，但大众传媒还没有真正成为公众表达的渠道。这些问题出现的原因归根结底不在技术上，不在传媒工作者的能力上，而在体制上。不进行传媒体制改革，不在体制上建立一系列的保障，这些权利就难以真正得到落实。

在2009年的政府工作报告中，"制度"一词出现了43次，"体制"一词出现了 20 次。① 如此高的频率足以说明，在改革开放 30 年后，制度更新、体制改革依然是解决一切问题的根本和源头。对于变革与飞速发展中的中国传媒产业来说，同样如此。

（二）研究传媒体制是传媒体制改革的内在要求

随着政治体制改革、文化体制改革的推进以及近年来传媒业的飞速发展，传媒体制改革被提上了日程。总体来说，传媒体制改革包括四个关键环节：一是重塑市场主体；二是完善市场体系；三是改善宏观管理；四是转变政府职能。这几个关键环节涉及体制改革的几个相关要素：政府、传媒实体和市场。传媒体制改革的关键就在于对这些元素之间的相互关系进行调整，使之有利于社会文化的发展和传媒产业的壮大。在任何一个国家，体制的确立都会涉及这几个元素之间的关系，这几者之间关系的变动实际上就是体制的变迁。

在中国，传媒制度设计和传媒体制改革都没有先例可依，所以有必要参照发达国家的传媒业发展历程，对之进行全面梳理，从中归纳出一些具有普遍性的规律，借鉴一些具有可操作性的范式。

当前中国的传媒体制改革面临着一个重大的问题，就是必须理清改革的优先目标——因为优先目标的设定贯穿从制度设计到媒介运作的全过程，决定着中国传媒体制改革的未来走向。

（三）研究传媒体制是传媒业发展的现实要求

中国传媒业改革近 30 年来，从市场结构到市场规模，从报道内容到媒体内部的经营管理，都经历了多层面的变革，现在改革发展到了一个需要飞跃和整体推进的时期。但是，中国传媒体制改革的方向并不明确；在理论界，也没有比较全面的理论框架来研究传媒体制的变迁，因此国内的体制改革基本上是在摸索中艰难前行，迫切需要理论方面的建构。

自 20 世纪 80 年代传媒业的"市场模式"实施以来，尤其是《1996 年电信法》颁布之后，以美国为代表的国际传媒集团迅速占领全球市场。当全球化与娱乐化成为世界传媒业的鲜明特征时，很多国家开始警觉，自己的民族文

---

① 温家宝：《政府工作报告——2009 年 3 月 5 日在第十一届全国人民代表大会第二次会议上》。

化会不会受到侵蚀，中国也面临着同样的问题。在这样的背景下，西方学者开始反思美国《1996年电信法》带来的影响，开始探索国际传媒政策的新走向。中国传媒业也已经开始受到国际传媒业的冲击，因此必须对国际传媒的政策动向与理论动向有及时、全面、深刻的把握和认识。从这个意义上说，本研究也具有一定的理论意义。

中国的传媒体制改革正处于探索阶段，存在一系列的盲点和困惑，在此背景下，研究国际传媒政策的发展路径，梳理其轨迹，分析其现状及困境，对中国传媒体制改革有重大的现实意义。

（四）研究传媒体制是当前国内学界研究不足提出的要求

近年来，在广播电视体制研究方面，FCC的一系列决策受到传播法律和政策研究者的密切关注，其成果偏向于以评论和个案研究的形式呈现，覆盖的议题包括一些具体的规定以及相关分析，研究者们通过回顾历史来考察一些具体规定何时是明智稳妥的，等等。可以说，今天的西方学者正在严肃而全面地对传播体制进行解读和批判；但是，西方学者都是站在内部对其体制进行批判，和本研究的视角有所不同，本研究将在融合西方主流学术界对美国广播电视体制评价的基础上，在政治福利、经济福利、社会文化福利博弈的框架中对美国广播电视进行评价，探索其中反映私有制固有基本矛盾的要素，同时归纳出一些可供国内传媒体制改革借鉴的经验。

在国内，学界在跟踪国际传媒业发展及其研究方面着力颇多，出版了大量的专著，也译介了一些有分量的论文和著作，但还存在以下问题。

第一，在分析和介绍国际传播政策的转型上相对滞后，缺乏深度感和细致性，面对前沿性议题的敏感度和反思、论辩精神匮乏。

第二，案例式研究较多，以国外规制管理中的新现象、新事件、新规定为切入点进行粗线条概括的较多，细致、深入的研究较少。

第三，对《1996年电信法》的研究明显多于《1934年通讯法》。相对于《1996年电信法》的浓墨重彩，对《1934年通讯法》的研究只能算轻描淡写，后者当中还有许多有价值的资料尚待挖掘。

第四，对于《1996年电信法》的研究多是从媒介经营管理的角度切入，分析其在跨媒体运作、资本运作上的经验，而没有将媒体市场竞争的实践放在政治与社会文化、公共利益的视野下进行考察，缺少反思和批判精神。

总体来说，当前国内对美国广播电视体制的研究既缺乏历史性梳理，又缺乏对传媒体制基础性理论的深入全面思考，还存在一定的开拓空间。

二　美国广播电视体制研究的价值

本研究选择美国广播电视体制进行观照，主要出于以下三个方面的原因。

第一是美国广播电视体制的代表性与影响力。作为世界电视三大体系之一，以美国为代表的商业电视体系成为许多国家参照的模式，具有相当的代表性。从美国广播电视体制的变迁中，能探索出推动体制变迁的一系列因素，以及商业运作模式下媒介制度变迁与制度设计的一般规律。

第二是美国广播电视体制的内生性。美国是世界上最早应用无线电技术建立广播电视体系的国家之一，因而其体制的建立具有内生性与原发性。与其他在广播电视体制方面或多或少采取模仿与跟进策略的国家相比，它能提供完整的关于体制变迁的模型与案例，从中我们能清晰地梳理出政治、经济、文化对传媒体制的影响，因此美国的广播电视体制具有较高的研究价值。

第三是美国广播电视所面临问题与中国媒体所面临问题的相似性。由于社会制度的差异，中国不可能直接挪用美国的广播电视体制，但是二者之间还是存在一些相通之处，美国的广播电视体制中有许多理念、经验值得中国思考和借鉴。中国当前进行的传媒改革，虽然坚持媒体的国有性质不变，但运作产业化、市场化的倾向日趋明显。市场化后会带来什么样的影响？在市场化的传媒业中，如何处理国家利益、商业利益与公共利益的关系？相关政策的理念和价值取向如何得以实现，如何形成制度保障？这些都可以尝试从美国广播电视体制的沿革中寻找答案。

三　本书可能的创新点

本书在全面梳理美国广播电视体制变迁的基础上，重点研究了美国广播电视体制由"公众委托模式"向"市场模式"的演变。可能的创新点体现在以下几个方面。

第一，尽可能全面、系统地对美国广播电视体制进行梳理和分析。本研究将改变目前国内介绍西方传媒政策的著作和文章所采取的片段式截取、案例式介绍的方法，以制度经济学的视野对美国广播电视近一个世纪以来的体制变迁进行全面的梳理；同时，在此框架下对相关的政策、措施进行细致的分析，如美国广播电视体制中的"七台法则""一市一台政策"等——为什么会制定这样的政策？政策实施状况如何？带来了什么样的效应？最后为什么会发生变更？……力争从中探索传播体制变革的基本规律。

第二，对于美国广播电视体制变迁，本研究试图将美国广播电视体制的变革放在具体的历史语境中进行考察，分析其变革的诱因（如政治体制、文化、法律、技术、社会思潮、利益集团的博弈等）以及变革所带来的影响（从政治福利、经济福利、社会与文化福利等几个方面进行考量）。同时，对涉及传播法律和传播体制的一些核心问题，如传播政策制定中政治、社会、经济价值理念之间的平衡问题，媒介运作的市场逻辑与公共利益的平衡问题进行分析和探讨，以期获得一个比较清晰的图景。

第三，本研究使用了新的研究方法——计量经济学实证方法。在实证研究方面，中国新闻传播学界存在较大欠缺，对相关具有分析力的统计工具的运用也不多。在资料搜集的过程中，笔者发现关于同一对象众多不同来源的相关数据差别很大——如关于 2000 年的美国电视广告收入，有的文章中提到为 1000 亿美元；有的提到应为 544 亿美元——而且众多数据并无严格的出处，甚至是无出处。这一问题使笔者的研究陷入了窘境，同时也对中国传媒研究尤其是传媒市场方面研究的严谨性产生了怀疑。在本书中，笔者利用计量经济学中的"邹突变点检验"方法对《1996 年电信法》的颁布年是否美国广播电视格局重构的关键年问题进行了计量实证分析，增强了分析的说服力。这是本研究的又一创新点。

第四，研究视角的新颖——公共利益视角的切入。大众传媒不仅是一种产业，同时也是一种社会机构，要了解媒介体制、结构和动力的主要脉络与原理绝非易事，它需要一种对经济、政治和文化的分析。正如麦奎尔所述，如果不对影响机构的广泛政治与经济力量做一个起码的描述，就不可能了解大众媒介的社会与文化意涵。传播体制具有不同寻常的特性，关键在于它的行动无法摆脱经济和政治的影响，并且非常依赖技术的不断变化。[①] 因此，对传媒体制进行评估时必须谨慎行事，任何体制的形成与发展都依赖于许多特定的因素并有着深厚的历史文化根源，要做单一简短的评估是不可能的。如同对任何事物评价都需要一套标准一样，对传媒体制进行评估，就如同建立一整套精神标准。本研究对美国广播电视体制进行评价所选取的标准是公共利益标准。

当前世界各国的传媒体制研究都与媒介经济学有着密切的联系。从不同的研究目的和对媒介产业不同的作用来看，媒介经济学领域的研究有两个主要起源和流派，其一即是秉承了传统的政治经济学的批判传统的"传播政治经济学"[②]；其二则是以现代宏观经济学和微观经济学为基础，对媒介市场、媒体公司和产业政策进行研究的"媒介产业经济学"，著名的媒介经济研究学者罗伯特·皮卡德所追溯的主要是这一学派的历史。[③] 具体到传媒体制研究方面，当前传媒体制研究的视角也很多，包括经济/工业的视角、政治经济学的视角、公共利益的视角、传媒专业的视角[④]等，本研究选取的是"公共利益"的视角。

本着"公共利益至上"的原则，笔者认为，"市场模式"的推行是多种因素共同作用的结果，顺应了传媒技术发展与产业拓展的规律，但由于其过分偏向市场原则，导致了大众传播的实际效果从公共利益向商业利益的偏离。"公众委托模式"虽然确立的也是广播电视私有化的体制，具有资本主义不可克服的本质矛盾，但由于其确立了"公共利益至上"的主导原则，并通过一系列具体的法律法规和措施保障了这一原则的真正贯彻和实施，因而公共利益在一定程度上得到了确保。虽然"公众委托模式"已成为一段历史，但其中有

① 〔英〕丹尼斯·麦奎尔：《麦奎尔大众传播理论》，崔保国、李琨译，清华大学出版社，2006，第 159 页。

② 这一学派着重于研究在媒体内容的生产、分配与交换中，权力扮演了什么角色。该流派的历史较长，可以追溯到 20 世纪 30 年代丹尼利恩（Danielian）对美国电报电话公司的研究和 20 世纪 50 年代史麦塞（Dalls W. Smythe）对美国媒体工业结构的分析。

③ 宋建武：《媒介经济学——原理及在中国的实践》，中国人民大学出版社，2006，第 11 ~ 12 页。

④ 经济/工业的视角将媒介看作经济实体来观察不同的媒介和不同状况下媒介的特征和区别；政治经济学视角来自批判学派，这种观点的概念来自对资本主义的批判，涉及媒介所有权的集中和商业化；公共利益的视角主要是从公众兴趣的角度检视媒介结构；传媒专业的视角则是从媒介内部和专业主义的角度来检视媒介机构。

很多值得我们重新考量、重新评估的要素，能为新的传媒体制的创新带来一定的启示。

第三节 主要内容及核心概念界定

一 主要内容

本研究主要考察美国广播电视体制从"公众委托模式"向"市场模式"的变迁，试图达到的目标有如下几点。

第一，在历史语境中考察美国广播电视体制的变迁，尽可能对之进行全面、清晰的梳理，厘清其变迁的路径，并对其运行机制、具体政策进行细致的研究。

第二，从政治经济学、制度经济学、福利经济学的视角，在国家利益、经济利益、公共利益三者博弈的框架中，分析和评价美国广播电视体制的变迁，探索传媒体制变迁的基本路径。

第三，重点研究"公共利益"在不同管制模式下的演变，探究"公共利益"与传媒体制之间的关系。

以美国广播电视体制的变迁为基本线索，本书以时间为序展开，主体包括五个部分。

第一部分主要介绍美国广播电视业的产生以及美国广播电视体制的初始形态。其中，《1927年广播法》基本上确立了美国广播电视"公众委托模式"的雏形。根据经济学的路径依赖理论，美国广播电视体制的初始形态对其之后的发展有着重要的影响，之后的体制变迁都在这一基础上展开。

第二部分对美国广播电视体制的"公众委托模式"阶段进行研究。在此过程中，《1934年通讯法》是一个研究重点。在美国，广播电视的"公众委托模式"何以得以确立？其规制方式是什么？其价值取向是什么？在该模式下，公共利益如何得以保障？这些问题都在这一部分得到解决。这是本书的核心内容之一。

第三部分主要研究美国广播电视从"公众委托模式"向"市场模式"的

演化，这一变化始于 20 世纪 80 年代初 FCC 对广播电视业规制的放松。规制是怎样一步步放松的？每一次法规的修改具体改变了什么？为什么做这样的修改？带来了什么样的影响？这是本研究的又一重点。在这一部分，笔者利用邹突变点检验方法对《1996 年电信法》的颁布年是否构成美国广播电视业格局重构的关键年进行了计量实证分析，以增强说服力。这是本研究的创新点之一。

第四部分主要研究《1996 年电信法》带来的综合效应。文章从政治福利、经济福利、社会文化福利三个维度考察《1996 年电信法》给美国广播电视业、美国社会文化乃至全球媒体、全球文化带来的影响；同时介绍世界各国对媒介商业属性的认识（如英国、德国、日本等）：为什么世界各国传媒体制纷纷转型？转型后带来了什么变化？

第五部分是全文的结论：一是总结美国广播电视体制变迁的基本路径，并分析相关制度保障对政策目标实现的重要性；二是强调适当、有效的政府规制对公共利益实现的重要性；三是分析美国广播电视体制变迁给中国传媒体制改革带来的启示。

二　几个互相关联的核心概念

根据本书的研究对象，在进入正文之前，有一些概念需要明确，它们分别是：政府规制，公共利益，制度、体制与体制变迁。

这些概念之间有着密切的联系，孤立起来很难理解其中任何一个的全面含义——由于频谱资源的公共性，广播电视在各国都被认为是一种公共资源，应该用来满足和实现公共利益。在任何国家，公共利益都不会自动实现，其实现与确保需要有效的政府规制的纳入。因此，实际上，公共利益与政府规制都是在公共事业发展过程中衍生出来的概念。政府对公共事业的规制需要借助相关制度和体制来进行。而制度和体制并不是由政府或者公众单方面决定的，它是一个多方博弈的结果，政治经济条件的变化以及各种利益之间博弈格局的调整会引起体制的变迁。

（一）管制或规制的内涵界定

关于管制或规制（regulation），经济学家、政治学家、法学家对之有不同的理解和界定。

在经济学领域，传播最早的管制定义是由斯蒂格勒（Stigler）于1981年做出的："作为一种法规（rule），管制是产业所需并主要为其利益所设计和操作的。"在他看来，管制是国家强制力的运用。因此，管制几乎能采取任何手段满足某产业的欲望，最极端的就是增加它们的获利能力。经济学对管制的理论和经验的研究兴趣曾集中在考察某些特殊产业的价格和进入的控制上，如公用事业（电力、管道运输）、通信、交通（公路货运、铁路、航空）与金融（银行、保险、证券）。

在政治科学中，米尼克（Mitnick，1980）提供的定义是："管制是针对私人行为的公共行政政策，它是从公共利益出发而制定的规则。"此定义的突出之处在于它继承了"法规是按照公共利益来制定的"这一假设。米尼克同时也强调，用公共利益的观点来支持管制的合理性常常纯粹是一种托词，这一目标从表面上看与行政、立法以及司法的决策相一致，而特殊的利益往往已经得到照顾。

在法律学文献中，一个有广泛影响的定义是由吉尔洪（Gellhorn）和皮尔斯（Pierce）在1982年提出的。他们认为，经济管制是"管制者的判断对市场或商业判断的决然取代"[①]。法学上对管制的研究也主要侧重于针对公共事业的政策管制。

由此可见，无论实际效果如何，在经济学家、政治学者以及法学家的眼中，管制（规制）的主体都是政府，管制（规制）的出发点都在于公共利益或者或多或少与公共利益相关。

总的来说，管制（规制）是由行政机构制定并执行的直接干预市场配置机制或间接改变企业和消费者的供需决策的一般规则或特殊行为。[②]

博弈论（game theory）对管制过程的描述和模拟非常有用。一场博弈是由参与者、它们的目标函数、可能的战略以及博弈规则来界定的。管制的过程是

[①] 经济学界、政治学界、法学界对 regulation 的定义分别见〔美〕丹尼尔·F. 史普博《管制与市场》，余晖等译，上海三联书店、上海人民出版社，2006，第29页，第37页，第34页。

[②] 〔美〕丹尼尔·F. 史普博：《管制与市场》，余晖等译，上海三联书店、上海人民出版社，2006，第45页。

由被管制市场中的消费者和企业，消费者偏好和企业技术，可利用的战略以及规则组合来界定的一种博弈。管制过程的参与人主要是消费者和企业，而管制机构则是博弈的仲裁者或规则的制定者，博弈的规则可能是外生的，诸如法律上的限制或管制机构的特殊政策。

在现实中，消费者和企业不仅在市场上寻求其自身利益，当政府决策影响他们的利益时，他们也会与政府交涉，寻求自身利益——与政府沟通的方式包括申诉、许诺、威胁、提供市场数据以及公开听证会上的证词等。通俗地说，我们基本上可以将管制（规制）视为消费者、企业和管制机构互相结盟并讨价还价的过程。

（二）公共利益的内涵界定

在社会和政治理论中，公共利益是一个简单却饱受争议的概念。有代表性的是舒伯特（Schubert）在 1960 年曾提出的关于公共利益的三个简洁明了的定义[①]：（1）"唯理主义者的（rationalist）"，指满足大多数选民的政府行为；（2）"理想主义者的（idealist）"，指满足管制者良心的政府行为；（3）"现实主义者的（realist）"，指管制者在相互冲突的利益之间做出的权衡。

无论从何角度来看，"公共利益"都显得振振有词却又不可捉摸——"大多数选民"乃乌合之众，无从界定；"管制者良心"因人而异，不可确定；"权衡"则可能受到各种利益集团的左右与冲击，管制者被俘获的案例比比皆是，难以取得真正的平衡。虽众说纷纭，但有一点可以确定，即公共利益需要靠"政府行为"、靠"管制者"才能实现。然而，政府（管制者）是不是公共利益的真正或者说主要决定者呢？

国内经济学家樊纲认为，在某些条件下，在一定时期内，社会上的多数人可能对某些问题持较为一致的看法（比如说，是否应抵御外来侵略或者是否应加速科技发展等），只要决策者能使每个人或绝大多数人获益，这个问题就比较容易取得一致意见；但是，在另一些问题上，特别是在那些涉及社会中不同人或不同利益集团之间利益分配的问题上，人们的各种特殊利益往往是互相

---

① 〔美〕丹尼尔·F. 史普博：《管制与市场》，余晖等译，上海三联书店、上海人民出版社，2006，第 37 页。

冲突的，这时就难以形成甚至不可能形成任何一致的、可以称得上是公共利益的东西。阿罗的"不可能性定理"所表明的是，社会往往不可能形成某种一致的选择，或对事物进行一致的优劣排序；即使将这里的所谓"一致"仅理解为"多数决定"，也是很不可能的。正因为如此，有些经济理论认为，根本就不存在什么公共利益，至少，不存在一种能够明确定义，在现实生活中能够起实际作用的公共利益；现实中存在的，只是各种互相冲突的特殊利益。比如，在反垄断问题上，反垄断符合消费者利益，但不符合垄断企业的利益。①

因此，正如布坎南（J. Buchanan）所认为的，在与公众有关的决策中，实际上并不存在"根据公共利益进行选择"的过程，而只存在各种特殊利益之间的"缔约"过程。② 这种解释将公共利益的达成过程理解为一场多方利益的博弈，就如同"管制（规制）"一样，而博弈的最终结果，则是特定时期、特定领域所谓的"公共利益"。公共利益概念的模糊性及其在实现过程中的机动性与弹性就在于此。笔者以为，这样的界定也许是最符合现实的，相对于政治、社会学者而言，经济学家对问题的界定往往要现实很多，他们关注更多的似乎是"实然"，而非"应然"，因为"应然"多少带有理想主义的色彩。

华人传播学者赵月枝认为，公共利益包含了以下原则：独立——在政治上不为政府或其他利益集团所左右；平等——实现不分等级享受同样的服务；全面——满足不同层次、不同口味的现实需要；多元——反映不同的观点、照顾少数人的兴趣；不迎合——不追求最大的观众数，不一味迎合观众，而是通过节目来培育民主精神，提高公众的文化品位。③ 她没有直接给公共利益下定义，却指出了公共利益应当包含的原则，或者说她给出了其外延。这使得模糊的公共利益似乎变得可以捉摸了。在美国广播电视规制中，FCC 也是通过对公共利益外延的一系列界定，才使得实现和维护公共利益具有了可操作性。

（三）制度、体制与体制变迁

《辞海》对"制度"的解释有三种：（1）要求成员共同遵守的按一定程序

---

① 樊纲：《市场机制与经济效率》，上海三联书店、上海人民出版社，1999，第 163 页。

② 樊纲：《市场机制与经济效率》，上海三联书店、上海人民出版社，1999，第 163 页。

③ 〔加〕赵月枝：《公共利益、民主与欧美广播电视的市场化》，《新闻与传播研究》1998 年第 2 期，第 25 ~ 42 页。

办事的规格，如工作制度，学习制度；（2）在一定历史条件下形成的政治、经济、文化等各方面的体系，如社会主义制度、资本主义制度；（3）旧指政治上的规模法度。① 在本研究中，所能取的是第二种含义。

《辞海》对"体制"的解释也有三种：（1）国家机关、企业和事业单位机构设置和管理权限划分的制度，如国家体制、企业体制。（2）体裁、格局。（3）艺术作品的体裁风格。② 显然，本研究所能取的是第一种含义。

从对这两个概念的解释中可以看出，"制度"要宏观一些，"体制"要微观一些。"制度"包含"体制"。笔者认为，相对于某一行业、某一领域而言，如广播电视业，体制是个宏观的概念；相对于制度而言，体制是个中观的概念。体制包含于制度之内，要受到制度的约束甚至被制度所决定。

在制度经济学研究领域，一个广为学者们所接受的"制度"的定义是由 T. W. 舒尔茨提供的。他将其定义为"管束人们行为的一系列规则"。这一界定同样也具有宏观性，它能将一切"体制"包含其中。

因此，在笔者看来，体制的形成与制度的形成过程具有同一性，从本质上说，它们都是为了能够给人们的行为制定一定的规则，它们不是政策制定者单方面决定的，而是一种多方博弈的结果。正因为如此，约翰·R.康芒斯（Kammons）将制度定义为"限制、解放和扩张个人行动的集体行动"。③ 从本质上说，所有制度与体制确立的过程都是一场博弈、一种交易。因此在经济学中，有"制度交易"一说。有学者认为，制度交易可分为四种④。

第一种制度交易直接增加了货币化的净社会所得（国民收入）。其动机和结果都是提高生产效率。当集体行动产生了制度安排的新结构时就会提高生产量。这种变化提高了经济的生产效率并可能被描述成产出空间中向更高生产可能性边界的运动。

---

① 辞海编辑委员会：《辞海》（缩印本），上海辞书出版社，1979，第185页。
② 辞海编辑委员会：《辞海》（缩印本），上海辞书出版社，1979，第228页。
③ 〔美〕丹尼尔·W.布罗姆利：《经济利益与经济制度——公共政策的理论基础》，陈郁等译，上海三联书店、上海人民出版社，2006，第52页。
④ 〔美〕丹尼尔·W.布罗姆利：《经济利益与经济制度——公共政策的理论基础》，陈郁等译，上海三联书店、上海人民出版社，2006，第295页。

第二种制度交易的目的在于直接对收入进行重新分配。

第三种制度交易重新配置了经济机会。它反映了与社会成员之间相互作用方式相关的新的有关政治发言权的社会偏好。

第四种制度交易重新分配了经济优势。它不反映分享价值，却反映了一个强有力的团体保护其自身利益的能力，这里已损害了社会的总体利益。尽管大众意见占到多数，但如果相关利益集团能阻止维护公共利益的努力，那么这就是其有能力维护自身经济优势的一个例子。与前三类制度交易不同——它们都对社会福利做出了积极的贡献，重新分配经济优势的制度交易完全是对社会福利的重新分配。

这类制度变迁的产生背景对于理解制度和制度变迁是至关重要的。制度确立、制度变迁的出发点和结果不一定都是提高生产率、增加社会福利，很多时候，其确立与变迁只是多方博弈格局下的一种无奈的均衡。根据制度而确立的体制同样如此。因此，并非所有的体制变迁都是进步，也并非所有的体制变迁带来的都是社会福祉的增加。

在对管制（规制）、公共利益、制度/体制进行界定的过程中，我们没有离开一个名词——博弈。基于此，本研究也离不开这个框架，那就是在政治利益、商业利益和公共利益博弈的框架中研究美国广播电视体制的变迁。

第二章 美国广播电视业的形成与体制的萌芽

> 在美国，任何一种见解，任何一种习惯，任何一项法律，而且我敢说任何一件事，都不难从这个国家的起源中找到解释。
>
> ——〔法〕夏尔·阿列克西·德·托克维尔（A. Tocqueville）

如第一章所述，美国广播电视体制的发展可划分为三个阶段，即萌芽阶段（20世纪初至1934年）、"公众委托模式"阶段（1934年至20世纪80年代初）、"市场模式"阶段（20世纪80年代初至今）。

从政策的萌芽到"公众委托模式"的确立与逐步完善，再到朝着"市场模式"的变迁，这是美国广播电视体制发展的一条基本线索。本研究重点关注美国广播电视业从"公众委托模式"向"市场模式"的转变。但在此之前，我们有必要回到美国广播电视业的历史起点，对其发展脉络做一梳理，因为任何事物的发展都与其起源有着密切关系，任何体制变迁都存在一定的"路径依赖"①。前面的制度或体制无论是否最合理、最有效，都会不可抗拒地影响其后制度与体制的变迁。在美国广播电视体制的演变与发展过程中，这一规律同样发挥作用。正如法国思想家托克维尔所说："在美国，任何一种见解，任何一种习惯，任何一项法律，而且我敢说任何一件事，都不难从这个国家的起源中找到解释。"② 故在本章，笔者试图从美国广播电视的原点处寻求其特有体制确立的原因及其对后来整个产业的影响。

---

① 所谓"路径依赖"，是指在一个国家的经济发展过程中，一种制度一旦形成，不管是否有效，都会在一定时期内持续存在并影响其后的制度选择与变迁。

② 〔法〕托克维尔：《论美国的民主》，董果良译，商务印书馆，2007，第32页。

第一节　立法的迫切需要

在 20 世纪的第一个 10 年中，广播作为一种初生的技术，主要为三方面的利益群体所运用：一是军队，二是无线电公司，三是无线电业余爱好者。在当时，无线电是一种真正意义上的"公共品"，因为当时对无线电频谱的使用没有任何管制，任何人都可以通过无线广播发送信息。上述三者有着同样的权利接近和使用无线电波。

然而，频谱资源十分稀缺，而利用该资源的人又很多，其结果是什么呢？太多的声音等于没有人能听清其中任何一种声音，绝对的自由等于没有人能享有真正的自由。对频谱资源自由、均等使用带来的后果是无线电传播领域的混乱。

人类社会有两大创举，其一是技术，其二是法律。前者用来驾驭自然，后者用来驾驭人类社会自身。技术是中性的，它所带来的可能是社会的福祉，亦可能是人类的灾难。结果或好或坏，完全取决于应用技术的人。由于人是理性的，[①] 加上人的能力的有限性和生产、生活环境的不确定性，人的行为总是需要法律和制度来进行约束。当技术发展到一定阶段，壮大到对人们的生活能产生重大影响的时候，就必然需要法律和制度对之进行约束与规范。

经济学家 T. W. 舒尔茨在《制度与人的经济价值的不断提高》一文中，对制度的作用进行了富有经验意义的归纳：（1）用于降低交易费用（如货币、期货市场）；（2）用于影响要素在所有者之间的配置风险（如合约、分成制、公司、保险等）；（3）用于提供职能组织与个人收入流的联系（如产权、资历

---

① 所谓理性，经济学家指的是当个人在交换中面对现实的选择时，他将选择"较多"而不是"较少"。路斯（Duancan Luce）和莱法（Howard Raifa）给理性下了一个正式的定义，他们从博弈理论的逻辑出发，将理性定义为："在两种可供选择的方法中，博弈者将选择能产生合乎自己偏好的结果的方法，或者用效用函数的术语来说，他将试图使自己的效用预期最大化。"见〔美〕R. 科斯、A. 阿尔钦、D. 诺斯《财产权利与制度变迁——产权学派与新制度学派译文集》，刘守英等译，上海三联书店、上海人民出版社，1994，第 404 页。

等）；（4）用于确立公共品和服务的生产与分配框架（如学校、农业试验站等）①。

经济学家林毅夫认为，人之所以需要制度，是因为单个独立的理性人或团体的能力有限，人在做出决策时需要支付信息费用，以及人的生活环境与生产中的不确定性。一方面，人需要制度来确保生命期的安全；另一方面，又需要制度来促进其与他人或其他实体的合作，将外部效应内在化。"正是出于安全和经济两方面的原因，人们才需要彼此交换物品和服务并使得制度成为不可或缺之物。"②

至于广播电视立法与制度化的必要性，不仅有上述理论的需要，而且有着历史的沉痛教训。这里，笔者不得不讲述一个家喻户晓的故事——1912年世界上最先进、最豪华的邮轮"泰坦尼克号"的沉没。这一世界航海史上最悲惨的事件经过各种媒体的传播已经被抹上浓厚的传奇色彩，但当我们拨去那层神秘的面纱，就能看到当时初生的广播业的状况：在这一事件中，无线电发挥了作用，却没有发挥应有的作用。

自1895年意大利发明家马可尼发明无线电以来，该技术开始在世界范围内传播。1912年，无线电作为一门技术在美国已经比较成熟，在航海事业中的应用尤其广泛。作为当时世界上最先进的邮轮，"泰坦尼克号"当然装有能够接收与发射无线电信号的装置。但是，为什么它没有及时接收到其他船只发出的冰情警告信号？又为什么当它在危难时刻发出求救信号时，其他船只没有反应，最终导致这艘巨轮就这样沉没了呢？原因有以下两点。

第一，当时的无线电技术处于初生阶段，空中的电波五花八门，干扰很大，求救信号无法被清楚地接收。据记载，当"泰坦尼克号"慢慢下沉，报务员一遍一遍发出求救信号时，基本没有其他船只听见，只有远在纽约沃纳梅

---

① 该文曾获得《美国农业经济学杂志》授予的杰出论文奖。文章较早地尝试用现代经济方法来分析制度。在文中，他将制度定义为"管束人们行为的一系列规则"。这一定义为之后的制度研究学者所接受。

② 林毅夫：《关于制度变迁的经济学理论：诱致性变迁与强制性变迁》，见〔美〕R. 科斯、A. 阿尔钦、D. 诺斯等《财产权利与制度变迁——产权学派与新制度学派译文集》，刘守英等译，上海三联书店、上海人民出版社，1994，第377页。

克大楼楼顶上在无线电台前工作的戴维·萨诺夫从莫尔斯电码中听到了信号——"泰坦尼克号巨轮触撞冰山，正在迅速沉没"。他迅速通过广播向全世界发布了这一令人震惊的消息。在威廉·霍华德·塔夫特总统（美国第 27 任总统，任期为 1909～1913 年）命令所有其他电台保持缄默之后，20 岁的萨诺夫继续坚守岗位 72 小时，收听消息并记录幸存者的姓名。[①]

第二，当时的无线电业务是一种商业活动，报务员没有承担社会责任的义务。早期的商业通讯只是把信息传送给特定的收件人。报务员做着有利可图的工作，一天的工作通常是为有钱的客户传递信息，工作结束后就关掉发报机回家睡觉。事实上，当其他船只发出警告信号时，泰坦尼克号的报务员正忙于为有钱人发送私人信息；而等泰坦尼克发出求救信号时，其他船只上的报务员已进入梦乡，听不到求救信号。悲剧由此发生。

简单地说，泰坦尼克号的沉没不是无线电技术自身的缺陷所致，而是因为有效管制的缺失——由于没有相应的约束，谁都可以利用电波频谱，故而干扰严重；由于没有相应的干预，利用电波频谱的人想怎样就怎样，因此无线电业务只是一种商业活动，根本无法确保公共利益。

在 20 世纪 30 年代资本主义世界经济大萧条之前，整个西方社会是古典自由主义一统天下。人们信奉亚当·斯密"看不见的手"，认为政府只是市场经济的"守夜人"。因此，政府对经济的干预甚少。对于广播这种新出现的技术和媒介，政府也以自由主义的态度相待。事实上，早在泰坦尼克号沉没前两年，1910 年 3 月，美国海军部就曾致函美国参议院，陈述了对广播业放任自流所带来的尴尬：

> 每个电台都认为其自身独立并声称在任何需要的时候都可以通过以太发送电波，结果使许多地方陷于混乱。公共事务也因海军部的无能为力而受到影响，海上船只遇险所发出的呼叫，有的未引起注意，有的被无数试图立即通讯的电台所产生的以太噪声淹没，那些喜欢恶作剧和不负责任的操作员好像特别喜欢假冒其他电台和发送错误信号。情况已变得难以忍受

---

① 〔美〕丹尼尔·布尔斯廷：《美国人民主历程》，三联书店，1993，第 443 页。

且越来越糟，怎样强调也不过分。①

在此背景下，美国参众两院于 1912 年 8 月 13 日批准了《1912 年无线电法》（Radio Act of 1912）［见附录 1］。该法案规定，所有的无线电操作者都必须获得政府的许可证才能使用无线电频谱，并须遵守政府对电波的分配。此外，该法规定了由商务和劳工部负责颁发执照，同时制定了其他的规制措施来消除无线电领域的混乱。

这标志着政府第一次以"管制者"的身份介入广播业。在古典自由主义依然处于巅峰状态的 20 世纪前 20 年，这无疑是为广播业发展的形势及广播业自身的特点所迫。"管制无线电对于无线电业的发展至关重要，正像控制交通对于机动车的发展至关重要一样。"②

第二节 "公众委托模式"雏形的形成

《1912 年无线电法》只是对分散在全国各地的点对点的无线电信息做了一些技术上的规定，它显然没有预计到广播业的迅猛发展。最明显的问题在于，该法未能解决电波的"拥挤"问题。在法案颁布后的 4 年内，得到批准的爱好者从 1913 年的 322 个增加到了 1916 年的 10279 个，单在 1915～1916 年，政府就批准了 8489 个业余电台，同期，5202 个商业电台得到批准。在 1917 年，获得批准的电台操作者达到了 13581 人。③

1920 年 KDKA 电台的成功开播，引起了媒体和公众的极大兴趣，美国广播事业迅速崛起。1921 年，全国电台数量为 30 家，收音机约 5 万台。1922 年，这两个数字分别增加到 383 家和 60 万台。到 1927 年，数据分别被刷新到 733

① 谢国平：《改变世界的搏击——西方信息业大兼并透视》，复旦大学出版社，1999，第 90 页。
② 〔美〕T. 巴顿·卡特等：《大众传播法概要》，黄列译，中国社会科学出版社，1997，第 222 页。
③ Susan J. Douglas, *Inventing American Broadcasting：1899 – 1922*, The Jones Hopkings University Press, 1987, p.293.

家和 650 万台（见表 2 - 1）。[①] 使用频率的重叠造成频谱极其混乱，以至于收听广播成为"一种折磨"。私人公司被迫在分配频率方面寻求政府当局的帮助。[②]

表 2 - 1　20 世纪 20 年代美国广播业的发展态势

时间	全国电台数量（个）	全国收音机数量（万台）
1921 年	30	5
1922 年	383	60
1927 年	733	650

在当时，广播公司"遍布美国各地，泛滥成灾，几乎不考虑公众的需求及其引发的大量冲突"。[③] 并且，由于广播公司为私人所有，它们关注的是商业利益，因此只对其所集聚的听众感兴趣，大量的广播电台只服务于城市地区，而并未惠及农村与少数民族地区。这引起了部分公众团体的不满。同时，政府官员们也认为，1912 年的法案没有赋予他们足够的指导原则或权力来使广播更加井然有序。在 1922 ~ 1927 年间，广播业处于经济的、管制的和信号的混乱之中。[④]

由此可见，无论是广播机构、公众还是政府官员，都认为 1912 年的法案已经不能适应技术、经济和社会发展的需要，美国迫切需要一部新的法规来规范广播业的运营。

然而，新法规的产生过程与内在的制度需求诱致变迁是异常复杂的，不是单纯的旧法规、旧体制的渐渐淡出，而是新旧法规、新旧体制的博弈与重复博弈。从本质上说，这是一个社会各实体利益角逐的过程。其中，新的法规应该制定什么样的体制？频谱资源究竟归谁所有？美国无线电广播应该如何运营？……对于这些根本性的问题，各方观点并不一致。一时间难以达成统一。

---

① 辜晓进：《美国传媒体制》，南方日报出版社，2006，第 8 页。

② 〔美〕赫伯特·席勒：《大众传播与美利坚帝国》，刘晓红译，上海译文出版社，2006，第 19 页。

③ Hiram L. Jome, *Economics of the Radio Industry*, Chicago: A. W. Shaw Company, 1925, p. 70.

④ 鞠宏磊：《媒介产权制度——英美广播电视产权制度变迁及其对我国的启示》，四川大学出版社，2006，第 52 页。

其结果是，在 1927 年，美国国会仓促出台了一部临时的、应急的广播电视管制法案——《1927 年广播法》（The Radio Act of 1927）［见附录 2］。该法案已经认识到广播电台与点对点的通讯在本质上截然不同，明确指出：

> 这个法案的意图是对美国境内所有形式的州际和外国广播传输和传播进行规制，保证美国对所有这些频道的控制。……不符合法案规定或没有经过授权的任何个人公司、企业团体不得使用任何传输工具进行传播。[①]

根据这一法案，由 5 人组成的联邦广播委员会（Federal Radio Commission, FRC）于 1928 年成立，该委员会以执照形式对无线电广播频道加以控制和管理，成为联邦通讯委员会（FCC）的前身。更重要的是，该法案首次确立了广播电视管制的两大基本原则，这两大原则对美国广播电视业产生了长远的影响：

> 第一，无线电波属于全体美国人民，它们不是使用这些频率的电台的私产；
> 第二，只有在"有利于公众、方便于公众，或者出于公众的需要"的前提下"提供公正、有效、机会均等的服务"的电台才能获得执照。（该原则后来被简化为"公共利益、便利及必需"）。[②]

以上两点原则概括为一句话，就是频率公有，政府委托私人以公共利益为准绳开展运营。这既确立了政府对频谱进行管理的权威，又确立了对频谱资源分配的"公众委托"（Public Trustees）模式。这两大原则后来为《1934 年通

---

① The Radio Act of 1927，参见鞠宏磊《媒介产权制度——英美广播电视产权制度变迁及其对我国的启示》，四川大学出版社，2006，第 53 页。

② 〔美〕迈克尔·埃默里，埃德温·埃默里，南希·L. 罗伯茨：《美国新闻史：大众传播媒介解释史》（第九版），展江、殷文译，中国人民大学出版社，2004，第 347 页。《1927 年广播法》沿用了美国公共事业管理中的"公共利益、便利及必需"的模糊标准。"公共利益"的概念最早来自 1887 伊利诺伊州的铁路法案，后被植入《1920 年联邦运输法》之中。

讯法》所采纳，基本上奠定了美国广播电视体制的基础，对整个美国广播电视业产生了深远的影响。

美国政府之所以确立对广播电视的这一管制模式，主要基于以下三个方面的原因。

第一，广播电视频谱是公共资源。在经济学中，对于公共物品"公共性"的界定非常复杂，但其中最为重要的两个特性是：无竞争性和无排他性。在当时，由于广播电视信息产品具有共享性，其竞争性较弱，其自然形态的可排除性也较弱，这也就决定了它会成为一种公共资源。

第二，广播电视频谱资源具有稀缺性。这种稀缺性决定了如果不充分发挥其最大效用，那么不论对于国家、媒介还是对于公众，其代价都是十分高昂的。然而，如果由于这种稀缺性而采取平均形式或者允许任何人都使用该资源，就势必造成信号的混乱、资源的浪费，这也就决定了统一资源、合理有效配置资源方面模式创新的必要性。当时，形成的共识是：频谱资源是有限的，它实际上属于社会，但是被广播电视机构无偿使用，作为回报，广播电视机构在运营过程中，必须承担"公众委托人"的责任。

第三，广播电视具有"外部性"①，即其强大的社会、政治、文化影响力。从经济学原理来看，"外部性"即资源的社会外在影响具有二重性，包括外在正效应与外在负效应。截至今天，在一般的经济领域，处理这种外部效应（发挥外部正效应与降低外部负效应）具有非常重要的理论意义与现实意义。在传媒领域，既出于政治权力的分配，也出于经济利益的诉求，传媒业的外部性问题早已引起各国政府的重视。现代传媒具有广泛的社会影响力与强大的文化渗透性，这在一定程度上成为各国政府对其关注和进行控制的重要诱因。"没有报纸，他们仅仅是一个普通的百万富翁；有了报纸，只要他愿意，哪天都可以敲唐宁街 10 号的门。"英国一个媒体巨商创始人如此形容一位英国原来的传媒大亨。大众传媒影响力由此可见一斑。

在此之后的几十年，美国政府对广播电视业的规制事实上也是基于以上三

---

① 外部性（externality）指的是某种生产活动或消费活动对消费者的间接影响。外部性可以是正的，也可以是负的。

个方面的原因，直到有线电视和卫星电视的出现使美国广播电视频谱资源不再稀缺，"公众委托模式"的逻辑起点之———"资源的稀缺性"不再成立。后者成了"市场模式"倡导者的一个重要说辞，从而导致了美国广播电视体制从"公众委托模式"向"市场模式"的转向。

第三节 产权公有而运营商业化的原因解析

从《1927年广播法》来看，美国广播电视体制具有两大特征：一是产权公有；二是运营商业化。这两大特征都与美国的立国精神以及美国社会当时的特点有着密切联系。正如詹姆斯·威拉德·赫斯特（James Willard Hurst）所说："法律和市场的相互作用，表达了我们生活方式的很大一部分……"①

一 从所有权层面看，其产权为公共所有，其运营必须以公共利益为准绳

作为一种新型的自然资源，无线电频谱在美国为什么会被确立为公共资源？这是一个多方利益博弈的结果，但与美国的立国精神也有很大关系。

提到美国立国的精神，当然不能跨过以下两份文件：一个是《五月花号公约》（May Flower Compact，1620年）；另一个是《独立宣言》（The Declaration of Independence，1776年）。

《五月花号公约》是北美第一份由民众同意而行使的契约，预示了民主政治的许多观念和原则，其主要内容和核心概念是建立"一公民团体"（a civil body politick）。构成这一政治团体的要素和条件有以下四个。

第一，这个公民社会和团体的建立必须是"自己"和"自愿"的，它预示了未来社会作为公民社会的自治性质和社会基础。

第二，它宣布决定为这个未来社会"制定和实施"一套"法律、法规、条令、宪章与公职"，说明这个社会是一个法治社会。

---

① 中国美国史研究会、江西美国史研究中心：《奴役与自由：美国的悖论——美国历史学家组织主席演说集（1961~1990）》，贵州人民出版社，1993，第134页。

第三，它宣布这个权力机构所制定和实施的法律、法规，不仅必须是公正和平等的，而且必须"有利于殖民地的总体利益"。

第四，它声明全体移民必须保证遵守和服从上述法律法规，体现了这个公民社会中公民之权利和义务的统一。①

《五月花号公约》虽然只是一个"以上帝的名义"制定的宗教"誓约"，但它规划了美国的未来，如"公民社会""法治社会""有益于殖民地总体利益""权利和义务统一"等。

《独立宣言》是革命时期由拥有民意机构和临时政府双重身份的"大陆会议"通过的一个宪法性文件，因而包含了有关美国如何立国的一系列重要原则和精神。它强调了建立在自然法基础上的"那些不言自明的真理"，如"人人生而平等"，造物主赋予的权利（包括生存权、自由权、追求幸福的权利）"不可转让"，为保障这些权利人们才建立政府，一旦政府破坏了这些目标，人们就有权推翻它。《独立宣言》认为，"当今大不列颠王国的历史，就是不断伤天害理和强取豪夺的历史"。在列举大不列颠王国的暴行时，《独立宣言》所指出的第一条便是"他们拒绝批准对公共利益最有力、最必要的法律"；同时"他们拒绝批准便利广大地区人民的其他法律……"②从中，我们可以看到美国人民民主意识的缘起以及他们对公共利益的重视；他们建立政府的目的就在于保障这些权利。所以，独立后，美国坚持了上述立国之本，即强调人权的不可侵犯，强调公共利益的至高无上。

美国广播电视所有权的公共所有以及运作中的公共利益原则正是这些立国精神的体现。虽然这些原则后来沦落到"名存实亡"的地步，为众多学者所

---

① 何顺果：《美国历史十五讲》，北京大学出版社，2007，第 61 页。

　　《五月花号公约》全文内容如下：以上帝的名义，阿门。吾等签约之人，信仰之捍卫者，蒙上帝恩佑的大不列颠、法兰西及爱尔兰王国詹姆斯陛下的忠顺臣民——为了上帝的荣耀，为了吾王与基督信仰和荣誉的增进，吾等越海扬帆，以在弗吉尼亚北部开拓最初之殖民地，因此在上帝面前共同庄严立誓签约，自愿结为一公民团体。为使上述目的得以顺利进行、维持并发展，亦为将来能随时制定和实施有益于本殖民地总体利益的一应公正和平等法律、法规、条令、宪章与公职，吾等全体保证遵守与服从。……

② 《独立宣言》（1776 年），参见何顺果《美国历史十五讲》，北京大学出版社，2007，第 272 ~ 276 页。

诟病，但我们绝不能就此怀疑这些原则订立之时的初衷。

登姆塞茨认为，产权是一种社会工具，其重要性就在于事实上它能帮助一个人形成他与他人进行交易时的合理预期；这些预期通过法律、习惯和道德得到表达。① 在美国，广播电视产权的公共所有使政府在将频谱资源委托给商业机构运营时不得不强调公众的合理预期，即维护公共利益，并通过《1927 年广播法》这一成文法案使这一预期的实现有了实质性的保障。

二　从实际运营的层面来看，其使用权、处置权及收益权为私人所有

无线电技术几乎同时传到美国和英国，其初始的技术条件是一致的，在广播发展初期，两个国家所面临的问题也是相似的，即频谱的混乱与运行的无序。它们所要解决的问题都是：无线电频谱这一稀缺的资源究竟为谁所有？谁有权使用它？谁有权进行分配？如何分配？……

但是两国在 20 世纪 20 年代末和 30 年代初却选择了不同的体制——英国选择的是公共广播，而美国选择的是商业广播。这与两国的国情和当时的历史境遇有很大关系。有鉴于本书的研究对象，这里主要对美国选择商业广播的原因进行分析。

第一，美国有着深厚的私有制传统。历史学家托马斯·C. 科克伦（Thomas Childs Cochrane）认为，商业制度对美国社会的发展有着重大的影响。② 商业对美国社会的其他制度形成了巨大的制度压力，包括教育制度、牧师的著述和布道等方面。他认为，"商业的文化影响必然超出统计数字所显示的范围"。③ 赫伯特·斯宾塞（Herbert Spencer）说，美国的"唯一兴趣就是从商"。

---

① 〔美〕H. 登姆塞茨：《关于产权的理论》，转引自〔美〕R. 科斯、A. 阿尔钦、D. 诺斯等《财产权利与制度变迁——产权学派与新制度学派译文集》，刘守英等译，上海三联书店、上海人民出版社，1994，第 97 页。

② 托马斯·C. 科克伦在《一个商业社会的形成》一文中指出："商业影响的重要性其实就是人们主观地或积极地承担商业角色的频度和深度。这些行为的总和，加上随之而来的社会习俗和道德准则，可以被称为商业社会制度。这种制度包括了大量互相竞争和互相对抗的利益及成分……"

③ 〔美〕托马斯·C. 科克伦：《一个商业社会的形成》，参见《奴役与自由：美国的悖论——美国历史学家组织主席演说集（1961～1990）》，贵州人民出版社，1993，第 133 页。

理查德·霍夫斯塔特（Richard Hofstader）说："商业是美国生活中最强大、无处不在的兴趣。"① 许多欧洲学者把美国看成最富商业传统的主要国家，并相信这个国家的主要习惯全都源于商业活动。

鉴于此，科克伦主张，应当把商业习惯和价值当作研究美国历史进程的一条主线。对于法律与制度变迁，科克伦同样认为，法律并非只是现代商业的产物，美国 19 世纪的法律，无论成文法或不成文法，都经过了重新制定，以适应日益扩展的商业社会的需要。② 批判学者麦克切斯尼也认识到了商业制度对美国社会的深远影响。他认为，在美国的政治文化生活中，人们缺乏对资本主义本身的批判，私人通过控制社会资源来谋利是无可厚非的，在某种程度上，私人资本已成为免受公共批评的领域。③ 在此背景下，当时倡导非商业广播的团体无法对私有制提出彻底的挑战，而商业广播的倡导者则很容易将自己的立场标榜为"美国精神"，因而商业广播制度的确立就显得顺理成章了。

第二，商业广播有着较强的议价能力。当时美国的商业广播已有较大发展，实力雄厚，在体制确立的过程中具有较强的"议价能力"。在 1927 年之前，美国私人所有的电台的数量非常多，从 1923 年美国商务部（the Department of Commerce）的一份报告中可以看到，以"收音机电子器材生产和销售商"为所有者的私营电台已经占到电台总数的 60% 以上。④ 而且，除了数量优势外，这些机构已经建立了 NBC（1926 年）和 CBS（1927 年）⑤ 这样的大型广播网，NBC、CBS 等共同行动，向政府施加压力，它们的游说活动成为当时

① 这些论断均转引自《奴役与自由：美国的悖论——美国历史学家组织主席演说集（1961 ~ 1990）》，贵州人民出版社，1993，第 128 页。
② 〔美〕托马斯·C. 科克伦：《一个商业社会的形成》，参见《奴役与自由：美国的悖论——美国历史学家组织主席演说集（1961 ~ 1990）》，贵州人民出版社，1993，第 134 页。
③ 鞠宏磊：《媒介产权制度——英美广播电视产权制度变迁及其对我国的启示》，四川大学出版社，2006，第 83 页。
④ 据美国商业部《广播服务手册》（Radio Service Bulletin，1923 年 2 月 1 日）进行归纳和统计。转引自鞠宏磊《媒介产权制度——英美广播电视产权制度变迁及其对我国的启示》，四川大学出版社，2006，第 84 页。
⑤ NBC 指由美国无线电公司、通用电气公司和威斯豪汀公司组成的全国广播公司（National Broadcasting Company），成立于 1926 年 11 月 15 日。CBS 即哥伦比亚广播公司（Columbia Broadcasting System），1927 年 9 月 18 日哥伦比亚唱片公司开始播音，1928 年被威廉·佩利（William Paley）收购。

"华盛顿地区影响最大的一支力量"①。这里的影响既包括经济影响力，也包括政治影响力。在当时，广播公司的总裁随时可以约见国会议员。

19世纪70年代以后的联邦法规，在很大程度上是互相竞争的商业集团进行政治斗争的结果。例如，美国铁路和水路运输集团成功地制定了相互制约的法律；联邦储备法虽然符合美国银行家协会大多数成员的利益，却不能使落后小银行或华尔街的主要银行机构感到满意。有人甚至质疑除了涉及劳工的法律，许多有关经济的法律若不是得到某些商业利益的支持，能否在国会或州立法机构通过。② 由于手中握有强大的武器——影响力强大的广播公司和雄厚的财力，在美国广播电视体制确立的过程中，商业广播机构相比其他博弈力量而言，显然占有极大的优势，因此政策朝着有利于它们的方向发展也是必然的。

第三，当时美国特殊的经济形势决定了广播业采取商业运作的模式。当时的美国正面临着全国性的经济衰退，财政极其困难，慈善资源也几近枯竭。从1928年年底开始，美国经济开始出现萧条的征兆，被人们称为第二个"镀金时代"③ 的20世纪20年代告一段落：1928年，全国范围内有549家银行失去支付能力；1929年，这一数目增加到640家；1931年，倒闭的银行数量增加到约2300家。这几年中，10多万家企业破产，牵连了几乎达3000亿美元的团体债务。美国经济中商品和劳务总量的国民生产总值从1929年的1044亿美元下降到1933年的742亿美元，1929年已经处于萧条状态的农业的收入，在同一时期中，从130亿美元下降到大约55亿美元。更为严重的是由此引发的失

---

① 〔美〕罗伯特·W. 麦克切斯尼：《富媒体 穷民主：不确定时代的传播政治》，谢岳译，新华出版社，2004，第270页。

② 〔美〕路易斯·加勒姆博斯：《竞争与协作：全国商业协会的出现》，参见《奴役与自由：美国的悖论——美国历史学家组织主席演说集（1961～1990）》，贵州人民出版社，1993，第138～139页。

③ 《镀金时代》是马克·吐温的作品之一，描写南北战争之后美国经济的虚假繁荣和随之而来的危机。1929年美国的状况同样如此，一个高度稳定的持久繁荣状态确乎已经出现：商品的产量和方便的劳务达到了空前的顶点；企业普遍得到了满意的利润；劳工也至少相对地比过去任何时候都更多地分享了自己的劳动果实。……但是采矿业在20年代后期极端不景气，而农民则经历了6个农产品跌价的年头。但是，在10年中一切都很阔绰的情况下，人们可以把农民的抱怨当作惯常的牢骚而弃之不顾；而在普遍心满意足的气氛下，若干不太重要的经济部门所存在的问题也就无人理会了。

业问题：1929 年失业人数为 150 万，不超过劳动力总数的 3.1%；1933 年，该数目增加到 1260 万，超过劳动力总数的 25%。① 在此背景下，非商业广播的倡导者反对商业广播，反对广播通过广告等商业形式营利，却不能为公共产权的电台找到一种除了商业运作之外更加有效的经济来源或者说资源补偿方式；而当时的商业广播机构则恰好能"自负盈亏"，这成了对非商业广播倡导者的一种有力的驳斥。由于财政困难，当时的政府不愿意为公共广播提供支助，这也是非商业广播不能在当时的美国取得主导地位的一个重要原因。

第四，采取商业广播的形式在一定程度上是因为受到了美国报业新闻自由观念的影响。正如施拉姆所认为的，新闻业走上商业主义的发展道路是新闻自由斗争的一个重要胜利成果，也是资产阶级革命家所能设计的最好的保障新闻自由的制度。美国宪法第一修正案②规定：

> 国会不得制定关于下列事项的法律：确立国教或禁止信教自由；剥夺言论自由或出版自由；或剥夺人民和平集会和向政府请愿申冤的权利。③

新闻自由和司法独立是现代社会的两大标志。新闻自由确保了信息的公开、公正、公平流通，而司法的独立、公正则起到了维护秩序的作用。正如爱德华·默罗指出，只有独立的司法和自由的出版才是识别真正的自由社会和所有其他社会的标准。亚历山大·米科尔约翰（Alexander Meiklejohn）对之进行了详细阐述，他认为，"我们的社会"是一个自治的社会，同时，第一修正案保障思想和言论自由，因此，他所关心的是公民获得心智和精神的质量的必要性，这将使负责的自治成为可能。隐含在这一形式中的政府的思想是，虽然人民将部分责任委托给他们选举出的代表，但人民仍保留监督政府的方法，被选

---

① 〔美〕拉尔夫·德贝茨：《美国史（1933～1973）（上）：富兰克林·罗斯福当政时期：1933～1945》，南京大学历史系英美对外关系研究室译，人民出版社，1984，第 4～6 页。
② 美国宪法前 10 条修正案于 1789 年 9 月 25 日被提出，1791 年 12 月 15 日被批准，被称为"权利法案"。
③ 《美利坚合众国宪法》，转引自何顺果《美国历史十五讲》，北京大学出版社，2007，第286 页。

举的代表不得剥夺人民实行监督的自由。因此，按照亚历山大·米科尔约翰的观点，第一修正案的核心含义在于保障人民集体管理自己的公共权力。①

以商业力量抗衡政府的干预，从而保证新闻业免受政府的控制并监督政府是美国新闻业的荣耀（施拉姆等，1980）。② 所以，美国广播电视选择商业模式在当时看来的确是顺理成章的，因为在美国人看来，商业运作意味着独立于政府之外。虽然后来的实践表明，媒介商业利益与新闻自由的这种关系并不能自然维持，商业利益并不能自发转化为公共利益——这也应验了科克伦的一句话："商人并不永远站在进步的最前列。"③

总之，美国广播电视体制之所以呈现这样一种初始形态，是多方利益、多种权力与当时美国的国情共同作用的结果；同时，由于该体制与美国历史、文化、国情联系密切，它的确立不是偶然的、随机的，而是具有了一定的稳定性，并在很长时间内影响、决定了美国广播电视业的发展方向与演变格局。

---

① 〔美〕亚历山大·米科尔约翰：《宪法第一条修正案是绝对的》，《最高法院评论》1961 年，第 245、253 ~ 263 页。

② 单波、刘学：《关于当前美国媒介改革运动的观察与分析》，"中国媒介生态与媒介改革"国际会议提交论文，2005 年 11 月。

③ 〔美〕托马斯·C. 科克伦：《一个商业社会的形成》，转引自《奴役与自由：美国的悖论——美国历史学家组织主席演说集（1961 ~ 1990）》，贵州人民出版社，1993，第 139 页。他认为，经济出现停滞或萧条，也可能是根据不合潮流的观念而错误地做出商业决策造成的。在当今世界的大多数不发达地区，由于那里的商业观念和习惯不适应工业发展的需要，上述情况十分明显。如果企业家缺乏恰当的知识和正确的观念，那么即使拥有铁、石油、煤之类的丰富自然资源，也不能保证必然会得到开发。他还认为，富兰克林·罗斯福的新政的许多经济失败可归咎于罗斯福本人想讨好商人，而商人却提不出建设性的对策。

第三章　美国广播电视体制"公众委托模式"的确立与演化

广播是有史以来社会教育最有力的工具，它能够被用来歪曲事实、误导公众思想。在我看来，广播是被用作实现上述目的还是公共利益，是目前最关键的问题之一。

——〔美〕约翰·杜威（John Dewey）

新闻业的神圣条件——从本体上讲，没有这个条件，整个新闻事业就没有意义——是公众。只要是新闻业所涉及的范围，一定是公众的范围，新闻业只要有主顾，这个主顾就一定是公众。……新闻业的正典圣经来源于新闻媒体与公众的关系，是新闻媒体与公众的关系形成的结果。公众是图腾，是护身符，是宗教仪式效忠的目标。……但是就因为在新闻业的修辞中，"公众"成为宗教仪式的咒语，不再有人完全知道公众是什么，在哪里能找到公众，甚至它是否还会存在。

——〔美〕詹姆斯·凯瑞（James Carey）

第一节　"公众委托模式"的确立
——《1934 年通讯法》的颁布

尽管我们不得不承认，作为美国广播电视制度的一个初步提案，《1927 年广播法》对整个美国广播电视制度的确立有着深远的影响，但是该法案只是国会迫于广播公司和听众的双重压力，为了应对当时新出现的广播业的混乱而颁布的一个临时性的应急法案，其在颁布之前没有经过太多的讨论；而在颁布之后，其所缔造的临时广播规制机构联邦广播委员会（FRC）所采取的一系列规制措施也引起了社会各界的争议：在对于广播性质持不同观点的人之间展开了激烈的论战。所以，1927年之后，方兴未艾的美国广播业依然处于动荡与不稳定之中。

美国广播电视发展的历史表明，20世纪20年代中期到30年代中期的10年，是美国广播业发展最迅猛的时期：正是在1927～1935年，美国建立了基本的广播机构和管理规范。在当时，整个美国通讯业，包括广播业、电话、电报业等，都面临着重大调整，都需要一项永久性的法规来规制其运营。

然而，在20世纪前30年，无论是用来规制广播业的《1912年无线电法》《1927年广播法》，还是试图解决电报、电话市场问题的Mann-Elkins法规（1910），Esch-Cummins法规（1920）以及Willis-Graham法规（1921）①，都无法满足飞速发展的通讯业的需要——尽管上述所有的法规和政策都试图勾勒一个全国性的关于市场结构与通讯业规制的政策。在这些法律框架之下，所有关于通讯业公共载波（communication common carriage）的法律规制都存在问题：不仅缺乏对能够调动规制者积极性的规制目标的清晰表述，而且在很大程度上缺乏规制的权威性。有学者认为，上述法律授予联邦广播委员会和州际商务委员会（ICC）的对通讯业的规制权力在很大程度上是一纸空文（largely a paper authority）②。由于没有政策指导，没有实质性的执行权，ICC和FRC在执行电话、电报以及广播政策时显示出极大的不稳定性且毫无热情，其直接结果是弱化了政府在涉及公共利益问题时对公共载波的有效规制，最终受损的，自然是

---

① （1）The Mann-Elkins Act gave the Interstate Commerce Commission (ICC) jurisdiction over interstate rates charged by "telegraph, telephone, and Cable company."

（2）The Esch-Cummins Act of 1920 was almost exclusively concerned with railroad issues but make no mention of communications except one statutory language relating to communication service: the jurisdiction of the ICC over "telegraph, telephone, and Cable company" was restated to encompass "the transmission of intelligence by wire or wireless."

（3）The Willis-Graham Act underwent some measure of deliberate congressional consideration and contained the first indication federal policy toward the communication market.

In: G. Hamilton Loeb, The Communications Act Policy Towards Competition: A Failure to Communicate, *Duke Law Journal*, 1987 (3), pp. 2, 3.

② G. Hamilton Loeb, The Communications Act Policy Towards Competition: A Failure to Communicate, *Duke Law Journal*, 1987 (3), p. 8.

公共利益。

通讯行业规制的缺陷早就被意识到，但首次反映出来是在 1929 年。当时，许多人主张，应当对整个通讯领域实行联合规制，把规制电报电话的机构 ICC、规制广播电视的机构 FRC 和对电报业务有着长期控制权的邮政总局（Poster General）等合并到一个权威机构之下。国会随即召开听证会，重点调查、讨论这几大分裂机构的合并问题，但最终并未做出决议。

到了罗斯福总统执政的第一年（1933 年），合并通讯管理机构的提议再次被提出——当然，这样的提议建立在国会和相关管理机构研究全国通讯政策的基础之上。1934 年 2 月 27 日，罗斯福提议成立联邦通讯委员会（FCC）来集中行使 FRC、ICC 和邮政总局的权力。这一提议在产业界引起巨大反响。第二天，为实现这三大机构合并的立法程序被引入，新的通讯法（即后来成为《1934 年通讯法》的法律）开始起草。

正如第一届罗斯福政府早期的许多新提议一样，立法程序进展迅速。三个星期内参议院举行了听证会，众议院听证会也在一个月后举行。两份报告都在当年 6 月 1 日出台，并于次日完成讨论，委员会也在一个星期内召开会议并同意了关于该法律的一系列决定。整个过程刚好历时 100 天。

对此，有学者认为：该法案颁布的速度应该给立法者一些警示，《1934 年通讯法》作为一项对整个产业有着决定性影响的法规，在立法过程中本来应该有更多更慎重的考虑；然而，从 1934 年 2 月 27 日到 6 月 9 日的这段时间是美国国会第一次也几乎是最后一次把注意力放在整个通讯产业的规制问题上。[①] 因此，它成了联邦政府对通讯业进行规制的唯一法律与政策根源——此后，FCC 的一切政策制定和法律限制都可以在《1934 年通讯法》［见附录 3］和其后的一系列判例中找到依据。[②]

由于《1934 年通讯法》是在合并先前三大联邦机构的基础上制定和颁布的，因此，它在很大程度上体现出对先前法规的继承性。《1934 年通讯法》的

---

① 1959 年、1977 年、1982 年，美国国会曾对《1934 年通讯法》进行修订，但并未改变其核心原则；直到 1996 年 2 月克林顿签署生效的《1996 年电信法》才改变了其基本的价值取向。

② G. Hamilton Loeb, The Communications Act Policy Towards Competition: A Failure to Communicate, *Duke Law Journal*, 1987 (3), p. 8.

第二部分（Title Ⅱ）包括了《州际商务法》（Interstate Commerce Act）所涵盖的内容——《州际商务法》是 1910 年以来规制电话和电报业的主要法律；《1934 年通讯法》的第三部分（Title Ⅲ）基本采纳了《1927 年广播法》的框架和要素；第四和第五部分（Title Ⅳ 和 Title Ⅵ）提出了当时应用在联邦规制中的一些普遍性的管理程序。只有第一部分（Title Ⅰ）是通讯法制定者们的原创成果，这一部分宣布了 FCC 的成立，并概述了通讯法颁布的目的。

由此看来，从内容方面看，《1934 年通讯法》主要仿效《州际商务法》，同时载有许多《1927 年广播法》已制定的法律内容，是先前两部法规捏合的产物。尽管如此，《1934 年通讯法》还是在前两者的基础上有所超越。

第一，该法在 FRC 的基础上成立了 FCC[①]。该委员会为联邦政府行政机构，由 7 名委员组成，委员由总统提名经参议院批准任命，任期 7 年。该委员会直接对国会负责，保障和促进全国广播事业的正常发展，审理和裁决广播通讯方面出现的争端。[②] 作为广播电视业的最高行政权力机构，FCC 在美国广播电视发展史中起着重要作用。因此后人评之为广播电视电信的"看门人"，并认为其是罗斯福政府对后代产生的重要影响之一。

第二，该法第一部分宣布了通讯产业规制的总体目标，为第二部分和第三部分的规制政策基本定了调。这是《1934 年通讯法》的原创，它不来自先前的任何法律及修正案。具体表述如下。

（本法案颁布的）目的在于管理用电报和无线电进行的州际和对外商业通讯，通过强化现有规制机构的权威，并授予无线和广播通讯管理者新的权威，使得该政策的执行更加高效，使之尽可能广泛地向全体美国人民提供价格合理、设备充足、迅捷、高效、全国范围和世界范围的有线和无线电通讯服务，同时也有国防的目的……[③]

---

① 从 1983 年 6 月起，FCC 成员减少为 5 人，属于同一政党的委员限于 3 人。
② 杨生茂、张友伦等：《美国历史百科辞典》，世纪出版社、上海辞书出版社，2004，第 393 页。
③ 原文见附录 3：Communications Act of 1934. PART Ⅰ，SEC. 1。

这就规定了 FCC 的基本任务以及其对广播电视也进行规制所遵循的基本规制原则。

此外，必须加以说明的一点是，该法案继承了其前身之一——《1927 年广播法》的精神，重申无线电波属于全体美国人民，由 FCC 按照相关标准将该资源委托给商业机构运营，FCC 在履行管理职责以及商业机构在运作广播电视的过程中所必须遵循的标准是，行为须符合"公共利益、便利及必需"的原则。也就是说，《1934 年通讯法》确立了《1927 年广播法》所奠定的"公众委托模式"。

笔者将 FCC 出台的针对私人个体（广播电视机构）使用公共资源（电波频谱）的广播电视规制模式界定为"公众委托模式"。在该模式下，政府授权FCC，委托广播机构以公共利益为准绳代理使用无线电频道资源，政府（通过FCC）对广播机构实行直接的内容规制和间接的结构规制，其目的在于确保公共利益至上。①

但是，与《1927 年广播法》一样，对于什么是"公共利益"，何为"便利""必需"，该法规没有给出明确的界定；FCC 也没有对之进行详细、确切的阐述。这种模糊性为 FCC 在日后执行该原则时留下了相当广阔的拓展空间，同时也使得"公共利益"成为各利益集团争取各自利益时的一个重要说辞，给 FCC 的政策执行带来无尽的困扰。然而，美国联邦法院对这一概念的模糊性却持肯定态度，一再强调，"此标准宽泛得足以允许委员会面对不断变化或层出不穷的技术领域能动地采取行动，同时，又精确得足以防止委员会以完全武断、无理或反复无常的方式采取行动"。② 这或许就是公共利益一直未以法律、法规的形式加以确立的原因之一。

尽管存在一些问题和争议，国会也曾对《1934 年通讯法》做过修订，③ 但是其基本精神都不离该法案之窠臼。此后的 60 年，该法案都是调节美国商业

---

① 本研究对"公众委托模式"的界定参照了阿纳斯塔西娅·贝德纳斯基在《从多样到同一：美国〈1996 年电信法〉影响下的大规模兼并及市场模式的失败》一文中的定义。
② 〔美〕T. 巴顿·卡特等：《大众传播法概要》，黄列译，中国社会科学出版社，1997，第216 页。
③ 1959 年、1977 年、1982 年，美国国会曾对《1934 年通讯法》做过修改。

和非商业（"公共"）广播电视的基本立法。

如上所述，《1934年通讯法》的规制范围涉及电话、电报、广播等领域，但鉴于本研究所关注的对象，本研究将主要针对《1934年通讯法》第三部分以及其中一些与广播电视相关的条款和规定进行分析。

第二节　联邦通讯委员会的职能与权限

《1934年通讯法》只是一部政策性文件，没有具体的执行内容，国会授权FCC在《1934年通讯法》的指导原则下制定出具体的规制政策。作为广播电视业的最高行政机构，FCC在诸如电台电视台的频率、功率和播出时间等一些常规性的技术事务上，拥有很大的权力。为了履行公共利益的要求，FCC制定了一系列的规则措施与政策。但是，FCC也因其职权限制，有关广播电视的大部分政策性变化，在很大程度上要受到联邦法院和国会通过的相关法案的影响。

具体说来，FCC在管理广播电视的过程中履行三种不同的职能。

一　发放许可证，管理频谱资源

发放许可证是FCC所有职能的关键，因为许可证的授予实质上是授予广播电视机构在特定的频率以规定的功率独家经营电台的权利。这涉及在最初阶段或在延展期申请时对许可证申请者或持有人做出选择。

《1934年通讯法》第301条规定，除委员会批准经营广播的许可证外，任何人不得使用或操作任何无线电传递的设备装置，只有当申请人服务于"公共利益、便利及必需"时，才可以批准其许可证。FCC将通过是否达到相应要求来决定新的电视台或电台能否被授权运作，以此来保证法案的顺利实施。该法授权FCC区分不同类型的电台，规定不同类型的电台应提供的服务性质，并为各个独立的电台分配频率波段。① 有学者认为，"公众委托模式"下的广

---

① Economic Injury in FCC Licensing：The Public Interest Ignored, *The Yale Law Journal*, 1957, Nov., pp. 135 – 136.

播电视已不是一种权利（Right），如一份印刷报刊所拥有的权利，反而成为一种"特权"（Privilege）——只要履行了"公共利益、便利及必需"的基本原则，广播电视机构就可以使用波长来累积权力与财富。① 因此，FCC 必须周旋于相互竞争的潜在使用者之间。FCC 有权决定特定频率是否会被用作广播、共同载体、产业使用、航空航海使用等，这一点也是至关重要的，其选择将决定公众能接受什么样的和如何接受广播服务。

但是，FCC 的管辖权也仅在授予其权力的《1934 年通讯法》所批准的范围之内，FCC 并不对所有的无线电空间享有管辖权。《1934 年通讯法》第 305 条免除 FCC 对所有"属于以及由合众国管理的无线电台"的管辖权限。美国政府通过其各种机构、办事处及行政部门管理着众多无线电服务机构，这些电台约占整个可利用频率空间的一半。② 在各类政府部门之间分配频谱空间的任务由一个政府协调小组负责，FCC 和该小组协调工作，但对政府电台并不行使任何管辖权，它仅仅对分配给非联邦政府使用的那部分频谱行使管辖权。

政府的无线电广播在美国总统的直接领导下开展活动。所以无线电频率的分配和政府广播的特点也就直接成为总统所关注的事情。满足政府用户对频率的需求需要总统的批准。根据 20 世纪 60 年代的一项评估，政府的那部分频谱被军队占用了约 3/5③。技术及安全因素阻止将这种严格划分的频谱资源递交公众。60 年代初期的另一项评估指出，无线电频谱只有 30% 可以被非政府用户使用，而剩余的 70% 为美国政府机构所控制，其中 40% 为美国政府专用，完全脱离民用范畴。④

正如 T. 巴顿·卡特（T. Barton Carter）所说，当我们讨论频率"稀

---

① 〔美〕唐·R. 彭伯：《大众传播法》（第十三版），张金玺、赵刚译，中国人民大学出版社，2005，第 550 页。

② 〔美〕T. 巴顿·卡特等：《大众传播法概要》，黄列译，中国社会科学出版社，1997，第 217 页。

③ Paul T. Miles, Office of Telecommunications Management, *Telecommunications Reports*, 1966, June, p. 24.

④ 〔美〕赫伯特·席勒：《大众传播与美利坚帝国》，刘晓红译，上海世纪出版集团，2006，第 30 ~ 31 页。

少"概念时，忆及这一事实颇有教益。用于商业广播的频率空间狭小的问题至少部分是人为因素造成的，其方方面面最初是由白宫行政办公室来界定的。①

根据《1934年通讯法》，广播频率申请人必须符合下述基本条件。

（1）**公民身份**　《1934年通讯法》第310条规定，外国公民、外国政府、外国公司、任何其官员或负责人是外籍人的公司，或者1/5以上的资本总额由外国公民拥有的公司，不得持有广播许可证。

（2）**品质**　根据《1934年通讯法》第308条第二款规定，FCC须决定申请人是否具备必要的"品质"条件。但该法案并未清楚阐明构成"好品质"或"坏品质"的条件，这一问题留待委员会自由裁量。

（3）**经济条件**　FCC规定了一个申请人必须满足的最低资金标准——新电台的申请人（调幅、调频、电视）须证明，即使假定电台没有收入，亦拥有设立和经营电台长达90天的经济能力。

（4）**技术证明**　申请者须使用FCC"批准的类型"的设备，在电台寻求的功率限度内进行操作，在电台所寻求的频率的时间内运作，并只能造成或接收所允许的干扰量等。申请者要么拥有经营广播电台的资格，要么能够雇用拥有此技术资格的人。

（5）**媒介所有权的多样性**　多种所有权规则大致分三种：第一，禁止在同一社区或地区对通讯设备有多种所有权，即不可在同一市场内拥有多个广播电台；第二，禁止在全国范围内拥有多个广播电台；第三，不可以在同一市场内同时拥有广播电台和电视台，也被称为"一市（市场）一台"政策。②

（6）**社区调查研究**　FCC要求电台申请者熟悉其提供服务的社区，尤其是熟悉那一社区的需求和问题。

（7）**节目编排标准**　FCC对任何节目安排都从未制定过正式的标准或要

---

① 〔美〕T. 巴顿·卡特等：《大众传播法概要》，黄列译，中国社会科学出版社，1997，第217页。

② 〔美〕杰尔·霍华德：《国会在取消广播所有权限制方面犯下的错误：更多的垄断寡头、更少的本土机构、多样性被削平和平等保护被侵害》，《通信法概要》1997年第5期，第269、270页。

求，只是制定了一些非正式的"指导原则"。这些原则在 1981 年以前被用作处理申请的衡量准则，事实上，它们成为多数申请者所依据的标准。

（8）**平等就业证明**　1969 年以来，FCC 提出平等就业计划，以确保平等对待少数群体，如黑人、墨西哥后裔、美洲原住民和有西班牙姓氏者以及妇女。该要求使得申请者有义务在招收、提升和培训时采取具体和差别对待行动，以保证就业机会均等。①

二　进行业务监督，即对节目内容的规制

对广播电视业务的监督涉及监督许可证持有者是否符合其许可规定的各种条件。尽管 FCC 的主要职能是批准发放广播电台的许可证，但自该机构成立起，出于"公共利益"的考虑，它就负责监督电台的运作方式，在节目内容规制方面发挥着重要的影响力。

当然，在业务监督和内容规制方面，FCC 也有自己的权限——《1934 年通讯法》明确禁止 FCC 审查无线电机机构的广播题材：

> 在这部法律中，没有任何内容可以被理解和解释为授予联邦通讯委员会审查无线电传播或者无线电台传送的信号的权利，或者委员会有权宣布或确定在一定条件下，它可以干涉经由无线电传播自由言论的权利。②

但是，FCC 在某些领域仍可控制和影响节目的内容，包括以下几个领域。

（1）政治广播。《1934 年通讯法》第 315 条规定，除受某些特殊例外制约，"如果任何一个许可证持有人允许一个法律上合格的、竞选任何公职的人使用电台，即须向竞选那一公职的所有其他候选人提供使用此类广播电台的均等机

---

① 本部分根据〔美〕唐·R. 彭伯《大众传播法》（第十三版），中国人民大学出版社，2005，第554～557 页，以及 T. 巴顿·卡特等《大众传播法概要》，中国社会科学出版社，1997，第233 ～246 页进行整理，并参照了《1934 年通讯法》原文。

② 〔美〕唐·R. 彭伯：《大众传播法》（第十三版），张金玺、赵刚译，中国人民大学出版社，2005，第553 页。

会"①。这就是所谓的"机会均等原则"。此外，应用于这一领域的，还有"相同时间规则""赞普尔规则（Zapple Rule，又译作'扎普尔规则'）"② 等。

（2）淫秽、猥亵或"不体面"内容。尽管《1934年通讯法》没有对猥亵、不体面的题材进行限制，但《美国刑法典》明确禁止广播电台播放任何"猥亵"、"不体面"或"亵渎"题材。"猥亵"内容不受宪法第一修正案的保护，因而对其进行禁止被认为是合宪的。

（3）"黄金时间获得权规则"。"黄金时间获得权规则"意味着，在每4个小时黄金时间里，若3个小时专门用于播放娱乐节目，之后的半个小时必须用于播放新闻节目，最后半小时则必须专门用于播放特别纪录片或公共事务节目。上述内容被认为是有益于公共利益的适当规制，并不是《1934年通讯法》第326条所禁止的节目审查。

（4）"反间接贿赂"和"反受贿播音员的新闻偏见"法规。国会和FCC都曾表示，波长不得由"秘密劝说者"所使用。《1934年通讯法》第507条规定，任何出资者或接受金钱或其他有价值报酬的人，如果利用了任何题材作为电台播放内容的一部分，均应将有关交易报告给通过其设施准备播放该节目的许可证持有人。同时，根据《1934年通讯法》第317条规定，要求许可证持有人在播音中明白准确地表明出资者的身份，以及已做出支付的事实。③

（5）"公正理论"。"公正理论"包括两方面的要求：①专门划出合理的广播时间用于讨论有争议的问题；②公正地将上述计划付诸实施，为播出相互冲突的观点提供合理的机会。④

---

① 《美国注释法典》第47卷，第315条。
② 一般来说，"机会均等"指时长相同、设备相同、费用可比。"赞普尔规则"因尼古拉斯·赞普尔的提出而得名，又被称为"准机会均等规则"。"相同时间"只适用于候选人的露面，所以委员会又发明了一种"准机会均等规则"：该理论主要关系到代表候选人的发言人或候选人的支持者的露面问题。"赞普尔规则"实际上是在"相同时间理论"和"公正理论"之间的一种混合体。参见唐·R. 彭伯《大众传播法》（第十三版），中国人民大学出版社，2005，第572页，以及 T. 巴顿·卡特等《大众传播法概要》，中国社会科学出版社，1997，第275页。
③ 〔美〕T. 巴顿·卡特等：《大众传播法概要》，黄列译，中国社会科学出版社，1997，第288页。
④ 参见红狮广播公司诉联邦通讯委员会案（1959年），转引自〔美〕T. 巴顿·卡特等《大众传播法概要》，黄列译，中国社会科学出版社，1997，第276页。

三 规划，即对新技术的规制

无线广播电视一直是 FCC 对电子媒体规制的重中之重，但是随着新技术的出现，FCC 也逐渐将有线电视、卫星电视、高清晰度电视等纳入管理计划之中，加强对它们的规制。

在新技术中，有线电视历史最悠久，它首次出现在 20 世纪 40 年代末期。有线电视始终是 FCC 及国会通过大量立法努力将之纳入规制范围的目标。直到 20 世纪 60 年代初，FCC 才第一次肯定了有线电视的合理性。但是，一开始时，FCC 不得不谨慎行事，因为其规制有线电视的权力并没有被明确确立——电缆不是广播，有线电视的信号是通过电缆传播，而不是通过波段，这里不存在频谱的"稀缺性"问题，而"稀缺性"正是政府规制广播合理性的一个重要因素。直到《1984 年有线通讯政策法》（Cable Communications Policy Act of 1984）通过，FCC 对有线电视的管辖权才第一次被确立，其间又 20 余年。[1]

对高清晰度电视的规制也体现了 FCC 的规划职能。当 FCC 开始考虑着手高清晰度电视服务时，它在新服务成为现实之前，不得不先解答一系列问题：是否应当选择一个技术标准？如果需要，应该是哪一个标准？新服务是否应与当前的电视标准相一致？应当给这一服务分配多少无线电频谱？应该授权谁来提供高清晰度电视服务？在 1988～1993 年的一系列裁决中，FCC 回答了多数问题：高清晰度电视将利用现有的广播电视频谱；目前的电视许可证持有者将接受初期的高清晰度电视许可证；将不再要求高清晰度电视与现有的电视服务保持一致。[2]

总体来说，为了确保广播电视在"公共利益、便利及必需"的原则下运行，FCC 依据《1934 年通讯法》的相关规定，在颁发许可证的刚性标准之下，对广播电视进行了两个方面的规制：其一是结构规制；其二是内容规制。此后对新技术，如有线电视、卫星电视、高清晰度电视的规制也大致可以归入这两

---

[1] 〔美〕唐·R. 彭伯：《大众传播法》（第十三版），张金玺、赵刚译，中国人民大学出版社，2005，第 581 页。

[2] 〔美〕T. 巴顿·卡特等：《大众传播法概要》，黄列译，中国社会科学出版社，1997，第 319 页。

个范围之内。

可以说，许可证的颁发、结构规制和内容规制三位一体，打造了美国广播电视政府规制的基本框架（图3-1）。

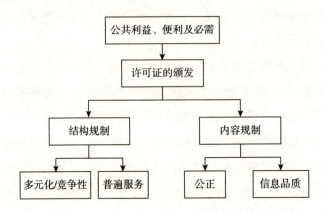

图3-1　美国广播电视政府规制的基本框架

其中，颁发许可证是FCC最基本、最关键的职能，也是其所有规制措施中最有效的措施；结构规制与内容规制都只有与"许可证"相结合，才具备实际的执行效力。

结构规制的基本原则是，确保真正"具备资格"的申请者拥有广播电视频谱资源，保证市场结构的多元化与竞争性，鼓励少数民族、弱势群体参与广播事业，防止有限的公共资源被滥用、被垄断，使之尽可能为公众提供普遍服务，为"公共利益"的实现奠定基本的产业基础与制度基础。

内容规制的目的也在于确保广播机构的行为符合"公共利益"标准。其一系列的规章和制度都有相当的理论依据，一是为了公正，二是为了确保信息品质：如"公正理论""机会均等原则"，反对淫秽、猥亵、暴力内容，确保儿童电视的健康性等。为确保内容规制的有效性，FCC将内容规制的一系列原则与执照管理相结合，确保了其政策执行的刚性。例如，如果一家广播台或电视台未能确保其节目的质量，它的执照就不可能被续展。[1] 播出欺骗广告的广

---

① 〔美〕唐·R. 彭伯：《大众传播法》（第十三版），张金玺、赵刚译，中国人民大学出版社，2005，第557页。

播电台/电视台也会被拒绝续展执照。[①] FCC 在内容方面的严格规制确保了将广播电视的"公共利益"原则进一步落到实处。

第三节　"公众委托模式"的核心
——公共利益至上

"公众委托模式"是广播公共服务原则的制度框架。从本质上说,《1934年通讯法》所确立的"公众委托模式"是一种委托—代理模式。

"委托"与"代理"是现代制度经济学中两个重要的概念。在委托—代理关系中,代理人的行动是代表委托人的,但是委托人在试图监督代理人的过程中存在着困难。[②] 从本质上来说,委托人所看到的只是结果。例如,如果委托人是企业的所有者,代理人是企业的管理者,结果就是年终的利润。考察美国广播电视的"公众委托模式"时,笔者认为也必须弄清这其中的委托方和代理方。对于美国广播电视而言,委托人名义上是全体美国公民,在实际的运作中则是1934年的法案所授权成立的管制机构 FCC,代理人是广播电视机构的运营者。那么这里的委托人(公众,FCC)所追求的结果是什么呢? 委托人(公众,FCC)在监督代理人(广播电视机构)的过程中存在什么样的困难呢?

尽管有学者认为,受业界支持的《1934年通讯法》旨在"保持广播业发展和保护现有广播电台的利益"[③];但是,通过《1934年通讯法》的具体条款及 FCC 的一系列规制细则,笔者认为,依据1934年的法案,FCC 虽然将无线电频谱资源主要授权给商业机构运营——这是由美国当时的国情决定的,广播电视机构追求商业利益,但是,FCC 所追求的结果绝不是商业利润,而是要确保"公共利益"不被商业利益所挤压。

---

① 〔美〕唐·R. 彭伯:《大众传播法》(第十三版),张金玺、赵刚译,中国人民大学出版社,2005,第556页。

② 〔美〕埃里克·弗鲁伯顿,〔德〕鲁道夫·芮切特:《新制度经济学:一个交易费用分析范式》,姜建强、罗长远译,上海三联书店、上海人民出版社,2006,第29页。

③ 〔美〕阿纳斯塔西娅·贝德纳斯基:《从多样到同一:美国〈1996年电信法〉影响下的大规模兼并及市场模式的失败》,转引自金冠军、郑涵《国际传媒政策新视野》,上海三联书店,2005,第315页。

政府通过 FCC 对广播电视业进行规制的理由，在于频谱资源的公共性与稀缺性，因而其落脚点也应当在于保障这一稀缺公共资源的合理运用，保障公共利益不受商业利益的侵蚀。因此，保障公共利益至上，是 FCC 的重要使命，也是 FCC 存在的最重要原因之一。

虽然对于何为"公共利益"，《1934 年通讯法》没有给出明确的界定，FCC 在一系列的判例中也没有给出明确的阐释，但 FCC 由此发展出了相当多的结构规制措施与内容规制措施，用来确保广播电视机构的行为符合公共利益标准。

在笔者看来，《1934 年通讯法》与"公众委托模式"的可取之处在于两个方面：一方面，它把频谱资源委托给商业机构运营，保证了广播业不由政府运作，不被国家直接控制，从一定程度上确保了其独立性与民主性；另一方面在于它确立了公共利益至上的基本原则，并由 FCC 制定了相当多的规制措施来保证"公共利益"的落实，从一定程度上确保了其公共性。

因此，笔者认为，美国广播电视"公众委托模式"的核心不在于频谱资源的私人运用，而在于其"公共利益、便利及必需"的基本原则，在于"公共利益至上"。正是由于私人运营所追求的"商业利益"与公共资源所要求的"公共利益"这对互相矛盾的利益关系共存于一体所产生的强大张力，"公共利益"这一概念在我们对美国广播电视体制进行梳理时才显得愈发重要。

在本节，笔者将主要对"公共利益至上"的原则进行分析。

一 对"公共利益"的界定

在社会和政治理论中，公共利益是一个简单却饱受争议的概念。如文森特·莫斯可（Vincent Mosco）所说，公共利益"就像一把大伞，涵盖了各种各样的定义与立场"。① 概括起来，在当前社会政治领域，主要有三种方式来界定"公共利益"。

第一种是人数多寡论。这是一种多数主义的观点。根据该观点，公共利益应当是大多数人一致的利益，如阿森尼·道恩斯（Anthony Downs）的观点："公共利益概念与民主社会所必需的普遍同意紧密相关。这涉及两个方面大多

---

① 〔加〕文森特·莫斯可：《传播政治经济学》，胡正荣等译，华夏出版社，2000，第 164 页。

数民众的绝对同意:一个是关乎社会行为和决策的基本规则;一个是有关政府必须执行的基本社会政策的一般性原则。"①

但是,"普遍同意"或"大多数民众的绝对同意"很难界定,仅仅通过民意调查或数据恐怕也难以说明。因此,不同的利益集团可以对之有不同的阐释。

第二种是利益平衡论。该观点认为,公共利益的本质应当是一种利益之间的平衡,而不是一致同意。雷蒙德·马克斯(Raymond Marks)认为,"政策产生于社会的利益总和,实际上大部分是私人利益,这些私人利益必须为了公共利益而相互平衡"。②

这一论断的问题在于谁有权来平衡公共利益。答案自然落到了政府身上。其原因大概在于,根据柏拉图的理念,只有政府有知识和智慧来决定什么是公共利益,并制定相应的措施去平衡公共利益。遗憾的是,虽然私人经济中的政府成立的目的在于提供公共服务、代表共同体的利益,但事实上,政府也有其自身的政治、经济利益,也有被"俘获"的可能,而不单纯是公共利益的维护者和智慧、公正的代表。这一现象在美国广播电视的规制史中有着充分的体现。

第三种观点被称为"单一论"或"绝对论"。这也就是舒伯特所说的"理想主义者的"观点,这一观点认为管制者(政府)的良心可以代表公共利益,这会导致一种家长制或父权主义的体系,因为在其中,监护者或专家会决定"什么是有益的"。

在对美国广播电视规制史进行梳理的过程中,笔者并未发现这一倾向。这与美国的民主政治体制有很大关系。

关于大众传播领域中的"公共利益",传播学者丹尼斯·麦奎尔对之进行了界定。他认为,无论公共利益的概念是什么,有一种现象是显而易见的:各地大众媒介都受到了法律的控制、制约以及非正式手段的影响,而这些法律和非正式手段的用意是促进媒介执行那些"社会"所想要的事情,并防止媒介

---

① 夏倩芳:《公共利益与广播电视规制——以英国和美国为例》,博士学位论文,武汉大学新闻与传播学院,2004,第20、21页。
② Mike Feintuelk, *Media Regulation*, *Public Interest*, *and the Law*, Edinburgh University Press, 1999, p. 58.

做出"社会"所不希望的事情。① 他认为，当"公共利益"一词运用在媒介上时，其简单的意义就是媒介执行当代社会中若干重要的甚至是根本性的任务。公共利益意味着我们应当拥有这样的一套媒介体系，即它遵守管理社会其他部分时所运用的体系，尤其是和正义、公平、民主以及当前值得向往的社会与文化价值相关联的原则。"至少我们可以说，如果媒介没有引发社会问题或者极端的过错，那么就是符合公共利益的原则。"②

笔者认为，从理论上说，麦奎尔的论述是无可指摘的，但其在公共利益内涵的界定上也是宽泛的、模糊的。

第一，是不是"没有引发社会问题或者极端的过错"就算符合公共利益？这恐怕值得推敲。

第二，所谓的"正义、公平、民主以及当前值得向往的社会与文化价值"同样是理论化的、模糊不清的。

第三，所谓"'社会'所想要的事情""'社会'所不希望的事情"和上述公共利益的"人数多寡论""单一论"存在同样的问题，也是模糊的。

所以，在笔者看来，麦奎尔对大众传媒领域"公共利益"的定义并不具备超越性。

但是，麦奎尔提出了一个"公共利益对大众媒介的要求"的范式，该范式囊括了公共利益所要求的一些元素，基本上界定了大众传媒领域"公共利益"的外延，使得"公共利益"的实现从一定程度上具备了可操作性。这一范式对于我们剖析美国广播电视"公共利益至上"的原则具有重要的借鉴意义，其主要内容如下。

公共利益对大众媒介的要求③：

---

① 〔英〕丹尼斯·麦奎尔：《麦奎尔大众传播理论》，崔保国、李琨译，清华大学出版社，2006，第121页。

② 〔英〕丹尼斯·麦奎尔：《麦奎尔大众传播理论》，崔保国、李琨译，清华大学出版社，2006，第120页。

③ 〔英〕丹尼斯·麦奎尔：《麦奎尔大众传播理论》，崔保国、李琨译，清华大学出版社，2006，第121页。

- 多元的媒介所有权
- 出版自由
- 公众能获得多样性的信息
- 意见表达的多样性
- 广泛的（接近普遍的）传播接触权
- 使公众能获得有品质的信息与文化
- 足够支持民主政治体系
- 尊重司法体系
- 尊重个人和基本的人权

　　笔者认为，其中的"出版自由""足够支持民主政治体系""尊重司法体系""尊重个人和基本的人权"都属于大众传媒的基本权利和基本义务，是宪法和法律规定的权利与义务，其他几点才涉及"公共利益"；而其中"多元的媒介所有权""公众能获得多样性的信息""意见表达的多样性"都属于"多元化原则"；"广泛的（接近普遍的）传播接触权"可以理解为媒体"普遍服务的"原则；"使公众能获得有品质的信息与文化"则是从内容层面对信息质量的界定。

　　菲利普·纳波里在探讨传播政策的基础原则时，也曾对公共利益做过相关界定。他将"公共利益"原则置于宪法第一修正案之下，认为传播政策中的任何基础原则都应该从属于宪法第一修正案；他还认为，公共利益这一概念可以直接衍生出三条政策原则：地方主义，自由观点市场和普遍服务；此外"自由观点市场"可分解为多样性原则和竞争性原则。具体见图3-2。①

　　笔者认为，"地方主义"指的是传播服务要考虑到地方团体的需要和利益，正如传播服务要考虑少数族群的利益一样，应该属于"普遍服务"的范畴；而"自由观点市场"是多样化和竞争的结果，多样化和竞争是两个接近的、有联系的概念，因此将之归纳为"自由观点市场"或者"多元化"亦

---

① 〔美〕菲利普·纳波里：《基础原则和传播政策》，参见金冠军、郑涵《国际传媒政策新视野》，上海三联书店，2005，第47页。

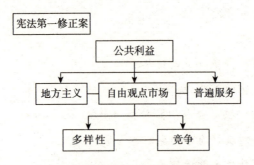

图 3 - 2　传播政策的基础原则模型

无不可。这里要说明的是，多元化并不直接等同于竞争，如詹姆斯·库兰所说，它意味着更多的东西，即媒介的多样性需要得到某种公开过程的支持，在这个过程中，不同的社会集团都有机会表达不同的观点和价值观。[①]

事实是，正如纳波里所言，"确立这些基础原则本质上是一个主观过程。对于某些概念是否应该归入此类，必然存有分歧。再加上对这些所讨论的原则进行选择时并没有一套严格的方法，这可能使分歧更大"。[②]

结合美国广播电视发展的实际，参照相关学者的标准，笔者以为，对于美国广播电视业中的公共利益原则可概括为以下模式（见图 3 - 3）。

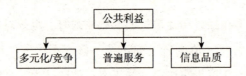

图 3 - 3　公共利益的三大要素

在本节，笔者将从"多元化/竞争""普遍服务""信息品质"这三个角度来分析美国广播电视"公众委托"中的"公共利益"标准，考察"公众委托模式"下"公共利益"在美国广播电视运营中的地位，以厘清美国广播电视政府规制思想的变迁轨迹。

---

① 〔英〕詹姆斯·库兰：《对媒介和民主的再思考》，见〔美〕米切尔·古尔维奇编《大众媒介与社会》，杨击译，华夏出版社，2006，第 133 页。

② 〔美〕菲利普·纳波里：《基础原则和传播政策》，转引自金冠军、郑涵《国际传媒政策新视野》，上海三联书店，2005，第 47 页。

二　对美国广播电视"公共利益"三大标准的分析

（一）关于"多元化"（Diversity）

一般来说，多元化与媒体的多样性有关，是指在媒体中存在一些不同的独立话语权，不同的政治见解以及文化表达方式。在民主社会，公民期望并需要媒体内容及来源的多样化与多元化。

对多样化和多元化的需要有时与自由表达的基本权利密切相关。没有媒体提供的开放和多元的系统，社会中某些个体与团体接收和传递信息的权利将受到限制。

相关机构曾对媒体多元化定义如下：

> 媒体多元化应该解释为媒体供应的多样化，例如，存在众多的独立自主的媒体，以及适应公众要求的多样化的媒体内容。①

笔者认为，传媒领域的多元化包括两个层面：一是产权的多元化，即在同一媒介市场上存在各种性质的不同产权的媒体；二是产出的多元化，即内容的多元化。其中，产权多元化是产出多元化的基础，只有在产权多元化的基础上才可能实现内容的多元化；或者说产权多元化虽不是内容多元化的唯一决定因素，但在一定意义上，产权多元化的目的就在于内容多元化。内容多元化又包括两个方面。

（1）政治多元化，这是民主利益的需要，目的在于在媒体中发现一系列政治主张和观点。如果任何一种声音利用权力传播单一的政治观点，使其占据支配地位的话，民主就会受到威胁。

（2）文化多元化，这是通过媒体反映社会内部差异的各种文化的需要。除非社会内部所有团体派别的文化价值在媒体中被反映出来，否则文化多样性

---

① 〔英〕吉利恩·多伊尔：《传媒所有权》，陆剑南等译，中国传媒大学出版社，2005，第9页。这是欧洲理事会（Counil of Europe）成立的"媒介集中和多元化委员会"对"媒介多元化"的一个定义。

和社会凝聚力就会受到威胁。①

吉利恩·多伊尔曾给出一个媒体多元化的决定因素图（图3-4）。②

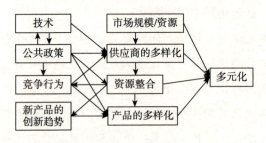

图3-4　媒体多元化的决定因素

就此，笔者认为，关于媒介多元化的决定因素，可以用一句话来概括：政府规制（公共政策）、市场（竞争行为）与技术（技术、新产品的创新趋势）通过市场实现资源整合，促进或阻碍供应商的多元化和产品的多样性，从而达到实现或破坏媒体多元化的目标。

在政府规制、市场和技术三大因素中，技术（新技术、新产品）常常作用于公共政策，促使公共政策决策者对之做出反应；政府公共政策作用于市场，对市场进行规制，改变市场状况；而市场状况则在很大程度上决定产品的品质和多元化与否。因此，可以说，技术是媒介多元化的基础，公共政策则是媒介能否多元化的一个决定因素。多元化不仅仅意味着竞争，还应当包含一个承诺，引用詹姆斯·库兰的话，就是：扩大表达的自由，拓宽自我判断的基础，促进各种不同意见和利益的合理公正的表达。③

在美国广播电视业中，政府规制对广播电视的多元化有着重要的影响。FCC通过两类规制，基本确保了美国广播电视产权的多元化和内容的多元化。

第一方面是结构规制。结构规制涉及三个方面：一是通过设定市场准入标准，保证频率使用者符合公共利益标准；二是控制媒介市场的结构和规模，保证媒介在人群和地域上的合理分布；三是限制所有权过分集中，以促进竞争，

① 〔英〕吉利恩·多伊尔：《传媒所有权》，陆剑南等译，中国传媒大学出版社，2005，第10页。
② 〔英〕吉利恩·多伊尔：《传媒所有权》，陆剑南等译，中国传媒大学出版社，2005，第12页。
③ 〔英〕詹姆斯·库兰：《对媒介和民主的再思考》，参见〔美〕米切尔·古尔维奇编《大众媒介与社会》，杨击译，华夏出版社，2006，第133页。

防止垄断。这些措施主要用来确保产权的多元化。

第二方面是内容规制。内容规制规定媒体的必载内容和禁载内容，使其符合多样化原则、平衡原则和一定的道德标准，以此确保信息的品质。这些措施主要用来确保产出（内容）的多元化。具体来说，内容多元化包括节目类型的多样性、议题的多样性、意见和舆论的多样性、意见来源的多样性等。

关于市场准入标准、媒体必载/禁载内容以及 FCC 后来制定的一系列确保内容多元化的措施，在本章"联邦通讯委员会的职能与权限"一节已有详细论述，在此笔者不再赘述。

（二）关于"普遍服务"（Service-To-All①）

有学者认为，"普遍服务"是《1934 年通讯法》中最重要的内容之一：《1934 年通讯法》第一部分阐述的主要目的在于，在"普遍服务"原则及其补充条款的语境之下对通讯业进行有效的规制。②

法律颁布的目的在于"以充分的设备和合理的价格，为全体美国人民提供快速的、高效的、全国范围乃至全球范围的电信和广播服务"③。

在传统上，普遍服务的概念主要针对电话业务提出；在电话业的背景下，普遍服务特别关注公平、公正地为全体公民提供声讯电话，而不考虑其成本。④ 在广播电视领域，规制者考虑更多的是内容的多元化与品质保证而非广播电视网络本身。事实上将普遍服务的概念仅用于声讯电话业务领域是不恰当的，这个概念还与广播电视服务的分配和访问互联网的频率相关。⑤

毫无疑问，通过最大限度地让更多人进入广播电视网络，确保公众对媒体

---

① Service-To-All 来源于 G. 汉密尔顿·理博（G. Hamilton Loeb）在"The Communications Act Poli-cy Toward Competition：A Failure To Communicate"一文中对"普遍服务"的表达法；学者菲利普·纳波里用 Universal Service 来表示"普遍服务"原则。

② 这是菲利普·纳波里的观点。此观点的依据源于《1934 年通讯法》。

③ 原文如下：To all the people of the United States a rapid，efficient，nation-wide，and world-wide wire and radio communications service with adequate facilities at reasonable charges。

④ 〔美〕菲利普·纳波里：《基础原则和传播政策》，转引自金冠军、郑涵《国际传媒政策新视野》，上海三联书店，2005，第 51 页。

⑤ 〔美〕菲利普·纳波里：《基础原则和传播政策》，转引自金冠军、郑涵《国际传媒政策新视野》，上海三联书店，2005，第 51 页。

的接近权、知晓权和表达权，是形成意见自由市场、确保观点多元化的一个基本前提，更是实现公共利益的一个基本条件。所以，在笔者看来，"普遍服务"这一概念的提出，不仅针对电话业务，也针对广播电视业务，它是电话业、广播业运营必须参照的共同原则，是整部《1934 年通讯法》中不可忽略的一个重要概念。

有学者认为，在 1934 年法案中，"普遍服务"原则和"公共利益"标准一样具有模糊性，是个有争议的概念。尽管它通过"充分的设备""合理的价格"（adequate facilities；reasonable charges）对之进行了一定的界定，但是，所谓"充分的""合理的"，也如同"公共利益"标准一样，是一些具有弹性的概念，这就给 FCC 在执行"普遍服务"原则时留下了很大的权力空间。①

但是，在笔者看来，尽管在法规中没有确切的界定，但在 20 世纪 80 年代以前，FCC 采取的一系列措施基本上确保了其实现"服务于全体美国人民"的初衷。例如，确立了地方主义原则，对少数民族利益和妇女权益加以保护等。这不仅体现在信息传播方面，也体现在就业方面。

（三）关于"信息品质"：品味和庄重（Taste and Decency）

确保广播电视节目的品质、对广电媒体施加道德标准，是公共利益的内涵之一，品味和庄重是广电媒体的基本道德要求。②

信息品质，是 FCC 规制的重要内容之一，其规制的依据来自美国宪法以及联邦法院的一些界定。美国联邦宪法第 1464 条严禁播出"任何涉及猥亵、不雅或者亵渎神圣的言语"。《1934 年通讯法》对于节目道德标准问题，也有自己的界定："节目内容明显地违反现代社会准则，同时对社会价值又毫无补偿作用"是违规的。FCC 和联邦法院都强调广电媒体的特殊性——其比书籍、电影更加强大的外部性。"……一些针对特殊对象而设立的电台，不好的节目也可能被无数观众无意中收听到或看到，而这些无意当中的观众，有许多是未

---

① G. Hamilton Loeb, The Communications Act Policy Toward Competition: A Failure to Communicate, *Duke Law Journal*, 1987, March, p. 41.

② 夏倩芳：《公共利益与广播电视规制——以英国和美国为例》博士学位论文，武汉大学新闻与传播学院，2004，第 51 页。

成年的孩子。"①

因此，尽管《1934 年通讯法》以宪法第一修正案为依据，规定 FCC 不得干涉广播内容，但在节目的品质上，FCC 有一系列的规定，包括对猥亵、不体面内容、暴力内容的规制，黄金时间规约的制定等。相关内容在"联邦通讯委员会的职能与权限"一节已有论述，在此不详述。

麦奎尔认为，"信息"品质的主要标准可概括如下：

（1）媒体应该对社会上、世界上的相关新闻和背景提供综合性的服务；

（2）信息应该通过下述标准达到客观要求：正确、诚实、充分完整、真实、可靠、意见与事实分离等；

（3）信息应该平衡与公正，以一种不煽情、不偏私的方式来报道另类的观点。②

笔者认为，这是一个理想的模式，应当是大多数国家政府政策指令对"信息品质"制定的基本标准。很明显，这些标准实际上都是一些定性的描述，很难量化，因此，很难据此定论 FCC 对美国广播业的规制是否真正使信息达到了上述标准。但是，从其一系列的规制细则，应该肯定，"信息品质"是 FCC 规制广电业的目标之一，是其公共利益至上原则的内涵之一。

三　"公众委托模式"的核心理念——公共利益至上

综上所述，在多元化、普遍服务与节目品质方面，FCC 付出了相当多的努力，其很大一部分措施的实施的确在一定程度上确保了美国广播电视业对公共利益的维护。可以想象，如果没有这一系列规制措施，商业化主导的广播电视营造的将是怎样的一幅社会图景——《1996 年电信法》之后媒介现实的演变

---

① 李瞻：《传播法：判例与说明》，黎明文化事业公司，1992，第 812 页。
② 〔英〕丹尼斯·麦奎尔：《麦奎尔大众传播理论》，崔保国、李琨译，清华大学出版社，2006，第 146 页。

足以为此做一个很好的注脚。

尽管有学者认为 FCC 在执行公共利益标准的过程中存在这样那样的问题，比如因遭到广播电视机构反对而不能真正落实其措施，因为一些法规的限制而不能有效地执行其标准等。但是，笔者认为，不能就此否认公众委托模式之下 FCC 为维护公共利益而付出的努力。至少从理念上来看，从具体的规制措施来看，FCC 在规制广播电视业的过程中所遵循的基本原则是"公共利益至上"。

对于公共利益标准的衡量，很多时候不能只看结果，还应当注重过程。经济学家布坎南（James McGill Buchanan Jr.）认为，选择制度的过程比制度的结果更重要，在选择制度时一定要有一个好的出发点，即选择的目的在于通过"较好"替代"较坏"，但这并不代表制度实践的结果一定真的是"较好"的：

> ……事实是我们没有机会去试验各种可供选择的制度结构；在一个多种产品、多种劳务的竞争经济中，无法对选择过程进行任何近似模拟。在这种经济中，人们面对的是同时被观察和评价的各种可以互相替代的制度结构，选择是通过以较好替代较坏进行的。相比之下，在一种制度范围内，人们在某一时间只能面对一种结构；对各种可供选择的制度结构只能去想象，不能去品尝；各种可供选择的规则描绘与其说是什么，不如说可能是什么。①

也正如经济学家杰斯·布尔哈德（Jesse Burhead）和杰瑞·米勒（Jerry Miller）所解释的，过程对于公共利益的重要性：

> 行政法规通常并不能保证结果的正确性，但可以分辨过程正确与否，所以可以评判公共利益的过程的合法性。当然，合法的过程并不必然导出正确的答案，但是合法的过程至少可以保证在决策过程中各方利益都被考

---

① 〔美〕詹姆斯·M. 布坎南：《自由、市场与国家——80 年代的政治经济学》，平新乔、莫扶民译，上海三联书店，1989，第 112 页。

虑……所以说，重要的是游戏规则，而不仅仅是特定的孤立的结果。①

因此，笔者认为，一方面，我们不能单纯用规制结果来否定公众委托模式下美国广播电视规制的"公共利益至上"原则，而应当将注意力放在其规制理念、规制过程与规制措施上；另一方面，即便从规制结果的角度看，我们也不能将眼光放在部分例外上，而应当从整体效果来考量。制度是特定的政治经济与技术条件下多方博弈的产物，总有其局限性，没有放诸四海皆能行通的制度，也没有执行结果与初衷完全一致的制度，因为社会是个变动的复杂体。正如布坎南的经典论述："……不论是市场还是政治体制，都比不上它们在观念上理想化的模式所具有的功能。这是一个简单的真理，但它是一个经常为社会科学家与哲学家所忽视的真理。"②

第四节　"公众委托模式"何以成形

那么，当时的美国为什么会选择这样一种制度——广播电视商业运作下的公众委托模式，并让该制度左右美国广播电视业的发展方向近 60 年？应该说，这是一个多方利益博弈的结果，也是世界政治经济思潮转变的必然产物。

制度安排到底会选择哪一种形式，取决于每一种形式的成本与收益，以及受影响团体的相对市场和非市场力量。制度经济学家们认为，一个社会产权结构的选择，以及从一种结构向另一种结构的变迁，除了要受到产权经济功能的限制外，还要受到以下几个方面的影响：（1）一个政府对所有制的偏好，而这一偏好又主要以它所能给政治家带来的收益而定；（2）一个社会群体对一种产权结构或一项具体产权安排的接收程度；（3）能促进人们将外部性内在化的技术状况和技术创新；（4）在面临新的获利动机时，原有产权结构下的

① 夏倩芳：《公共利益与广播电视规制——以英国和美国为例》，博士学位论文，武汉大学新闻与传播学院，2004，第 22 页。
② 〔美〕詹姆斯·M. 布坎南：《自由、市场与国家——80 年代的政治经济学》，平新乔、莫扶民译，上海三联书店，1989，第 383 页。

受益者和受损者可能做出的反应。①

在美国广播电视体制确立的过程中，这几个方面都发挥了重大的作用，《1934年通讯法》的出台是政府、企业、公众团体互相博弈、妥协的结果：既显示了政府的偏好——当时的罗斯福政府倾向于加强对经济的宏观调控；又突出显示了在《1927年广播法》之下受益者广播电视机构和利益受损者教育广播、非营利广播在此过程中的作用；同时还体现了公众及公众团体对该体制的接受程度；将技术外部性内在化的努力在此过程中也可见一斑。

制度经济学家认为，公共政策有两个中心概念：第一是决定社会可接受的制度安排（所有权结构），这些制度安排既限制又解放了操作层次上的个人行动；第二是寻找自发决策（如市场）与集体决策的界限。第一种选择的决定因素包括我们希望在什么样的世界中生活、谁参与这一选择以及对各阶层的偏好的权衡。第二种选择的决定因素包括对不同的可供选择的所有权结构操作效率的考虑以及犯错误可能造成的成本代价。政府作为公民愿望和利益的体现者，对这两类选择拥有权威。对于所有权结构或者个人决策与集体决策之间的界限，不存在什么受神明指导的纲领。这就不可避免要涉及文化和其他特殊情况。②

美国广播电视体制的确立无疑属于公共政策的范畴。因此，在政策制定过程中也涉及这两个层面的问题。在第一个层面，联邦政府确立了频率公有、商业运营的所有制结构；在第二个层面，政府又考虑到了商业运营可能带来的外部效应及其对公共利益的损害，因而授权FCC对广播电视业进行结构与内容方面的规制，以确保其在符合公共利益的轨道上运行。

在此，对于美国为什么在20世纪30年代选择了"公众委托模式"，我们同样可以从这两个方面进行分析。

第一，为什么美国广播电视选择了商业运营的模式？

第二，为什么该体制规定了产权公有、以公共利益为准绳进行运营？

---

① 〔美〕R. 科斯、A. 阿尔钦、D. 诺斯等：《财产权利与制度变迁——产权学派与新制度学派译文集》，刘守英等译，上海三联书店、上海人民出版社，1994，译者的话，第8页。

② 〔美〕丹尼尔·W. 布罗姆利：《经济利益与经济制度——公共政策的理论基础》，陈郁等译，上海三联书店、上海人民出版社，2006，第42页。

同时，笔者将对这种相对严格的政府规制（有学者将之称为"规制垄断阶段"）得以持续的原因进行分析。

一　广播电视改革运动的失败与商业广播制度的确立

在20世纪20年代末30年代初的美国，对于广播产权是否应该国有化的问题，各方几乎没有争议：在政府垄断广播这一点上，美国社会有着一致的反对意见。但是，在美国究竟应该采用商业广播还是非营利广播（公共广播）的问题上，多方利益集团在体制确立前展开了激烈的争斗。

1927年之前，近1/3的广播所有者是非营利性组织，如大学、教堂和市民组织等；近一半的广播电台是由营利性企业来创办的，如报社、商店等，而即便这类广播，其目的也往往不是产生自身效益，而是为其所有者的业主来提供便利。1926年的一项电话和电报调查显示，美国只有4.3%的电台能够被称为"商业广播电台"。在1927年之前，包括知识界在内的美国社会对商业广播都没什么好感。

1927年广播法颁布的第二年（1928年），在缺少国会和公众监督以及不公开的情况下，FRC对广播电台频谱进行了一次重新分配。其结果是以NBC和CBS为代表的商业广播成为此次频率再分配的赢家，而教育与非营利广播电台成了真正的受害者。到了1931年，NBC和CBS的电台总功率占到了全国电台的70%；研究显示，在当时，97%的晚间节目是由NBC和CBS控制的。而在20世纪20年代末期，大学广播电台的数量急剧下降，大学电台的总数从1925年的128家下降到1927年的95家；1927～1930年，非营利电台的数量只有1925年的一半，那些存活的非商业电台只有在白天的部分时间才可以广播，且广播频率与商业电台共同使用。① 最终的结果是，非营利广播在30年代初实际上就在美国人的生活中消失了。

很显然，《1927年广播法》所缔造的FRC是倾向于商业广播的，虽然多数非营利广播认为，"公共利益、便利及必需"的准则意味着FRC在许可证颁

---

① 〔美〕罗伯特·W.麦克切斯尼：《富媒体 穷民主：不确定时代的传播政治》，谢岳译，新华出版社，2004，第267～269页。

布方面会优先考虑公共组织而非商业组织的要求。但是，FRC 做出了相反的举措：它认为，在分配过程中，FRC 必须支持商业广播公司，因为非营利广播不是以"利益"，即满足市场需求为驱动力的，所以它们可能提供有害的意识形态内容。这一点显示了 FRC 在政治上的保守性。在 FRC 看来，市场天生就是"美国的""民主的"。

在当时，美国公众对商业广播的态度完全是消极的，广播广告总是不受欢迎。"……人们对目前的广播体制及其结果普遍存在着一种不满的情绪。""……100 个人中，你可能找不到 5 个是满意的，而另外 95 人中至少一半以上准备支持激烈的广播改革运动。"①

在此背景下，美国历史上第一次大规模的广播改革运动拉开了帷幕。

改革的主体是知识分子、教育组织〔全国广播教育委员会（NCER）和全国教育广播咨询委员会（NACER）②〕、工会、宗教组织、美国公民自由联盟（American Civil Liberties Union，简称 ACLU）以及其他公众组织，在 20 世纪 30 年代初，他们都倡导非营利、非商业的广播。其中，起主导作用的是知识分子和教育家，而佩恩基金会（Payne）、卡耐基基金会（Carnegie）在其中起到了举足轻重的作用。

另一方面，支持商业广播的 NBC、CBS、全国广播业者协会（NAB，National Association of Broadcasters）以及美国无线电公司（RCA）③ 也共同行动，不断向政府施加压力。当时的几大广播公司实力已经非常强大，到 1934 年 CBS 已经拥有 97 座电台，具有相当强的影响力，其中包括经济的和政治的。

---

① 〔美〕罗伯特·W. 麦克切斯尼：《富媒体 穷民主：不确定时代的传播政治》，谢岳译，新华出版社，2004，第 269 页。

② NCER 是 National Committee on Education by Radio 的缩写，于 1930 年成立，由佩恩基金会赞助。他们认为，广播对民主社会有着重要的作用，不能掌控在商业机构手中，他们都倾心于英国 BBC 的模式。NACER 是 National Advisory Council on Radio in Education 的缩写，成立于 1930 年，由卡耐基公司和约翰·洛克菲勒赞助。他们主张，教育家应该与 NBC 和 CBS 两大广播公司合作，他们对美国广播的能力显然过于乐观，认为如果教育家和广播公司合作，应该能够在广播业刚刚起步的时候在业内确立公共机构的原则。这两种观点的差异导致了广播改革组织最终的矛盾与分化。广播改革运动的失败与目标分歧有着密切的关系。

③ 1941 年以前，RCA 拥有两个广播电视网，即 NBC 的红网和蓝网。1941 年，根据美国《1941 年广播电视连锁经营条例》，RCA 被迫卖掉 NBC 的蓝网，美国广播公司 ABC 应运而生。

广播行业不惜花费巨资进行公关活动，为商业广播的发展扫清障碍，同时利用广播之便，进一步推进公共关系活动的开展。由于广播网在这一时期为国会成员和政府官员提供了免费广播的机会，广播机构的游说还获得了政界和报界的支持。

在政府方面，政府内部有很多广播改革的倡导者。罗斯福总统最亲密的朋友之一约瑟夫斯·丹尼尔斯（Josephus Daniels）曾写信给罗斯福，敦促他在广播体制积重难返之前实现广播的国家化。这与罗斯福的执政理念并不冲突。正如一位 NCER 官员观察到的，"保护广播公共目的的计划与总统的全盘计划不谋而合"。[1] 然而，遗憾的是，罗斯福总统并没有选择广播改革，因为他不想同广播机构进行一场"代价高昂"的斗争。正是有了罗斯福政府和国会主要领袖的支持，有利于商业广播发展的《1934 年通讯法》才得以迅速通过。此次广播改革运动的博弈格局基本如下：

表 3 - 1　《1934 年通讯法》颁布前多方力量的博弈格局

	公众团体（教育广播组织）	商业广播机构	政府
基本主张	维护广播的公共性	为商业广播的发展扫清障碍	维持现状：发展商业广播
支持力量	佩恩基金会、卡耐基基金会	报界、政界	当时已有的商业广播机构

由于当时已经得势的商业广播机构与不愿付出高昂代价进行改革的政府形成了博弈同盟，虽然孤军奋战的改革倡导者为民心所向，但广播改革运动依然以流产告终。改革运动未能达到预期目标，但正如麦克切斯尼所说，此次广播改革运动"为未来社会留下了反市场媒介批评的重要财富"，其留给人们的思考一直持续至今。

1931~1934 年，倡导非营利广播的教育家们在一起，做了数百场报告，撰写了大量的相关文章，试图能以非商业广播取代商业广播的主导地位。他们认为，广播改革是争取政治民主和社会民主必不可少的手段。"作为广播发展的结果，在 20 世纪，广播很可能导致混乱或形成一种文明的世界秩序。究竟

---

① 〔美〕罗伯特·W. 麦克切斯尼：《富媒体 穷民主：不确定时代的传播政治》，谢岳译，新华出版社，2004，第 290 页。

会形成哪种结果，这主要取决于广播是用来作为贪婪的工具还是用来作为教育的工具。迄今为止，美国广播主要充当了贪婪的工具……在整个美国历史上，还找不到一例能够像广播商业化这样导致管理如此混乱而又缺乏远见（的政策）。"[①] 知识分子的代表约翰·杜威（John Dewey）认为："广播是有史以来社会教育最有力的工具，它能够被用来歪曲事实、误导公众思想。在我看来，广播是被用作实现上述目的还是公共利益，是目前最关键的问题之一。"[②] 知识分子们达成的共识是：广播业具有强大的双重外部效应，广播业的运作应当首先维护"公共利益"而非商业利益，只要广播被商业机构控制，真正的言论出版自由就不可能实现。

根据麦克切斯尼的归纳，改革倡导者对商业广播的批评主要集中在三大问题上。

第一，改革者们强调，建立在自由表达基础上的广播体制具有结构性的缺陷，这种以利益至上、公司主导的体制与生俱来地就具有反对批评广播现状的倾向，希望维持广播业的现状。

第二，改革家们大多厌恶广告以及广告对广播节目的影响。

第三，改革者们认为，商业广播体制是在国会和公众都不知情的情况下秘密操作的结果。他们认为，将公共资源转化为商业利益的主张是对民主的背弃。

这些主张即便到了今天回头来看，都不无道理。但是改革运动失败了。原因是多方面的。

第一，如上所述，当时已有的力争商业利益的商业广播机构和不愿改革的政府结成了同盟，使得本来就具有较大影响力的商业机构的力量愈发强大。

第二，非常重要的一点，广播改革运动的倡导者们没有能够发起范围广泛的公众讨论，且改革阵营内部出现了分化，导致了改革运动的流产：在重组美国广播业方面，几股力量提出的计划互相矛盾——由于目标的差异，改革的主

---

① 〔美〕罗伯特·W. 麦克切斯尼：《富媒体 穷民主：不确定时代的传播政治》，谢岳译，新华出版社，2004，第 276 页。

② 〔美〕罗伯特·W. 麦克切斯尼：《富媒体 穷民主：不确定时代的传播政治》，谢岳译，新华出版社，2004，第 277 页。

要倡导者 NCER 和 NACER 之间的关系非常紧张。

第三,当时的商业广播动用有限的资源,以消极的态度播出教育和文化节目,应对改革者的挑战,逐步赢得了国会和部分公众团体的支持。连 NCER 也不得不承认"私人企业已经成功地使广播成为美国听众喜爱的媒体"。①

用博弈论的观点来看,尽管"普通公众"在数量上远远高于"广播电视实体"的数量,但这里存在大众典型的分散性、集体行动过高的沟通成本以及单个公众的受益份额仅仅是广播电视业整个收益份额的微小比例问题,因而存在广泛的"免费搭便车"现象,导致政治与经济利益的博弈力量缺乏,由此形成普通公众数量众多而政治经济利益影响力微弱的这种所谓"数量悖论"(Olson,1985);与此同时在博弈未开始之前,由于这种不对等的机制,公众普遍选择退出,并未参与真正的利益博弈,即通常所说的"用脚投票"。

随着有组织的改革力量的消失,商业广播的经济和政治地位由于其意识形态的巩固而巩固。"我们美国的广播体制,是在美国民主制度框架内运作的。它是一个自由的体制,因为这是一个自由的国度。"[萨诺夫(David Sarnoff)]"攻击美国广播体制的人就是在攻击民主制度。"②[威廉・S. 佩利(William Samuel Paley)]商业广播体制由此披上了"美国的""民主的"外衣,逐步取得名正言顺的主流地位。就连主张媒体"社会责任"的哈钦斯等人也接受了广播系统不可更改的资本主义基础。

二 "凯恩斯主义"的主流地位与"公众委托模式"的确立

通过《1934 年通讯法》,美国确立了广播电视商业化运营的模式,也就是说,要尽量让市场来决定各项事宜;但是,与此同时,该法规定,政府代表公众对无线电频谱资源进行管理,广播电视机构的运营必须以"公共利益、便利及必需"为准绳,不得将商业利益置于公共利益之上。

《1934 年通讯法》明确规定:电波是属于人民的,许可证持有者是临时管

---

① NCER, Memorandum on the National Advisory Council on Radio in Education, Nov. 1931, folder 744, container 39.

② 〔美〕罗伯特・W. 麦克切斯尼:《富媒体 穷民主:不确定时代的传播政治》,谢岳译,新华出版社,2004,第 293 页。

理者，它必须经政府批准方可进行广播。更重要的是，公共财产的临时管理者必须为公共利益服务——为人民的需要、人民的方便或人民的急需服务。政府是衡量公共利益是否受到维护的仲裁人。这一职能主要由 FCC 来执行。

为确保公共利益，FCC 对于广播电视进行了结构和内容方面的规制，在美国广播电视业几十年的发展历程中，很多具体的规制措施发挥了相当大的作用。例如，为防止垄断，FCC 先后制定了一系列措施来确保广播电视所有制的多元化。

1941 年，针对当时 NBC 的发展势头，规定：禁止 1 家广播公司同时拥有 2 家广播网，以致 1943 年 NBC 不得不分离出蓝色广播网，成立 ABC。

1953 年，FCC 制定了著名的"七台法则"，规定：个人和团体拥有电视台不得超过 7 个，其中甚高频只能拥有 5 个，个人和团体拥有的调频调幅电台不得超过 7 个。

1975 年，FCC 颁布了新的交叉所有制，目的在于禁止在同一社区同时拥有报纸和电视台。

……

此类管理非常严格，以至于引起一些媒介大亨的不满。时代华纳 CEO 列文（Gerald M. Levin）批评 FCC 的管理是"苏维埃模式"。有线电视巨头约翰·马龙（John Malone）更加偏激："在信息时代最好的办法是枪毙联邦通讯委员会主席，不让他作任何破坏。"[1]

既然这一体制引起商业广播电视机构的不满，那么它当时为什么能够得以确立并延续近半个世纪呢？这与当时占统治地位的政治经济思潮有很大关系。

如历史学家所言，第二次世界大战以后的美国史，是罗斯福新政式国家垄断资本主义不断得到巩固和发展，然后逐步走向衰落并出现保守高潮的历史。[2] 而《1934 年通讯法》出台的时期正是美国遭遇空前的经济危机、罗斯福实施新政的时期。

---

① 谢国平：《改变世界的搏击——西方信息业大兼并透视》，复旦大学出版社，1999，第 96 页。
② 刘绪贻等：《美国通史》（第 6 卷），人民出版社，2002，第 1 页。

　　1929～1933 年资本主义世界发生空前的经济危机，美国也难以幸免。残酷的危机把美国垄断资本主义推到了崩溃的边缘，自由资本主义制度的一系列矛盾暴露出来。当时的情形是：自由放任经济原则下的安逸世界在大萧条的重压下分崩离析了。资本主义制度若不在一定程度上加以改变，就没有出路。当时，大多数美国人既不愿意改变生产关系，走社会主义道路，又不愿意放弃资产阶级民主制度，走法西斯主义道路。危机中上台的美国总统富兰克林·罗斯福主张，放弃以往美国政府实行的自由放任政策，由国家积极直接干预经济生活，局部改变生产关系，迅速而大规模地将垄断资本主义转变为国家垄断资本主义，在一定程度上改变了广大人民群众的处境，走"福利国家"的道路。这就是著名的"罗斯福新政"。

　　罗斯福新政的举措可概括为三个方面。

　　第一，通过缓慢通货膨胀或政府的积极经济干预，实现经济复兴和充分就业。

　　第二，通过社会保障和收入的再分配，改革资本主义的结构。

　　第三，通过创办政府事业和公共工程，修正从前的自由企业体制。[1]

　　总之，罗斯福企图把福利国家政策硬加在资本主义制度之上。虽不一定自觉，但这种政策恰好是符合"凯恩斯主义"的。

　　凯恩斯主义的核心思想在于认为有效需求不足导致经济萧条，由此否定了靠市场自由调节不会出现经济危机或者经济危机、即使出现也将瞬间即逝的观点，即批判了新古典经济学的微观经济理论，提出加强政府对市场宏观调控的必要性。20 世纪 30 年代初，凯恩斯的宏观经济学登上了世界政治经济历史舞台。

　　由于当时资本主义世界普遍出现的经济衰退，这一政策颇为奏效，使得美国经济摆脱了恶性循环。因此，在战后近 50 年，凯恩斯主义都占据主流地位，国家垄断资本主义在资本主义世界不断得到巩固。

　　综观 20 世纪 30 年代和 40 年代的世界，许多国家的媒体都处于政府的直接控制之下，被当作宣传工具而非新闻媒体。在当时的美国新闻界—政府关系方面，公共报刊领袖曾与富兰克林·罗斯福展开过一场国内"战争"，结果导

---

　　① 何顺果：《美国历史十五讲》，北京大学出版社，2007，第 231 页。

致联邦政府起诉多家报刊机构，并借助地方法院的多项裁决将报刊商业运作的许多方面置于政府的规制之下。在 1937 年的"美联社诉全国劳动关系委员会案"中，最高法院以 5∶4 的得票之比做出裁决："美联社的商业运作不能因为其是新闻机构而不受约束。报纸发行人不具有不遵守一般法律的特权。"① 包括报纸在内的传媒业开始认识到，它不得不受到政府的某种监管。

这一时期，美国国内所有行业、领域的发展，都受到了凯恩斯主义的影响。凯恩斯主义实质上已经上升为美国的国家管制理念。

经济学家认为，政策制定过程涉及三个层次（图 3 - 5）。② 笔者认为，在这一过程中，三个层次都由国家管制思想决定并受到国家管制理念的影响。

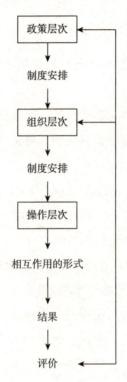

图 3 - 5　作为一个科层结构的政策过程

---

① 〔美〕新闻自由委员会：《一个自由而负责的新闻界》，展江等译，中国人民大学出版社，2004，第 86 页。
② 〔美〕丹尼尔·W. 布罗姆利：《经济利益与经济制度——公共政策的理论基础》，陈郁等译，上海三联书店、上海人民出版社，2006，第 42 页。

在民主制度中，政策层次由立法和司法机关代表，在该层次中，人们对想生活在什么样的世界进行辩论并最终形成一般性认识。组织层次主要是实现政策层次的思想和理念，这些思想和理念能否实现需要借助组织的发展和法规的制定，这些法规不仅界定了这些组织如何运行，而且界定了它们要有规则地做什么。联系政策层次和组织层次的法规可以被称为制度安排。在美国广播电视业的发展中，《1934 年通讯法》就具备这样的功能和作用，它将美国当时的国家管制思想通过政策层次（美国广播电视业必须以公共利益为准绳来运作）和组织层次（《1934 年通讯法》和 FCC 的一系列规制措施）贯彻下来，并以制度的形式（"公众委托模式"）加以确立。

在操作层次，可以找到社会中的操作单位——企业和公众，其日常行为造成了某些可观察到的结果。这些行为主体在操作层次上的选择范围是由政策层次和组织层次上的制度安排决定的。同时，在操作层次上，也产生了被全体公民认为是好或坏的结果。这些结果的反馈可能引起国家管制思想的变化，从而反映到政策层次和组织层次，带来制度与体制的变迁。

因此，从《1934 年通讯法》的出台，到"公众委托模式"确立与演化，包括其到了 20 世纪 80 年代尤其是 1996 年之后的变迁，每一步都与美国的国家管制思想有着密切的关联。

对于外部性较强的广播电视业，当时处于危机中的美国联邦政府自然不能放任其自流。罗斯福总统的内政部部长哈罗德·L. 伊科斯（Harold L. Ickes）曾发出警告："一个自由和开明的社会不可能欣赏这样一个新闻界的危险的奢侈：它热衷于特权……与此同时却漠视应尽的义务。"[①] 因此，对广播电视业进行严格的规制是当时占主流地位的"凯恩斯主义"在通讯领域的体现，是美国国家管制思想在大众传播领域的体现，有学者将这一阶段称为"规制垄断阶段"。这符合世界政治经济思潮发展的必然规律。

三　"社会责任理论"的兴盛与政府"规制垄断阶段"的持续

1942 年，为应对美国传媒业尤其是报业中出现的煽情主义、商业主义、

---

① 〔美〕新闻自由委员会：《一个自由而负责的新闻界》，展江等译，中国人民大学出版社，2004，第 87 页。

政治不平衡与垄断倾向，一个非官方的调查委员会"美国新闻自由委员会"（American Commission on Freedom of the Press）成立了。该委员会的重要贡献在于提出了传媒的"社会责任理论"，该理论取代了之前的"自由主义理论"。

美国新闻自由委员会认为，美国宪法所赋予的言论自由（新闻自由）"只能以一种可以问责的自由而继续存在"。[1] 该委员会主张通过政府干预来纠正当时媒介的病态："政府的作用在于，维持秩序以及为维护言论自由和新闻自由而对私利与怨恨的种种表现——蓄意破坏、敲诈和腐败——加以基本制裁。"[2] 这可能是自新闻自由被认可以来第一次尝试通过政府干预来规范媒介市场。其影响波及世界各国，并进一步支持了美国广播电视的公共服务政策——在公众委托模式下，加强政府对广播电视业的规制，以确保广播电视以公共利益为准绳进行运营。

美国新闻自由委员会所提倡的"社会责任理论"在"新闻自由"和"社会责任"之间第一次建立了明确的关系，意味着新闻业具有提供可靠相关新闻和信息的责任，又要为读者能听到公共领域中的不同声音创造机会。它认为，大众传媒应该发挥如下社会功能：

第一，就当日事件在赋予其意义的情景中的真实、全面和智慧的报道；

第二，一个交流评论和批评的论坛；

第三，一个供社会各群体互相传递意见与态度的工具；

第四，一种呈现并阐明社会目标与价值观的方法；

第五，一种将新闻界提供的信息流、思想流和感情流送达每个社会成员的途径。[3]

---

① 〔美〕新闻自由委员会：《一个自由而负责的新闻界》，展江等译，中国人民大学出版社，2004，第19页。

② 〔美〕新闻自由委员会：《一个自由而负责的新闻界》，展江等译，中国人民大学出版社，2004，第7页。

③ 〔美〕新闻自由委员会：《一个自由而负责的新闻界》，展江等译，中国人民大学出版社，2004，第7页。

这是它的理想，但是，当时美国传媒业的状况远非如此。美国新闻自由委员会的调查表明，当时的新闻自由处于一种"危险"状态：一种对所有人都具有头等重要性的工具仅仅被少数人利用，且不能提供人们所需要的服务。[①]美国新闻自由委员会认为："如果私人的权利迅速变得强大而不负责任，那么政府权力将被用来规范它。"[②]

锡尔伯特（Siebert）等人将社会责任的诠释定位在"积极自由"的状态下，即应该是"为了什么的自由"（Liberty for…），而不是"摆脱什么的自由"（Liberty from…）。他们指出："社会责任论认为政府不应该只允许自由，而应该积极地促进自由……因此，如果有必要的话，政府应该积极地行动以保卫人民的自由。"政府的行动应该包括立法以禁止"恶意性的滥用"，而且也应该"进入传播领域以弥补现有媒介的不足"。[③]

对于政府干预新闻传播业是否违宪的争议，美国新闻自由委员会认为：宪法第一修正案是为了保障表达自由，而不是创造一个特权产业。宪法第一修正案也没有被解释成"要防止运用专门法律来管理某些类别的表述"。同样，在宪法第一修正案或在美国的政治传统中，没有任何东西阻止政府参与大众传播：陈述它自己的主张、补充私人提供的信息来源，以及提出私人竞争的标准。政府的这种参与并没有威胁新闻自由。[④]

社会责任理论对美国联邦政府以及包括广播电视业在内的新闻传播业的规制具有深远的影响：直到20世纪80年代放松规制，FCC都常常依据"无线电广播具有公众托管属性因此需要规制"的原则来行事。这也是"公众委托模式"下，政府对美国广播电视业的严格规制能持续近半个世纪的原因之一，因为在当时占主导地位的社会责任理论中，"社会责任"和"公共利益"成了

---

① 〔美〕新闻自由委员会：《一个自由而负责的新闻界》，展江等译，中国人民大学出版社，2004，第5页。
② 〔美〕新闻自由委员会：《一个自由而负责的新闻界》，展江等译，中国人民大学出版社，2004，第51页。
③ 〔英〕丹尼斯·麦奎尔：《麦奎尔大众传播理论》，崔保国、李琨译，清华大学出版社，2006，第125页。
④ 〔美〕新闻自由委员会：《一个自由而负责的新闻界》，展江等译，中国人民大学出版社，2004，第51页。

在市场状态下让国家介入传媒市场的正当理由。

综上所述，无论从利益集团的博弈、国家管制思想还是当时的社会思潮来看，美国在 20 世纪 30 年代选择商业体制下的"公众委托模式"都有其历史必然性；在该模式下，政府通过 FCC 对广播电视业实施的严格规制也符合那一时期的国家管制理念以及大众传播的主流，因而其能在美国持续近半个世纪，直至 80 年代美国的国家管制思想发生重大的变迁。

第五节 "公众委托模式"的演化与巩固

《1934 年通讯法》只是规定了"公众委托模式"的基本原则与政策框架，而这一模式真正的贯彻与完善并未随着法规的确立而确立。在此后的半个世纪中，为实现"公共利益至上"的目标，鉴于技术的发展以及市场状况的变化，FCC 先后制定了一系列措施来规制发展中的广播电视业，以应对该产业运营中出现的新现象、新问题——这一系列的管制措施使得该模式逐步得以完善和巩固。

总体来说，这些政策可概括为以下四个方面：第一，对市场结构的规制；第二，对传播内容的规制；第三，对"公共利益标准"的界定；第四，对公共电视政策的完善。

结果表明，在这一过程中，"公众委托模式"与"公共利益至上"原则的确立为美国广播电视业的长远发展指明了方向；而 FCC 之后出台的一系列措施又进一步确保了"公共利益至上"的基本原则，巩固了美国广播电视体制的"公众委托模式"。

一 市场结构规制

结构一词最早出现于自然科学研究中，指事物内部构成元素之间的联系方式及其相互作用。现代产业理论认为，资源配置的结构演化是经济发展的结果，也是经济发展的前提。结构优化是经济发展的永恒主题，抓住了结构优化就抓住了经济发展的本质。在美国广播电视领域，注重对市场结构的规制有两方面的原因：一方面是为了实现经济总量与结构的双向协调；另一方面——更重要的是——为了确保公共利益的最终实现。具体来说，FCC 对美国广播电视业的结构规制包括以下措施。

（一）同一市场内的多台所有制："双头垄断"规则

1938 年，FCC 第一次做出决定，不再为产生"双头垄断"①的广播机构颁发执照。1940 年，FCC 正式禁止了调频广播中的双头垄断。1943 年，FCC 对调幅广播也执行了同样的政策。服务多样性的基本原理使 FCC 相信，在同一地区中拥有大量的广播机构，会促进节目的多元化发展。"双头垄断法则"持续多年，甚至在 80 年代中期 FCC 放松广播所有权限制的情况下依然是美国广播电视规制的重要规则之一。

对垄断的管制在美国广播电视领域有着悠久的传统。《1927 年广播法》（第 13 节）和《1934 年通讯法》（修正版第 313 节）都将反托拉斯法②特别应用于广播电视领域。这两部法律规定，对于任何被指控在行业中有垄断性行为的广播电视公司，FCC 将会撤销其广播电视经营许可证，且其以后再次申请许可证也将被拒绝。

（二）全国范围内的多台所有制："七台法则"

1938 年，FCC 规定，全国性电视台所有制条款允许已经拥有执照的申请机构拥有第二张营运执照，但前提是必须充分证明以下两点：第一，自身有足够充分的竞争力；第二，不以控制传播设施为目的，不能与大众利益背道而驰。③ 1940 年，FCC 通过集中控制对 7 个调频 FM 电台进行了限制。1946 年，

---

① "双头垄断"指拥有两个或两个以上广播电台的单一市场，即一个广播机构在同一市场上拥有两个或两个以上广播电台。FCC 在 1938 年的一份声明中指出："从经济角度看，允许一个广播机构进入双头垄断市场可能阻止另一个将来也许能够提供新鲜、不同、有改进和有竞争服务的机构进入这个市场……如果有可能批准那些实质上有相同利益所在的重复机构，那么委员会一定是基于申请者致力于服务社会而不是商业利益的考虑，这些执照申请者一定满足其他机构不能满足的广大社会的需求。"参见金冠军、郑涵《国际传媒政策新视野》，上海三联书店，2005，第 319 页。

② 这里的"反托拉斯法"主要指《谢尔曼反托拉斯法》（1890）和《克莱顿反托拉斯法》（1910）。这两部法律赋予了 FCC 对垄断的管制职责，并指导了司法部反垄断局的成立。FCC 和司法部都很重视广播电视中的垄断行为：司法部关注不适当的经济集中，FCC 关注的是公众娱乐和信息来源的多元化。

③ 金冠军、郑涵：《国际传媒政策新视野》，上海三联书店，2005，第 321 页。

FCC 拒绝了 CBS 关于成立第八个 AM 广播电台的申请，在政策上确立了在全国范围内只允许拥有 7 个调幅广播电台的制度。1953 年，FCC 发布了只得拥有 7 个调幅电台的法律条款，而调频电台的数量限制也由原先的 6 个上升到 7 个。这些新的限制条款被称为"七台法则"。"七台法则"的内涵是，"通过增加所有制的形式，最大限度地促进节目多样化发展和提升服务水平，同时防止任何经济力量过度积聚对大众利益造成负面影响"。[①]

在之后的 30 年，FCC 没有针对国家性广播电台所有制数量上限规定做任何调整。[②] 到了 20 世纪 80 年代早期，针对这些长久以来一直被接受的规则，出现了非常强烈的反对声音；在多方压力之下，FCC 不得不对之做出调整，将上限提高到 12 个。

（三）1941 年的《广播电视连锁经营条例》

20 世纪 40 年代初，NBC 和 CBS 已经控制了全美半数以上的电台，引起了社会各界的广泛关注。1941 年，FCC 制定《广播电视连锁经营条例》，限制广播事业的垄断化。根据这一条例，1943 年全国广播公司 NBC 出售了它的第二个广播网蓝色广播网。这个广播网定名为美国广播公司（American Broadcasting Company，简称 ABC），后来发展成为美国第三大广播网。从此，美国广播业出现了三足鼎立的局面。[③]

（四）1952 年的《第六报告和规则》

"二战"结束后，电视业的发展速度开始加快。电视机"生产"开始供不应求，申请执照的电视台越来越多。1945 年，FCC 为适应战后"电视热"，先后出台了一系列规定：把 FM 调频信道优先分配给电视，取消战时对电视台的禁令。1946 年，美国有 8000 户家庭有电视机，两年后已达到 17.2 万户。1948 年，FCC 暂时冻结了新电视台许可证的审批，以便让它的工程师们重新修订先前制订的美国电视台发展计划。FCC 试图制订这样一个计划：它将提供地方性

---

① 关于调频调幅、电视广播多台所有权规章制度第 3.35、3.240 和 3.636 款修正案参见金冠军、郑涵《国际传媒政策新视野》，上海三联书店，2005，第 322 页。

② 实际上，到 20 世纪 70 年代晚期，美国才第一次出现了一个集团完全控制 21 个调幅电台、调频电台和电视台的情形。1984 年，FCC 将国家性广播电台所有制数量上限调整到 12 个。

③ 端木义万：《美国传媒文化》，北京大学出版社，2001，第 89 页。

的基本电视服务，争取全国电视覆盖率的最大化，最大限度地减少电视信号间的互相干扰。[①] 所以，1950 年全美只有 105 家电视台在播出节目。大多数城市只有一家电视台，只有 24 个较大城市有两个以上的电视台。FCC 花了三年时间来重新规划和分配频道。1952 年，对新增电视台的"冻结"才终于冰消雪化。[②]

1952 年 4 月 14 日，FCC 颁布了有关电视发展的《第六报告和规则》（the Sixth Report and Order），电视台的冻结期也随之告终。该报告实际上是一个庞大的电视发展计划：它为现有的和未来的电视台分配了 2053 个频道，除非常偏远的地区和拥有多个电视台的主要地区外，允许每个地区至少建立一家电视台。[③] 该报告为美国广播电视产业的发展提供了一个相当稳定的规划。

（五）1969 年的"平等雇佣法则"

1969 年，FCC 制定"平等雇佣法则"，1972 年有线电视适用这一法则。该法则要求广播电视媒体（包括有线电视台）给予妇女、少数民族无歧视的平等雇佣机会，目的在于通过媒体内部组成的多元化促进媒介呈现形式的多元化。[④]

（六）1970 年的"一市一台"法则

FCC 的双头垄断政策并没有阻止同一实体在同一市场中同时拥有广播电台和电视台。因此，在 1970 年，FCC 出于多样性和竞争性的考虑，采用了"一市一台"政策，防止相关所有制协议的达成，[⑤] 即在同一市场内不得同时拥有电台和电视台。1975 年，FCC 出台法规禁止"媒介双重所有权"，即限制报业和广播电视业跨媒介拥有。

---

① 〔美〕詹姆斯·沃克、道格拉斯·弗格森：《美国广播电视产业》，陆地、赵丽颖译，清华大学出版社，2005，第 20 页。

② 端木义万：《美国传媒文化》，北京大学出版社，2001，第 106 页。

③ 〔美〕詹姆斯·沃克、道格拉斯·弗格森：《美国广播电视产业》，陆地、赵丽颖译，清华大学出版社，2005，第 20 ~ 21 页。

④ 20 世纪 90 年代末，该法则法院判决松动，不再作为执照审核的条件。参见夏倩芳《公共利益与广播电视规制——以英国和美国为例》，博士学位论文，武汉大学新闻与传播学院，2004，第 45 页。

⑤ 金冠军、郑涵：《国际传媒政策新视野》，上海三联书店，2005，第 324 页。

随着技术和市场状况的变化，FCC 相继制定的这一系列措施基本上限制了广播电视频谱资源的滥用，防止了大的传媒集团对公共资源的垄断，从结构上确保了广播电视市场的多元化与竞争性，为公共利益的实现奠定了基本的产业基础。

二 传播内容规制

如上所述，结构的多元化为公共利益的实现、传播内容的多元化奠定了基本的产业基础，但是，结构的多元化只是内容多元化的前提之一，并不一定能确保内容的多元化，更无法为信息的品质提供保障。因此，在所有权规制、结构规制之外，FCC 还发展了一系列规约，对广播电视内容进行规制，确保整个广播电视业的健康、良性发展，确保其在政治、文化上不偏离"公共利益"原则。具体可概括为以下几个方面。

（一）"公正理论"的制定

"公正理论"产生于 FCC 的一系列裁决，后来这些裁决被国会陆续集纳于《1934 年通讯法》修正案的第一款中，该修正案涉及广播机构的以下义务，"为公共利益经营，并为有关公众关注的重大问题的相互冲突的观点提供合理讨论机会"。该成文法案实际上规定了许可证持有人的双重任务：第一，专门划出合理的广播时间用于讨论有争议的问题；第二，公正地将上述计划付诸实施，为播发相互冲突的观点提供合理的机会。[①]

关于公证理论，最好的例子是，1950 年下半年的智力竞赛丑闻案。当爆出几大电视网在智力竞赛节目中有作弊行为后，全国哗然。FCC 和国会建议电视网惩罚这些损坏了新闻和为公众服务原则的人。电视网听从了这一建议。

1959 年，广播业再次出现"贿赂丑闻"：许多著名的音乐节目主持人，包括曾经创造了"摇滚乐"这个词的艾伦·弗里德（Alan Freed），被指控从唱片、磁带企业收受钱和礼物，以使某些音乐节目能够登上排行榜。许多音乐节目主持人因此丢掉了工作。电台开始雇用节目指导来选择将要播放的音乐，这

---

① 参见红狮广播公司诉联邦通讯委员会案（1959），转引自〔美〕T. 巴顿·卡特等《大众传播法概要》，黄列译，中国社会科学出版社，1997，第 276 页。

些电台工作人员必须签下一份文件，申明自己对 FCC 关于禁止收受贿赂的规定已经知晓，并同意将从音像公司收到的任何价值超过 25 美元的礼品上交管理部门。① 可见，当时 FCC 对节目内容的规制非常严格，不仅涉及敏感的新闻领域，对娱乐节目的规制也遵循这一原则。

20 世纪 60 年代，对"公正理论"的要求程序更加巩固，控告媒体不公正对待，不仅在执照更换期间作为整体节目评价之部分，而且还作为个案处理。这个变化加强了控告的分量，大大促进了 FCC 对节目内容的介入。②

1974 年，FCC 发布"公平法则之下公共问题的处理"、"传播法的公共利益标准"和"公平报告"，指导广播业者和公众。FCC 认为，"有些问题十分紧要，与民众的关系非常重大，不容执照持有人完全漠视"。③

（二）节目编排"指导原则"的设定

FCC 对任何节目编排都从未有过正式的标准或要求，因为在 FCC 看来，设定所要求的标准等于对广播电视内容施行检查，涉嫌违宪。但是 FCC 却发展了一系列的"指导原则"，这些原则成为多数许可证申请者所依据的标准。"指导原则"在 1981 年之前成了一种事实上的控制因素。④

（三）"黄金时间准入法则"的设定

1971 年，FCC 开始实施"黄金时间准入法则"（Prime Time Access Rule）。该规则要求在每晚黄金时间段的节目中，电视网的节目时间被限制在三个小时以内。FCC 希望通过这种方式可以最大限度增加本地节目，而且至少保证电视节目产品来源的多样化。

这一规则在当时显得很有必要，因为在当时，对于全国观众中的大多数人来说，黄金时段收看的电视都是由电视网提供的；其他的收视时段同样由电视网所把持，在全国性电视网的加盟性电视台所提供的节目中，有 65% 的节目

① 蔡琪、蔡雯：《美国传媒与大众文化——200 年美国传播现象透视》，新华出版社，1998，第 191 页。
② 夏倩芳：《公共利益与广播电视规制——以英国和美国为例》，博士学位论文，武汉大学新闻与传播学院，2004，第 45 页。
③ 李瞻：《传播法：判例与说明》，黎明文化事业公司，1992，第 787～788 页。
④ 〔美〕T. 巴顿·卡特等：《大众传播法概要》，黄列译，中国社会科学出版社，1997，第 243 页。

是全国性电视网提供的;① 独立电视台则大量播出非电视网的辛迪加所提供的节目，而这些节目最初也是由电视网生产制作的。从 20 世纪 60 年代至 80 年代，对电视网在电视产业的形式和结构方面的实践活动进行控制，一直是 FCC 管理工作的中心。

（四）对节目制作独立性的规定

FCC 还制定了要求所有权网络和节目制作之间相互独立的管理规定。进入 20 世纪 70 年代后，FCC 大幅度约束了当时已建立的电视网络（如三大电视网 NBC、CBS、ABC）的能力，维护由其他机构制作电视节目的能力以及从事"广播辛迪加"（向其他电视台出售节目）的能力。这些约束的目的在于从整体上限制网络对电视节目的控制，并由此鼓励发展独立的节目制作人。FCC 相信，扶持独立的节目制作实体将更好地服务于节目的多样性。

1972 年，因为三大电视网的反托拉斯法案件，美国司法部反垄断局进入了规则管制程序中。司法部的目标是进一步分离三大电视网络控制、掌有以及联合运作黄金时段电视节目的权利。最后，反垄断局在 1976 年和 NBC 达成了双边协议，在 1980 年同 ABC 和 CBS 达成了同样的协议。这个协议限制了全国电视网在某些电视节目领域的活动，同时还限制了电视网与节目制造商和辛迪加之间的联系。②

三 对"公共利益"标准的完善

如上文所述，《1934 年通讯法》对于何为"公共利益"没有给予明确的界定，更没有做出具体的、清晰的阐释，这给 FCC 在执行政策的过程中留下了很大的自由处置空间；同时，这一概念的宽泛性与模糊性也给 FCC 的政策执行带来了一系列的不便与尴尬，因为任何一方都可以拿有利于自身的"公共利益"概念说事儿，任何一方也都可能拿自己所认为的"公共利益"标准指责 FCC 的措施"违宪"或者违背公共利益原则。正因为如此，FCC 制定的

---

① 〔美〕本杰明·康佩恩、道格拉斯·戈梅里:《谁拥有媒体?——大众传媒业的竞争与集中》，詹正茂、张小梅、胡燕等译，中国人民大学出版社，2004，第 284 页。

② 〔美〕本杰明·康佩恩、道格拉斯·戈梅里:《谁拥有媒体?——大众传媒业的竞争与集中》，詹正茂、张小梅、胡燕等译，中国人民大学出版社，2004，第 282 页。

正式法规常常难免受阻，只能转而寻求一些非正式的策略。为更好地执行"公共利益"标准，FCC曾多次试图制定具体的公共利益标准，使之具有可操作性和可参考性。具体如下。

（一）制定公共利益的评价标准

1946年，FCC发布蓝皮书——《广播执照持有者的公共服务职责》(*Public Service Responsibility of Broadcast Licensees*, *Blue Book*)，制定了一些特定标准以评价媒体在维护公共利益方面的表现，具体包括：

（1）播出非规制性节目，包括电视网非营业性节目，以保持节目结构平衡；（2）播出地方性的现场转播节目；（3）播出有利于公共问题讨论的节目；（4）消灭广告过量现象。[1]

（二）确立公共利益的基本内容

1960年，FCC曾决心进一步明确公共利益内涵，并出台了一个多样化节目的标准，列出了14条必要的基本的公共利益内容：

（1）地方自我表达的机会；（2）地方人才的发展和运用；（3）儿童节目；（4）宗教节目；（5）教育节目；（6）公共事务节目；（7）执照持有者的评论；（8）政治传播；（9）农业节目；（10）新闻节目；（11）天气和市场服务；（12）体育节目；（13）少数族群服务；（14）娱乐节目。[2]

虽然在今天看来，这些标准依然很宽泛，很难用来认定谁是符合公共利益标准的，谁是违背公共利益标准的，且不具备法律效力，在违规处罚方面也存在很大困难，但是，相对于"公共利益"这一大而无当的概念而言，毕竟是

---

① 夏倩芳：《公共利益与广播电视规制——以英国和美国为例》，博士学位论文，武汉大学新闻与传播学院，2004，第44页。

② 夏倩芳：《公共利益与广播电视规制——以英国和美国为例》，博士学位论文，武汉大学新闻与传播学院，2004，第44页。

清晰了很多、实在了很多的。

FCC 通过将这些标准与其对广播电视执照的核准权相结合，在很大程度上促进了公共利益原则的贯彻与执行。

四　对公共电视的政策规制

尽管公共（非商业）电视从未成为美国广播电视业的主流，但是，正如公共利益与商业利益的对垒一样，公共电视与商业电视在资源分配方面的博弈几乎是美国广播电视体制中永恒的主题。虽然《1934 年通讯法》确立了美国以广播电视商业为主的体制，但是，在频率的分配方面，FCC 依然考虑到了公共电视存在的必要性，并相继制定了一系列措施和法规保障和规范公共电视在美国的发展，确保了在商业电视洪流的冲击之下，公共电视相对稳定的生存空间与发展平台。具体措施如下。

（一）在频率分配上对非商业电视的倾斜

1945 年，FCC 对全国教育广播协会的努力做出回应，拿出了 20 个 FM 频率作为非商业用途。此外，FCC 还建议制定一个全国分配计划表，以保证在美国大多数市场都能分配到非商业性广播频率。1952 年的《第六报告和规则》为全国 242 个教育电视台留出了频道资源。报告还包含了福特基金会的理想：全民教育是衡量教育电视成败的标准，而不仅仅是受众数量的多少。这对未来公共电视的发展至关重要。虽然早期只建立了为数不多的教育电视台，但 FCC 对教育电视的保护却保证了 20 世纪 60 年代全国公共电视事业兴起时能够获得必要的频道资源。如果没有这种保护，全国主要的大部分电视频道都会被用于商业运作。[1]

（二）《教育电视资源法案》的颁布

1962 年，《教育电视资源法案》（the Educational Television Facilities Act of 1962）颁布。该法案为公共电视提供了建设和装备非商业电视台的大量资金；

---

① 〔美〕詹姆斯·沃克、道格拉斯·弗格森：《美国广播电视产业》，陆地、赵丽颖译，清华大学出版社，2005，第 145~146 页。

此外，同年出台的《全国频道接受法案》（the All Channels Receive Act）要求全国电视机都必须能接收到甚高频和超高频电视信号。因此，能接收到超高频频段教育电视节目的潜在观众数量大大增加①。

（三）《1967 年公共电视法》的实施

《1967 年公共电视法》（the Public Broadcasting Act of 1967）开始实施。该法案责成成立公共广播公司（PBS）。这是一个民间性质的公司，有一个从教育界、文化界、艺术界以及其他机构选出来的 15 个成员所组建的董事会。公共广播公司负责全国范围内公共电视系统的发展建设，尽量收罗高质量的电视节目，并与各地方电视台保持密切的合作关系，以便建成一个真正的广播电视网。②

这里需要指出的是，以上四个方面仅抓住了"公众委托模式"发展过程中一些影响深远的法规与措施，而并未面面俱到。在笔者看来，这样不仅可以使分析的脉络与主线更为清晰，而且便于把握问题的核心与实质。总之，从《1934 年通讯法》颁布到 20 世纪 70 年代末，国会与 FCC 制定了大量的规制规则，以确保广播电台电视执照持有者的忠诚及其对公共利益的维护。

这些规则涉及的问题还有：（1）谁可以广播，谁不可以广播，以及一个执照延展之前的有效期的长短；（2）广播电视业主尽力满足其服务对象（公众）的需求与兴趣的责任；（3）要求执照持有人广播关于重要社区问题的信息，并确保广播传达有关这些问题的各方观点；（4）限制每一广播小时内播送广告的时间……③

总之，在 20 世纪 80 年代之前，FCC 基本围绕下述四个目标展开工作：

（1）获得最高质量的节目，尤其是新闻和公共事务方面的节目；

---

① 〔美〕詹姆斯·沃克、道格拉斯·弗格森：《美国广播电视产业》，陆地、赵丽颖译，清华大学出版社，2005，第 148 页。

② 〔美〕詹姆斯·沃克、道格拉斯·弗格森：《美国广播电视产业》，陆地、赵丽颖译，清华大学出版社，2005，第 149 页。

③ 本部分根据〔美〕唐·R. 彭伯《大众传播法》（第十三版），张金玺、赵刚译，中国人民大学出版社，2005，第 550 页的内容整理。

（2）实现节目来源的多样化，通过行业监督者对电视节目的选择进行控制；

（3）通过行业制度来实现市场经济力量的最小化；

（4）更加鼓励面向小众的节目以及拥有特殊内容的节目，对于广播电视中占主导地位的低质量普通节目的重复出现这种浪费情形不予支持。[①]

综上所述，从《1934年通讯法》颁布到20世纪70年代末，是广播电视"公众委托模式"在美国得以确立并逐步发展、日益巩固的时期。在这一时期，FCC通过对广播电视业实行所有权规制、结构规制、内容规制以及对公共利益标准的逐步完善、对公共电视政策的明确等，基本上防止了商业体制之下商业利益对公共利益的侵蚀，确保了美国广播电视业"公共利益至上"的原则。

第六节 "成也萧何，败也萧何"

——对"公众委托模式"的评价

根据 A. 阿尔钦（A. Alchian）的定义，"产权是一个社会所实施的选择一种经济品的使用的权利"。产权的基本内容包括行动团体对资源的使用权与转让权，以及收入的享用权。[②] 我国经济学家一般将之界定为所有权、占有和使用权、处置权以及收益权。其权能是否完整，主要可以从所有者对这种产权所具有的"排他性"和"可转让性"来衡量。如果权利所有者对他所拥有的权利有排他的使用权、收入的独享权和自由的转让权，就称他所拥有的产权是完整的。如果这些方面的权能受到限制或禁止，就称为产权的残缺。

私有产权就是将资源的使用与转让以及收入的享用权给了一个特定的人，

---

① W. G. Manning and B. Owen, Television Rivalry and Network Power, *Public* 24, 1976, Winter, pp. 55 – 56.

② N. Steven, S. Cheung, The Structure of a Contract and the Theory of a Non-Exclusive Resource, *Journal of Law & Economics.*, 1969, April, p. 12.

后者可以将这些权利同其他附着了类似权利的物品进行交换，也可以通过自由合约将这些物品转让给其他人，他对这些权利的使用不应受到限制。

共有产权则意味着共同体内的每一个成员都有权分享这些权利，它排除了国家和共同体外的成员对共同体内任何成员行使这些权利的干扰。

国有产权在理论上是指这些权利由国家拥有，国家按可接受的政治程序来决定谁可以使用或不能使用这些权利。[1]

对于《1934 年通讯法》所确立的美国广播电视体制而言，广播电视频谱资源属于公共资源，这就排除了频谱资源为国家以及私人所控制的可能，它属于共有产权，归全体美国公民所有，因此无论政府还是广播电视机构都不拥有频谱的所有权；但由于政府授权 FCC 根据相关准则颁发许可证，获得许可证的广播电视机构在其执照有效期内享有对广播电视频谱的使用权以及广播电视经营的收益权；同时，根据法规规定，频谱资源不能在市场上自由流通，一切形式的转让都必须通过广播电视规制机构 FCC，也就是说，广播电视机构对频谱资源没有自由的转让权。这四大权利的分配如表 3 - 2 所示：

表 3 - 2　美国广播电视四大权利分布

	广播电视机构	公众
所有权	无	有
使用权	有（通过 FCC 授权获取）	无
收益权	有	无
转让权	无	有（通过 FCC 执行）

根据 A. 阿尔钦对产权的界定，在"公众委托模式"之下，无论对于美国广播电视名义上的所有者——全体公众，还是对于美国广播电视的实际经营者——广播电视机构而言，其权能都是不完整的。这种残缺性成了美国广播电视一切问题的根源。

---

[1] 〔美〕R. 科斯，A. 阿尔钦，D. 诺斯等：《财产权利与制度变迁——产权学派与新制度学派译文集》，刘守英等译，上海三联书店、上海人民出版社，1994，译者的话，第 6~7 页。

广播电视产权的公共所有在很大程度上限制了频谱的自由流转以及在此过程中公共利益可能遭受的损害；但与此同时，广播电视频谱为私人所运用以及广播电视机构对运营收益拥有独享权也决定了这些个人与机构对商业利益的追逐以及商业利益对公共利益难以避免的侵蚀。

因此，在此后的 60 年，美国整个广播电视业内出现的一次次论争、一轮轮博弈实际上都源自该体制之下广播电视所有权、转让权与使用权、收益权的分离——所有权的公有决定了广播电视机构的运营必须以公共利益为准绳，不得将其他利益置于公共利益之上；而使用权授予商业机构以及商业机构对自身利益的追逐使商业利益逐步膨胀并不可避免地背离公共利益——这也就导致了广播电视领域公共利益与商业利益之间永无止境的争斗。

此后的几十年，法规的制定者在公共利益与商业利益这对矛盾间摇摆，在世界经济思潮的影响以及国内各股力量的冲击下，时而倾向于维护公共利益，时而屈服于商业利益——具体表现为，在 20 世纪 80 年代之前，为维护公共利益制定了一系列的规制措施，基本确保了公共利益的优先位置；而在80 年代之后，其在结构方面的规制几乎全面解禁，商业利益明显上升到主导地位。

根据经济学家的看法，私人不能提供公共商品，只能由政府出面担当此项职能，即"供给公共商品"。然而，这一普遍的经济规律似乎为美国广播电视政策的制定者所忽视了，他们将电视节目这一公共商品的生产委托给了大量的商业机构。

事实上，私人经济中的政府，最初就是为了提供公共品（法律、国防、公安等）而由众多私人共同建立起来的。政府的这一职能具体表现为：（1）尽可能正确地评估社会对公共商品的实际需求；（2）按照社会福利的原则确定税率，并用税收收入购置公共商品，为公众提供服务。[1]

在此，笔者用下面的图式（图 3-6）来描述美国广播电视业的"公众委托模式"。

---

① 樊纲：《市场机制与经济效率》，上海三联书店、上海人民出版社，1999，第 157 页。

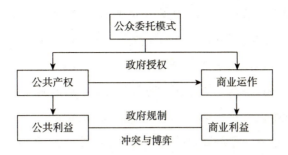

图 3 - 6　公众委托模式的要素

在该模式下，公共利益与商业利益这对矛盾共存于一体——获得政府授权的商业化运作的广播电视机构。当公共利益和商业利益这对难以调和的矛盾需要统一主体来实现时，唯有有效的政府规制才能确保"公共利益至上"。

总体来说，《1934 年通讯法》所确立的美国广播电视制度意在引进政府对无线电频谱资源的管理，防止公共资源的私人占有，同时又引入市场机制，尽可能地保证自由市场的作用。FCC 对颁发电台许可证的程序拟制规定，依据相关标准，在相互竞争的许可证申请人之间做出选择，并设置一个能确保竞争的框架，然后尽可能地让自由市场来决定广播电视具体运作的事宜，如广告费用、设备成本、节目形式等。但是，在有些关头，如自由市场失灵时，这一制度的简单性即告失败——自由市场竞争具有趋利性，未必有助于少数人、少数民族或少数文化群体。当市场竞争不能提供多元化的信息、不能兼顾少数群体利益时，即"普遍服务"原则不能实现或"信息品质"遭到破坏时，政府就会选择开展干预措施，以法规或行政的手段来弥补、校正或预防市场失灵所带来的对公共利益的损害。

T. 巴顿·卡特（T. Barton Carter）认为："倘若认识不到我们的通讯制度的基本倾向是尽可能允许市场来决定各类事宜，那么在很大程度上便不能理解《1934 年通讯法》。"政府干预是在自由市场不起作用时才利用的最后手段。应该说，《1934 年通讯法》的精髓即在于此，它体现了美国的基本精神；但《1934 年通讯法》及 FCC 所遭到的一切责难亦在于此。正所谓"成也萧何，败也萧何"。

虽然《1934 年通讯法》确立的广播电视规制模式在美国延续 60 余年，并对美国广播电视业的发展产生了决定性的影响；但是，60 余年来，该模式不断遭到各方诟病。获得了商业利益的商业广播电视机构希望政府能进一步放松规制，认为《1934 年通讯法》及其后的一系列规制措施束缚了其产业的发展与产业规模的壮大；不得势的公共广播和非商业广播的支持者则认为，该法案将公共资源授权给商业机构运营，严重违背民主的精神。

笔者认为，世界上不存在能令所有阶级、阶层、社会团体都满意的体制。体制总是随着技术的进步、社会的发展、利益集团之间博弈格局的变化而不断变迁的。因此，对于已经成为美国广播电视史上一段过往的"公众委托模式"，笔者认为，单纯的批判与盲目的盛赞都不是最理性、最合适的态度；静下心来去分析其规制理念、规制原则、规制措施或许要更有意义。

法国政治思想家托克维尔曾如是评价美国宪法："美国的联邦宪法好像能工巧匠创造的一件只能使发明人成名发财，而落到他人之手就变成一无用处的美丽艺术品。"[①] 墨西哥人希望实行联邦制，于是他们把美国联邦宪法的主要内容几乎全部照搬过去；但是他们只抄去了宪法的条文，而没有把给予宪法生命的精神移植过去。因此，墨西哥并未安定富强。托克维尔认为，有助于维护美国民主制度的原因有三：自然环境、法制和民情。[②]

因此，美国广播电视业所能带给我们更多思考与借鉴的，应该是其规制原则，而非规制细节。而且，对美国广播电视体制的分析也不能囿于具体的法律条文，而应当放在"法制""民情"等宏观环境中考察。

同样，若说 20 世纪 80 年代之前美国广播电视体制，即"公众委托模式"能带给国内传媒业什么启示，笔者认为有以下几点。

首先，其规制理念——"公共利益至上"值得我们借鉴。

其次，政策目标的实现需要一系列有效的配套措施与政策保障。我们应当考虑的另外一个问题是如何通过相关政策保障规制理念的实现。是不是一定是和美国一样的"许可证制度"、"结构规制"与"内容规制"？

---

① 〔法〕托克维尔：《论美国的民主》，董果良译，商务印书馆，2007，第 186 页。
② 〔法〕托克维尔：《论美国的民主》，董果良译，商务印书馆，2007，2007 译者序，第 5 页。

　　最后，政策、法规的制定要结合本国的实际情况，而不是单纯模仿某种制度或某些细节。在此，我们有必要回顾一下政策制定的过程——政策的制定与体制的选择既要贯彻国家的规制理念，同时，也要根据操作层次的结果和反馈进行调整。一句话，既要结合国情，又要体现民意，还要与时俱进。这或许才是美国广播电视制度选择的精髓之所在。

第四章　从"公众委托模式"向
　　　　 "市场模式"的演变

技术和人类天性的聚合力量将比任何国会法案都更能促进多元化的
发展。

——〔美〕尼古拉斯·尼葛洛庞帝（Nicholas Negroponte）

人类社会处于被称作进步的向上的电扶梯之上，这个进步的动力来自
科技的发展与自由市场力量的联合，它不仅创造着更多的物质舒适感，还
创造着一个更自由、更能获得精神满足的世界。

——〔英〕尼古拉斯·加汉姆①

第一节　新自由主义的登场与美国广播
　　　 电视的两轮兼并狂潮

一　新自由主义思潮占据主流地位

20世纪70年代中期，资本主义世界经济形势开始发生逆转：60年代末已
初露端倪的滞胀现象，到1974～1975年已成为泛滥整个资本主义世界的经济
危机。这种危机和20世纪30年代的经济危机不同，它更加难以对付。罗斯福
用符合凯恩斯主义的新政暂时抑制了30年代的经济危机，但70年代的这种滞
胀危机如果还继续用新政式措施去解决，只会使通货膨胀更加严重，如果用紧

---

① 〔英〕尼古拉斯·加汉姆：《解放·传媒·现代性——关于传媒和社会理论的讨论》，李岚译，
新华出版社，2005，第39页。

缩性金融政策和财政政策去克服，又会使生产停滞，失业人数增长。真是"扶得东来西又倒"。

西方国家想用"斟酌使用的"或"微调"的办法来抑制通胀，而同时又不想使经济陷入衰退，其结果是衰退得以减缓，但物价继续猛涨。到了20世纪70年代中期西方资本主义国家发生了严重的"滞胀"，即形成了物价猛涨和通货膨胀并存的局面。

此时，风靡资本主义世界40余年的凯恩斯经济学面对这一现实问题束手无策，陷入了理论上前所未有的低谷。而此时，秉承了古典自由主义理念的新自由主义经济学趁势开始猛烈抨击凯恩斯主义宏观经济学，认为当时出现的经济停滞与通货膨胀相交织的现象并非历史发展的必然，而恰恰是凯恩斯主义扩张财政政策的直接后果。新自由主义的倡导者之一弗里德里希·哈耶克曾说过："今天，自由的最大威胁来自有能力、有经验的行政管理者仅仅关心他们自认为是公共利益的事务。"[1] 在当时，凯恩斯经济学在很大程度上无法解释和应对这一攻击，因为如果继续实行凯恩斯的扩张政策，将导致通胀的进一步恶化，而且也并不能使经济摆脱停滞的局面。因此，在这一时期，新自由主义势头上升，开始为各国政要所青睐，时任美国总统里根和英国首相撒切尔夫人就是其中的代表。可以说，经济现实导致或帮助新自由主义思潮占了上风，直至后来成为时髦的风尚。

具体到美国，这场危机使其陷入了内外交困的境地。为应对危机，其社会思潮与政治气候也发生了巨大变化：赞成根据凯恩斯主义发展国家资本主义、建设"福利国家"的自由派日益削弱，反对它的保守派日益增强。共和党人罗纳德·里根（美国第40届总统，任期1981~1989年）和乔治·布什（美国第41届总统，任期1989~1993年）就是凭借这种变化入主白宫的。里根上台以后，按照他在20世纪60年代中期以来就形成的非常保守的意识形态制定对内对外政策。其总体目标是：恢复30年代以前的美国。"在国内，他想回到20年代，那时企业不受联邦政府的节制，经济在市场机制的调节下运行。他希望通过减税和结束政府对经济的干预，使美国重新繁荣，既无通货膨胀，又

---

① 〔英〕约翰·基恩：《媒体与民主》，刘士军等译，社会科学文献出版社，2003，第46页。

无失业……"①

从本质上说，所谓的里根经济学并没有什么新的内容："都是从古典学派和新古典学派那里拾来的。萨伊定律、自由市场经济均衡论、货币数量说等自不待言，就是……作为理论核心的高税率阻碍经济增长的论点，都是 18 世纪亚当·斯密提出过的。"②

里根经济学认为，让社会上一些处境较好的集团受益，是促进投资与生产以创造新的工作岗位和使所有美国人享受繁荣的最有效方法。"水涨船都高"是里根最喜欢的一句格言，这和卡尔文·科立芝（美国第 30 届总统，任期 1923～1929 年）和赫伯特·胡佛（美国第 31 届总统，任期 1929～1933 年）两位总统"向下渗透"的观点如出一辙。因此，在里根执政的年代，美国社会收入不平等的趋势是空前的。正是基于这一点，有学者认为，里根执行的是一种劫贫济富的经济政策。③

里根的经济政策为整个国民经济的发展奠定了基调，自由市场经济的信奉者和鼓吹者为之欢欣鼓舞。

这一政策基调自然也辐射了广播电视领域。新自由主义思潮在广播电视规制领域最主要的体现是政府规制的大幅放松，公共利益原则逐步让位于市场原则。

广播电视放松管制的呼声从里查德·尼克松（美国第 37 任总统，任期 1969～1974 年）和杰拉尔德·福特（美国第 38 任总统，任期 1974～1977 年）时期开始出现，到了詹姆斯·卡特（美国第 39 任总统，任期 1977～1981 年）时期，国会不得不开始放松对该行业的部分规制，而里根总统的上台实质上掀起了广播电视领域保守改革的高潮：作为一个经济保守主义者，里根在 1980 年当选后，促使 FCC 制定了一系列沿用至今的放松管制的政策。这些政策实施的结果是电视频道（广播电视、有线电视和卫星电视）的多元化以及电视

---

① 刘绪贻等：《美国通史（1945～2000）》，人民出版社，2002，第 487 页。
② 刘涤源、谭崇台：《当代西方经济学说》，武汉大学出版社，1983，第 495～496 页。
③ 刘绪贻等：《美国通史（1945～2000）》，人民出版社，2002，第 507 页。

产业所有权的一体化。①

据记载，里根曾非常有效地通过敦促 FCC 遵守财政利益和辛迪加规则来支持电影产业的竞争利益，因为这些规则限制了好莱坞电影制片厂在电视节目制作和辛迪加组织等方面的竞争能力。里根总统不顾由自己亲自任命的 FCC 主席马克·福勒（Mark Fowler）的意见，最终成功消除了那些限制竞争的规定。②

里根的这些举动正是里根经济学及其"水涨船都高"或者说"劫贫济富"经济政策在广播电视领域的体现。新自由主义思潮从里根时代开始成为整个美国广播电视政府规制方面的主导思想与指导原则。此后，被称为"里根第三届政府"③ 的布什政府继续里根的放松管制政策，以致占美国广播电视规制主流地位近半个世纪的"公众委托模式"从这一时期起开始逐步向后来的"市场模式"发生转变——由于结构规制以及部分内容规制的放松，之前的"公共利益至上"原则逐步向"经济利益至上"转变。

二 美国广播电视的两轮兼并狂潮

正是在这一时期，在放松管制的背景下，美国广播电视迎来了又一个发展高潮。有学者将 20 世纪 70 年代中期至 90 年代的这一时期称为美国广播电视的"竞争重组时期"。④ 20 世纪 70 年代至 90 年代是美国有线电视迅速发展的时期。有线电视的发展始于 20 世纪 30 年代，通过与卫星和计算机技术的联姻，有线电视得到迅猛发展。70 年代初，美国的有线电视台只有 2600 多家。80 年代以来，有线电视日趋普及。截至 1993 年 8 月底，有线电视系统多达 11385 个。1976 年，电视机用户中只有 15% 的人安装有线电视，而到 1993 年，

---

① 〔美〕詹姆斯·沃克、道格拉斯·弗格森：《美国广播电视产业》，陆地、赵丽颖译，清华大学出版社，2005，第 77～78 页。

② Doug Halonen, "It's a Deal", *Electronic Media*, March 4, 1996, p. 1, 26. 转引自〔美〕詹姆斯·沃克、道格拉斯·弗格森《美国广播电视产业》，陆地、赵丽颖译，清华大学出版社，2005，第 75 页。

③ 在 1988 年大选中，里根政府的副总统乔治·布什当选为美国第 41 届总统。他是个温和的保守派，在竞选以及以后的执政期间都紧跟里根的经济政策，成为里根执政理念的"守成者"而非"改革者"，对里根亦步亦趋，以致有人称他的政府是"里根的第三届政府"。

④ 端木义万：《美国传媒文化》，北京大学出版社，2001，第 107 页。

这个百分比跃升到62.5%，全国约有6000万户收看不同内容的有线电视节目。这一时期美国电视业的一个最重要特征是竞争和兼并。美国的电视台大多以商业性为主，这种体制必然会引起各电视台之间的激烈竞争，而竞争的结果必然导致垄断和兼并。①

因此，也正是从这一时期开始，美国广播电视业经历了规模空前的两轮兼并狂潮。

（一）第一轮兼并狂潮

新自由主义经济思潮的冲击和放松规制的政策在一定程度上促成了两家电视网和数百个电视台在十年当中变更了所有权。随着解除管制而产生的许多变化对产权原本没有产生太大的影响，但是FCC在1984年做出的提高电视台拥有限量的决定成了随之而来的"兼并狂潮"的催化剂——一家电视网拥有直属电视台的数量从7个增加到了12个，且任何一家电视网都可以覆盖不超过25%的美国家庭。因此，在不到两年的时间里，三大电视网的所有权都改姓易主。

1985年3月18日，ABC被大都会传播公司（Capital Cities Communication）兼并，这次合并使Capital Cities/ABC公司获得了8个直属的电视台，覆盖了全国24%的家庭。1985年11月12日，通用公司兼并了美国无线电公司RCA及其子公司NBC，NBC得到了通用公司资金上的大力援助。也是在1985年，洛斯公司总裁劳伦斯·迪施（Laurence A. Tisch）获得了CBS 25%的股票，进而加入CBS董事会，CBS的实力也得以大大增强。

在NBC和CBS 60年的历史上，这种产权变更还是第一次。对于ABC来说，则是自1951年与派拉蒙剧院合并以来的第一次易帜。②

（二）第二轮兼并狂潮

1995年7月31日，Capital Cities/ABC宣布以190亿美元的天价被娱乐产业巨头迪斯尼公司（Disney）兼并。③ 这是一次内容发行商（ABC）与内容提

---

① 端木义万：《美国传媒文化》，北京大学出版社，2001，第107页。
② 本段根据〔美〕詹姆斯·沃克、道格拉斯·弗格森《美国广播电视产业》，陆地、赵丽颖译，清华大学出版社，2005，第75页整理。
③ Diane Mermigas, "Colossal Conmbos", *Electronic Media*, August 7, 1995, pp. 1, 30.

供商（迪斯尼）之间的合作。自 1993 年以来，FCC 开始逐步废止限制电视网所有权和电视节目辛迪加发展的一些商业规则。ABC 被迪斯尼兼并充分利用了新规则的优点，把最好看的电视网与最成功的家族娱乐企业融合到了一起。

此后不久，CBS 就以 54 亿美元的价格被有着悠久广播从业历史的综合性企业巨头威斯汀豪斯（Westinghouse）兼并。考虑到即将通过的新电信法（即《1996 年电信法》）在电视台所有权方面的限制会进一步放松，CBS 把其直属电视台的数量增加到了 15 个，覆盖了 1/3 的美国家庭，并加强了其附属电视台队伍的长期稳定性。[①]

这两次兼并狂潮分别发生在 1985 年和 1995 年、1996 年，约十年间，三大电视网轮番易主，整合业务，使美国广播电视业的格局相比 20 世纪 70 年代以及之前的几十年发生了重大的变化与调整。

从时间上来看，在当时，具有标志意义的确立美国广播电视体制"市场模式"的《1996 年电信法》并未出台，但是，在相关政策，即 20 世纪 80 年代以来一系列放松管制措施的助推下，美国广播电视业已经开始了大规模的深度调整：无论从调整的结果来看，还是从调整所依据的政策、原则、理念来看，美国广播电视业的转型，即从"公众委托模式"向"市场模式"的演变，从这一时期都已经开始了。

从表 4-1 中可以看出，1985 年是美国广播电视兼并的第一个高峰，这一年的交易电台数量为 1975 年的 4.3 倍，其交易额为 1975 年的 11.0 倍；1995 年成为另一个高峰，虽然所发生的交易在数量上不及 1985 年，但平均单个电台出售的金额较 1985 年大大提高；而 1996 年内发生的交易额更高，平均单个电台的出售额是 1995 年的 2.8 倍——由于《1996 年电信法》的颁布，当年美国广播电视业的兼并整合达到了空前的高度，电台并购总额也创历史新高。

---

① 本段根据〔美〕詹姆斯·沃克、道格拉斯·弗格森《美国广播电视产业》，陆地、赵丽颖译，清华大学出版社，2005，第 39 页整理。

表 4 – 1　美国广播电台并购交易情况 （1955～1996 年）①

时间（年）	售出电台（个）	电台购并交易总额（美元）	平均单个电台出售额（美元）
1955	242	27 333 104	112 946
1965	389	55 933 300	143 787
1975	363	131 065 860	361 063
1985	1558	1 441 886 073	908 098
1995	524	792 440 000	1 512 290
1996	671	2 840 820 000	4 233 710

　　至于之后的《1996 年电信法》，笔者以为，它一方面可以看作新自由主义思潮盛行、广播电视"市场模式"推进和发展到一定阶段的必然产物——在放松管制的过程中，被"约束"了几十年的广播电视业者大大获益，作为转型中的既得利益者，他们必然多方游说，要求以法律的形式来确保既有的成果；另一方面又可以看作"市场模式"的催化剂，而绝不是导火索，因为之前以及之后美国广播电视的发展历程都表明，《1996 年电信法》只是加速了该产业的兼并与整合，但该产业兼并整合的发端并不在于此。因此，可以说美国广播电视体制的转型，是在包括新自由主义思潮占统治地位、美国国家管制思想发生变迁等各种因素共同作用下的必然产物。具体原因后文还将有详细论述，在此笔者先不赘述。

　　兼并整合带来的效应是什么？笔者以为，它不仅仅停留在产业的层面、业务的层面，其产生的社会影响是深广的，可以从经济福利、政治福利和社会文化福利多个角度和层次来进行分析。但是，在此之前，笔者以为，对放松规制过程中一些有标志意义的事件，即涉及许可证核发、市场结构规制、广播内容规制等方面的政策和规制措施，非常有必要做一回顾，因为有些政策和措施实质上涉及整个美国广播电视体制的根本，早期美国广播电视体制的"公众委托模式"正是通过这些政策和措施而建立起来的。

---

① 鞠宏磊：《媒介产权制度——英美广播电视产权制度变迁及其对我国的启示》，四川大学出版社，2006，第 193 页。

第二节 从"公众委托模式"向 "市场模式"的演化

一 许可证核发上的松动

从 1912 年至今，美国采用了四种不同的方法将广播电视的频谱资源分配给私人使用，具体见表 4 - 2。[①]

表 4 - 2 美国广播电视频谱资源的分配方式

时期	分配方式	监管机构	所依据的法规
1912～1927 年	捷足先登	商务部	《1912 年广播法》
1927～1984 年	比较听证	FRC（1927～1934 年）； FCC（1934～1984 年）	《1927 年广播法》 《1934 年通讯法》
1984～1994 年	比较听证（广播执照）， 抽彩制度（其他）	FCC	《1934 年通讯法》1981 年决议
1994 年至今	比较听证（广播执照）， 最高标的原则（其他）	FCC	《1934 年通讯法》1981 年决议 1993 年决议

20 世纪 80 年代以前，"比较听证"（Comparative Hearing）是由法律强制规定的。[②] 到了 70 年代中后期，对于把传统的比较听证程序作为选择相互竞争的申请人的一种办法，美国国会和 FCC 都表示了不满，因为比较听证造成的拖延时间平均为三年；在听证期间，频率处于休置状态。申请人需要支付法律费用和管理费用等，FCC 更是需要付出高昂的代价——管理费用和法律人手的消耗。在双方看来，比较听证确实耗时较长，而且耗费巨额资金，并在谁将是最终许可证持有人方面表现出长期的不稳定性。

1981 年，美国国会强制修改了《1934 年通讯法》第 309 条第九款，使

---

① Thomas W. Hazlett, Assigning Property Rights to Radio Spectrum Users: Why did FCC License Auctions Take 67 Years? *Journal of Law and Economic*, Vol, XLI, 1998, 10, p. 533.

② Implications of Citizens Communications Center V. FCC, *Columbia Law Review*, 1971, 11, p. 1501.

FCC 可以利用随意选择发放许可证的办法，但 FCC 必须首先决定申请人的基本资格条件，并规定有关规则和程序，确保"在电信设备所有权方面被充分代表的人将被给予实质性的优先权"①（即所谓的抽彩制度）。FCC 在研究了创立这种办法的可能性之后，于 1982 年谢绝了如此行事，因为要求 FCC 在抽彩之前决定所有申请人的基本资格，"不会产生国会寻求的那种管理经济效果"。国会对此的反应是于 1982 年修改了《1934 年通讯法》第 309 条第九款，赋予委员会在创立抽彩办法上更多的灵活性。1982 年立法仍要求，FCC 如果选择设立抽彩制度，即必须将"实质性的优先权"给予能够扩大大众传播所有权的"多样性"的申请人和由"某一少数群体控制的"任何申请人。没有优先权是给予妇女的。②

笔者认为，抽彩制度的设立虽然明确要求确保广播电视的"多样性"原则，并确保少数族群、弱势群体的利益，但是，其对传统的比较听政程序的放弃意味着 FCC 在许可证的发放方面有了更多的自由处置权。由于放松了审批许可证的相关规则和程序，且对申请人的基本资格条件的要求不再是刚性控制原则，FCC 在许可证颁发方面的限制实质上大大放松了。如第二章所述，发放许可证是 FCC 所有职能中最关键的职能，许可证的授予实质上是授予广播电视机构在特定的频率以规定的功率独家经营电台的权利——广播电视业者的一切权利均来源于此。由此，对于频率资源申请者资格的审核显得格外重要和必要，它甚至在一定程度上决定了整个广播电视业的发展方向，包括节目质量以及其可能带来的多重效应。因此，许可证颁布程序和规则的放松具有关键意义，它实际上意味着美国广播电视业解禁的开始。

此外，在笔者看来，美国国会和 FCC 在对广播电视业进行规制的过程中，也越来越注重规制费用、规制成本和效率问题，这不能不说是新自由主义思潮的影响之一。

---

① 1981 年《混合调解法》，转引自〔美〕T. 巴顿·卡特等《大众传播法概要》，黄列译，中国社会科学出版社，1997，第 259 页。

② 〔美〕T. 巴顿·卡特等：《大众传播法概要》，黄列译，中国社会科学出版社，1997，第 259 ~ 260 页。

二　结构规制的变化

1984 年，国会对 FCC 做出要求，在 1990 年以前必须完全废除全国性广播电台拥有数量的上限限制。1984 年的法令称，由于"双头垄断规则"[①] 依然适用，因此地方市场仍然可以促进观点的多样化发展，包括报纸和有线电视在内的渠道，使每个社区都能接收到各种各样的信息。[②] 所以，全国性广播电台、电视台拥有数量的上限限制应该取消。

1985 年，FCC 将全国范围内拥有调频和调幅广播电台的上限从 7 个调整为 12 个。到 1994 年的时候，调幅和调频广播电台的数量都被放宽到 20 个。[③]

1992 年，在多方压力之下，FCC 放松了对"双头垄断规则"的控制，引发大多数市场中广播电台、电视台数量的猛增。FCC 认为"如果广播电台不能获得经济效益的话，它们也是不可能满足受众要求的"。允许一个特定市场内有数量限制的双头垄断格局的出现，可以帮助广播电台协同运作，减少员工和其他成本，也促使电台保持开放的姿态，促进节目的多样性发展。[④] 显然，它们更多考虑的是"成本"，而不是像之前那样，为了公共利益可以不计成本。

放开后的双头垄断规则分两个层面实施：（1）在一个容纳大于等于 15 个广播电台的市场中，如果单个实体拥有的听众数量少于 15%，那么它可以拥有至多 2 个调频和 2 个调幅的广播电台；（2）在一个容纳小于 14 个广播电台的市场中，新政策允许实体可以联合甚至共同拥有至多 3 个广播电台，但其中至多 2 个可以提供相同的节目服务，调频、调幅皆可。另外，任何一个实体不

---

① 参见第二章注释。
② 《关于调频调幅、电视广播多台所有权规章制度》之第 73.555 款修正案，转引自金冠军、郑涵《国际传媒政策新视野》，上海三联书店，2005，第 323 页。
③ 《关于调频调幅、电视广播多台所有权规章制度》之第 73.555 款修正案，转引自金冠军、郑涵《国际传媒政策新视野》，上海三联书店，2005，第 323 页。
④ 〔美〕小温茅斯·威廉姆斯：《所有制法规及 96 电信法案对于小型广播市场的影响》，转引自金冠军、郑涵《国际传媒政策新视野》，上海三联书店，2005，第 320 页。

得拥有该市场内超过 50% 的广播电台（也被称为 50% 法则）。①

霍华德·A. 谢兰斯基（Howard A. Shelanski）和彼得·W. 休伯（Peter W. Huber）认为，尽管在 20 世纪 80 年代 FCC 还没有在产权方面做出重大变革，但是，它已经开始强调频谱运作者的利益，无论从频率运作权的授予还是转让来说，都是如此。他们认为，80 年代 FCC 规制方式的变革腐蚀了美国广播电视产权私有和公共授权之间存在的法律界限这一重要根基。②

在笔者看来，"七台法则""双头垄断规则"，以及之后在《1996 年电信法》中被废除的"一市一台法则"③ 是 FCC 对美国广播电视业进行市场结构规制的三大重要法宝，它通过结构方面的规制，在相当长的时期内、在很大程度上确保了同一市场内竞争主体的多元化，从而为广播电视传播内容的多元化奠定了产业基础，确保了政治的多元化、文化的多元化，同时也在一定程度上保护了少数族群、弱势群体的利益。从一定意义上讲，正是通过这些重要的结构规制原则与措施，FCC 才确保了整个广播电视市场结构的稳定性及其运作中的公共利益取向。可以说，这些原则和政策为美国广播电视的"公众委托模式"奠定了基本的物质基础，是"公共利益至上"的基本保障。

然而，进入 20 世纪 80 年代后，这些规制措施逐步被放松、被废除，实际上也就意味着，在 FCC 的规制理念中，公共利益的地位开始下降，取而代之的是商业利益——在 FCC 看来，市场规模的扩大、广播电视机构经济效益的提高是公共利益得以实现的基本前提。很明显的是，这两者之间并不是正比关系，相反，有的时候恰恰是背道而驰的。

此时，"公共利益"这一概念仍然为包括广播电视业者、媒体管理层在内的各方所青睐，只是"公共利益"的内涵已被改写，开始成为"商业利益"华美而体面的外衣。本·H. 贝戈蒂克安（Bagdikian Ben H.）认为，广播业正是在利

---

① 金冠军、郑涵：《国际传媒政策新视野》，上海三联书店，2005，第 321 页。

② Howard A. Shelanski, Peter W. Huber, Administrative Creation of Property Rights to Radio Spectrum, *Journal of Law and Economics*, 1998, Oct., pp. 581–583.

③ 根据《1996 年电信法》，FCC 在最优质的 50 个市场内增加了给予广播电视联合体的优惠特权。而后，FCC 进一步放松了"一市一台"法则，开始允许单个实体机构拥有至多 2 个电视台和 6 个广播电台，具体数量取决于他们在购买这些电视广播机构之后究竟能保留多少个独立的"媒体声音"。

用"Public Interest"的多义性玩文字游戏：英文中"Interest"既有"利益"也有"兴趣"的意思，早期广播立法要求广播业主必须为"公共利益"服务，以换取广播执照；而到了七八十年代，广播业者在他们的文字游戏中常常将其解释为"公众兴趣"。① NBC 前总裁大卫·萨诺夫（David Sarnoff）将公共利益定义为所有公众想在电视上看到的东西。CBS 前总裁弗兰克·斯坦顿（Frank Stanton）说过，一个许多观众感兴趣的节目本身就是符合公共利益的。②

对"公共利益"概念如此堂而皇之进行改写，实际上也标志着美国广播电视规制理念开始朝着商业利益倾斜。当然，这也与《1934 年通讯法》未对"公共利益、便利及必需"做出明确界定有很大关系。源头上留下的看似不大的缺口，在特定的历史阶段，在多种力量的左右和冲击之下，开始出现"决堤"，形成汹涌之势，甚至可能一发不可收拾。

三　内容规制的宽松

（一）摈弃"公正理论"

最能说明 FCC 取消管制的事件，应当是 FCC 摒弃"公正理论"这一重大举措——该理论曾经一度是美国广播电视内容规制的根本支柱之一。1985 年，FCC 在"关于广播许可证持有人的一般公正理论义务的调查通知"里陈述如下："公正理论"已无存在之必要，从宪法角度看，亦不再生效，因为广播电台数量激增，新的技术层出不穷，这些都保证了公众获得各种观点的可能性。③ 1986 年，联邦上诉法院的一项裁决使整个"公正理论"领域陷入一片混乱之中。法院裁定："公正理论"不是经国会强制指定为法定义务的，相反，它是 FCC 的一个发明。FCC 不得不承认："公正理论""与宪法第一修正案相抵触，因此不能服务于公共利益"。按照 FCC 的看法，实施"公正理论"的作

---

① 〔美〕本·H. 贝戈蒂克安：《媒体垄断》（第六版），吴靖译，河北教育出版社，2004，第216 页。
② 〔美〕本·H. 贝戈蒂克安：《媒体垄断》（第六版），吴靖译，河北教育出版社，2004，第216 页。
③ 《联邦通讯委员会记录》（第二辑）1985 年第 102 期，第 143 页。

用是取消而不是鼓励报道有争议性的问题。① 它认为，市场经济相较联邦政府规定的那些规则，能更好地确保各种意见观点百家争鸣。设立或取消"公正理论"是在 FCC 自由裁量范围之内的行动。因此，FCC 决定取消"公正理论"，这一决定引起国会的强烈反应。国会旋即通过立法，将传统中所理解的"公正理论"指定为法律。② 遗憾的是，此项立法被倡导自由市场经济的里根总统否决，这也就意味着，FCC 取消"公正理论"的决定最终得到了法院确认。"公正理论"从此成为美国广播电视规制历史上的一段过往。

（二）取消节目编排"指导原则"

在 1981 年，作为"取消控制"努力的一部分，FCC 放弃了对无线电台（调频、调幅）适用的"节目编排指导原则"，并于 1984 年放弃了对电视台的管制。从此，无线电台和电视台的节目编排只受市场支配。

对于敏感的儿童节目，FCC 也抱以同样的态度。从 20 世纪 80 年代开始，电视节目开始变成某些企业或商家向孩子们推销商品的渠道，这种做法其实早在 1959 年智力竞赛丑闻曝光之后即被禁止，但是到了 80 年代，FCC 重新放宽了有关规定，其"不干涉政策"在某种程度上鼓励了这种行为。到了 1985 年，玩具商推出了诸如"闪电猫""力量公主""美国英雄"之类具有暴力倾向的玩具。儿童由于年纪小，不能分清什么是商业广告，什么是真正的儿童节目，只能单纯地接受一切，这让许多家长在承担开销之外忧心忡忡。人们迫切希望能够制止这种做法，美国"儿童电视组织"试图促成 FCC 实施有关条例，但 80 年代的 FCC 认为应该由市场而不是政府条例来确定究竟什么对公众有益。③

对于儿童节目中的商业广告，FCC 也未采取任何限制措施——也按照自己

---

① FCC 要求广播电视机构按照"公正理论"报道有争议的问题（关于"公正理论"的含义，参见第二章）；为了规避这一政策，很多广播电视机构采取了回避有争议问题的对策，因为不予报道就不可能违背公正原则了——其结果是报道有争议问题的广播电视机构越来越少。这实际上可以看作这一政策的"负的外部效应"。FCC 据此认为，实施"公正理论"的结果是取消而不是鼓励对有争议问题的报道。

② 〔美〕T. 巴顿·卡特等：《大众传播法概要》，黄列译，中国社会科学出版社，1997，第 277~278 页。

③ 蔡琪、蔡雯：《美国传媒与大众文化——200 年美国传播现象透视》，新华出版社，1998，第 228 页。

的心愿拒绝采纳具体限制商业广告的做法。在 FCC 和公共利益倡导组织之间发生带有相当诉讼性质的冲突之后，国会做出干涉，并通过了《1990 年儿童电视法》。该法案要求 FCC 以制定规则的方式限制在儿童电视节目中的广告时间——周末每小时不得超过 10.5 分钟，平日每小时不得超过 12 分钟。播放广告时间超过允许限度的电台会被命令支付民事罚款。① 这在一定程度上保护了儿童电视不被商业利益过分侵蚀。

（三）放松对节目制作"独立性"的规制

1991 年，FCC 放松了"所有权网络和节目制作之间相互独立的管理规定"，② 在很大程度上使广播电视网络重新进入黄金时间电视娱乐节目的制作，并联合组成辛迪加业务，使电视业的制作和分送权归于更严密的共同控制之下。对于广播电视在任何形式的网络电视节目中持有金融股权，或在这种广播电视网络中拥有辛迪加权利，已不再有任何约束。③

笔者认为，内容是思想的载体，内容规范决定了媒介产品的文化和政治特性，对内容的规制在很大程度上决定了广播电视的社会影响：正的外部效应或负的外部效应。尽管囿于美国宪法第一修正案，FCC 在内容管制方面的权力受到了一些限制，但是 20 世纪 80 年代之前，在"公共利益、便利及必需"的指导原则之下，FCC 还是发展了一系列的内容规约来规范广播电视的内容，以确保其信息传播的质量和良好的社会效应。尽管其中大部分规约并不具备法律效力，但是，通过将这些规约与许可证颁发的基本条件相联系，这些规约实际上已经成为广播电视执照申请者和运营者必须达到的基本资格条件之一，因而其对于确保广播电视节目内容的质量具有相当大的作用。

然而，到了 20 世纪 80 年代之后，FCC 取消了"公正原则"，取消了节目制作的指导原则，放松其对节目制作独立性的要求，基本上将节目质量的评判权交给了"市场"。

将节目质量评判权交给市场在有些时候是对的，在有些时候却是极端危险

---

① 《联邦法规汇编》第 47 卷，第 77.630 条，转引自〔美〕T. 巴顿·卡特等《大众传播法概要》，黄列译，中国社会科学出版社，1997，第 244 页。

② 参见本书第三章第二节"联邦通讯委员会的职能与权限"。

③ 〔美〕T. 巴顿·卡特等：《大众传播法概要》，黄列译，中国社会科学出版社，1997，第 287 页。

的。因为市场具有很强的自发性，公众有时候是理性的，有时候却极端感性。意见的自由市场有时能使事件的真相水落石出，正确的观点最终昭然；有时则可能导致荒谬的结论。制度经济学派的创始人凡伯伦（Thorstein Veblen）在其著作《有闲阶级论》中曾提出这样的观点：影响消费者选择的因素既不是理性，也不是常识，而是意识深处的非理性因素。[1] 事实上，非理性因素常常上升到主导地位。例如，一个过路人可能会围观一场滑稽的街头斗殴，但这并不一定是其最佳利益与最佳兴趣之所在。放松规制者和自由市场的倡导者们恰恰夸大了市场的积极面，而忽略或者说故意回避了其消极面与危险面。

一个没有把关人的由商业机构建构的意见自由市场很可能陷入危机，正如20世纪40年代反对新闻自由主义新闻理论、倡导社会责任论的美国新闻自由委员会所质疑的那样：

> 新闻单位数目的减少把多样性降低到了什么样的程度？单位数目的减少是否降低了有话要说的人接触受众的机会？传播领域追逐权力和利润的斗争是否已经到了损害公共利益的地步？由于成了大商业公司，新闻单位是否已经失去了其公众代理人的性质，并制造出一种共同的偏向——对大投资者和大雇主的偏袒？在目前的危机中，新闻界能否承担以下作为其基本工具的责任：维系一个国家的以及一个由寻求理解的各国所组成的世界的政治和社会生活？……[2]

针对报业的混乱，新闻自由委员会在20世纪40年代提出了这样的有冲击力的诘问。这样的诘问到了八九十年代似乎显得更加振聋发聩。在当时，"社会责任论"仍被社会认可，但在广播电视制度领域，由于博弈格局的变化，其影响力相对于前几十年显然已经大大降低了。

此外，大幅度放宽的规则还有很多。以下是一些上文没有提到的被放弃的

---

① 〔加〕文森特·莫斯可：《传播政治经济学》，胡正荣等译，华夏出版社，2000，第54页。
② 〔美〕新闻自由委员会：《一个自由而负责的新闻界》，展江等译，中国人民大学出版社，2004，第30，31页。

非常重要的管制规则。

（1）要求广播电台正式查明观众与听众的需求与利益，以便设计节目，使其更好地服务于这些需求的规则；

（2）间接限制每个广播小时内广告时长的规则；

（3）限制有线电视供应商向订户收取视听费数额的规则；

（4）禁止一家电视网拥有另一家电视网的规则；

（5）如果有线电视系统在同一地方市场中拥有广播电视台，禁止其在有线电视上播出任何广播电视台节目的规则；

（6）限制一个人在同一市场同时拥有报纸与广播电视台的规则；

（7）限制一个多频道有线电视台能够服务的用户数量的规则；

（8）广播电视执照延展之前的有效期被大大延长。①

……

如第三章"联邦通讯委员会的职能与权限"一节所述，许可证授予权威之下的结构规制和内容规制是美国广播电视政府规制的基本框架（图4-1）。正是在FCC严格的许可证颁发规则与程序、严格的结构规制和内容规制之下，广播电视市场的多元化与竞争性才得以确保，其普遍服务原则、公正原则以及高质量的信息才得以实现，从而符合了《1934年通讯法》所规定的，广播电视业须在"公共利益、便利及必需"的准绳下运营的要求，基本上确保了美国广播电视业"公共利益至上"的原则。

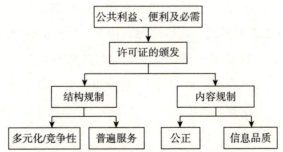

图4-1 美国广播电视政府规制的基本框架

---

① 本部分根据〔美〕唐·R.彭伯《大众传播法》（第十三版），张金玺、赵刚译，中国人民大学出版社，2005，第551页内容整理。

　　然而，在新自由主义思潮的冲击下，在美国政府对几乎所有产业都放松规制的背景之下，迫于多方压力，FCC 放松了对广播电视产业的这些规制。或者说在这一宏观背景之下，FCC 逐步改变了其规制理念——它认为，政府并不是确保广播电视事实上为公共利益服务的最佳保障，相反，市场是更好、更敏锐的利益调节者：让广播电视业者按其意愿拥有更多的广播电台，让其传送想播出的节目，如果人们高兴，他们将收听与观看；如果人们不高兴，他们会换台，或者干脆关掉收音机、电视机；为了生存下去，广播电视机构必须服务于公众的需要与利益。① 这一逻辑似乎很顺畅。因此，无论在许可证的颁发方面，还是在结构规制、内容规制方面，FCC 先前的大部分规制措施都被大大放松甚至被彻底废除了。自由与选择而非控制与稀缺开始成为这一时代的标志。

　　然而，在放松规制的背景下，与公共利益密切相关的一些要素，如多元化、普遍服务、信息品质是否还能真正得到保障呢？……

　　笔者认为，这三大方面规制的松动，意味着美国广播电视体制的调整或者说转向，美国广播电视体制开始由强调公共利益的"公众委托模式"转向注重商业利益和市场效益的"市场模式"。

第三节　《1996 年电信法》的出台与"市场模式"的确立

　　20 世纪 80 年代以来，随着美国广播电视业的扩张，一些广播电视经营者对 FCC 的管制措施愈发不满，他们认为在未来，FCC 的规制政策将进一步滞后，不但不会助推广播电视业的迅猛发展，反而会成为美国广播电视扩大规模、提升实力、提高效率的"绊脚石"。部分媒介理论家认为，如果美国电子通信业进一步被严格规制，将使得该行业发展的前景更加不明朗，同时加大该行业良性发展的不确定性风险。

　　一方是以广播电视实体为代表的主张放松规制的"市场派"（保守主义

---

① 〔美〕唐·R. 彭伯：《大众传播法》（第十三版），张金玺、赵刚译，中国人民大学出版社，2005，第 550 页。

者）极力要求改革，一方是旧有的规制措施与法规依然在发挥作用，美国广播电视体制究竟该朝何方发展？到了 20 世纪末期，美国广播电视业站在了改革与发展的"十字路口"。

现在回顾来看，正是《1996 年电信法》[见附录 4] 的出台，适时地为美国广播电视业指点了发展的"迷津"，从而明确了美国广播电视业的发展方向。因此，该法案的颁布，与 60 余年前的《1934 年通讯法》一样，在美国广播电视业发展史上具有重大的里程碑意义，它标志着一种新的规制模式的确立，从政策法规层面为"公众委托模式"向"市场模式"的转变肃清了障碍。

然而，《1996 年电信法》出台的背景究竟如何？相应的核心内容又有哪些？所涉及的主要原则涵盖哪些方面？本节将围绕这一主线展开深入研究。

一　《1996 年电信法》出台的背景

政策和法律制定的过程通常要受到立法、行政力量及其代理机构、法院、各种特殊利益游说团体以及媒体、社会文化、政治经济思潮等各方面的影响。新出台的政策和法规不可能满足所有阶级、阶层、团体的期望。一般而言，一部全新法案的出台是多种因素共同作用的结果，与此同时，还要受到多个利益集团和历史文化因素的制约与影响。这也就意味着其必将经历错综复杂的过程。《1996 年电信法》亦不例外。

具体说来，虽然和 20 世纪 20 年代末 30 年代初美国广播电视体制正式确立前的格局一样，在八九十年代美国广播电视体制变迁的过程中，也存在着"放松规制"与"反对放松规制"两股力量——支持放松规制者认为，政府不应当干预美国广播电视市场，这不仅仅因为他们相信市场可以运转得很好，而且因为他们认为政治失灵比市场失灵更加糟糕；持反对意见者则认为，如果他们所支持的政策，即强化而不是放松管制广播电视业，能够在政治过程中没有修改或毫无遗漏地予以实施，将会对社会文化大有裨益。

但是，在技术条件（新技术与新媒体的出现）、市场状况（广播电视实体要求进一步扩张规模）、政治现实（国会、白宫的决策）以及思想文化（新自由主义思潮的主导）等因素的共同作用下，有利于商业利益的《1996 年电信法》最终得以颁布和实施。这几股力量的分布态势如表 4 - 3 所示。下面将分别对这几种影响因素进行分析。

表 4 - 3 　《1996 年电信法》出台前的博弈格局

	广电实体	新技术	政府	思想文化	其他力量
放松规制	+	+	+	+	-
强化规制	-	-	-	-	+

* 表中的"其他力量"主要指"强化规制"的支持者。"+"表示赞成、适应、顺应、推动等助推力量;"-"表示反对、不适应、阻止、阻碍等制约力量。

(一)广播电视实体的呼吁

20 世纪 80 年代以来,广播电视机构实力的扩张使其经济力量增强、政治影响力得以扩张,从而在政策的制定上具备了越来越强的"议价能力":它们在一定程度上甚至能左右广播电视政策的发展。到了 90 年代初,美国媒介产业已经成为美国六大产业之一。据统计,1990 年美国出口的影片、唱片、磁带和其他娱乐产品总额达 750 亿美元,单广播电视节目就净盈余 20 亿美元。[①]尽管十多年来,FCC 在许可证的颁发、产业结构、广播电视内容等方面的规制不断放松,但是这些措施并没有以法律的形式加以确立,在执行上具有一定的随意性,在效力上也缺少权威性,因而在效果上具有一定的不确定性。这种不确定性让广播电视实体感到不安。广播电视经营管理者以及相关机构、组织多方游说,迫切期待通过立法或从根本的制度层面确保自身的既得利益,并进一步促进其规模的扩张。

到了 1995 年,FCC 发现自己处于有史以来最大风暴的中心——如前所述,美国广播电视史上第二轮兼并狂潮在当年席卷全国,广播电视、电子通信业的兼并重组波及每一个美国家庭。早期出台的相关规制措施越来越难以有效实施。几乎所有的广播电视经营者都认为:如果没有 FCC 的限制框架,他们将占领更大的国际市场,为美国人提供更多的就业机会,使信息的传输更加迅速、更加高效并进一步多元化。

在此背景下,FCC 受到了来自被管制对象,即广播电视实体的持续监督与

---

① 谢国平:《改变世界的搏击——西方信息业大兼并透视》,复旦大学出版社,1999,第 96 页。

压力，电视台、拥有电视台的主要集团和行业联合会——如全国广播电视协会
（NAB）、电视广播网协会、地方电视台协会等，以及代表广播电视竞争者利
益的公司和贸易协会——如全国有线电视协会（NCTA），都游说 FCC 以便获
得对于自身最优惠的待遇。为了对 FCC 的决策施加影响，一些自认为深受其
害的团体动辄花费数百万美元，有时候甚至与 FCC 对簿公堂。对于 FCC 做出
的任何决定，只要他们认为是有害的，他们将进行坚决的反对和抵制。根据广
播电视行业评论家的说法，这种抵制是很有效的，以致 FCC 从事的主要活动
似乎已不再是推动公共利益，而是在广播电视产业竞争的不同利益集团之间摇
摆。[1] 这正应验了制度经济学者诺斯（Douglass C. North）的一句话："制度并
不一定是按社会效率来设计的，相反，它们（至少正规规则）是为了服务于
那些具有创新谈判能力的利益集团而创造的。"[2] 此语实乃一针见血。

（二）技术进步的内在要求

媒体政策制定者所面临的最严峻的挑战之一，就是在技术迅猛变化的时期
应对新技术的发展以及由此可能带来的垄断问题。互联网和新媒体的迅速发展
已经成为 20 世纪 90 年代中期众多并购和联盟活动的催化剂。事实上，在当时
的美国，在广播电视实体进行游说的同时，不断出现的新技术所涉及的法律问
题也给 FCC 提出了越来越多的难题。

一方面，新技术的出现颠覆了美国广播电视垄断规制制度的基础。长期以
来，美国政府对广播电视业实行公众委托模式，在执照、结构、内容等方面进
行严格规制的重要原因之一，在于频谱资源的稀缺性；而到了 20 世纪 90 年
代，这一前提已经不再成立：随着有线电视、卫星电视、互联网、新媒体等新
技术的迅速发展与不断升级以及高清晰度电视（HDTV）的不断普及，个人通
信系统的频谱波段变得毫无价值，广播电视频谱资源已经极大丰富了，"稀缺
性"已经成为一种历史，这的确动摇了政府对广播电视进行严格规制的基础。
广播电视实体不失时机地抓住了这一契机，要求政府大幅度放松规制。

---

① 〔美〕詹姆斯·沃克、道格拉斯·弗格森：《美国广播电视产业》，陆地、赵丽颖译，清华大学
出版社，2005，第 76 页。

② 〔美〕阿维纳什·K. 迪克西特：《经济政策的制定：交易成本政治学的视角》，刘元春译，中
国人民大学出版社，2004，第 17 页。

另一方面，新媒体的发展与旧的体制、法规出现了冲突。随着20世纪90年代新技术的发展，美国将"信息高速公路计划"列入了日程。90年代前半期，美国正欲大张旗鼓地推行"信息高速公路计划"，将电话、计算机、传真、无线和有线广播电视、电子出版等多种媒体融为一体，即组建多媒体网络。然而，多媒体"信息高速公路计划"与美国当时通行的规制电信业的《1934年通讯法》是有抵触的。在《1934年通讯法》的框架下，美国的电子传播业被划分成通信和广播两大领域，二者之间有严格的界限，甚至同一媒体领域也被划分为若干部分：例如电话业被分成长途、地区、市内三个市场，相互保持隔离和封闭的状态；广播电视业也被分成广播、无线电视和有线电视三种媒体，对不同的媒体的兼营有着严格的限制。媒体间相互分割的传统制度对建设信息高速公路显然是巨大的障碍。这一计划的推行必然要求大幅度地修改现行的法律和制度，允许各市场互相渗透，以促进竞争和整合。强大的新技术一旦与政治需要"情投意合"，便如虎添翼，所向无敌。

（三）来自政府的外在压力

此外，作为一个在国会授权之下成立的、其主席由总统亲自任命的广播电视管制机构，FCC还要受到来自国会、白宫和联邦法院的意见与决策的影响。换句话说，国会等相关政府机构或部门时常向其施加压力，以贯彻政府的意图。当时的克林顿政府正着力促进以下两大目标的达成：其一是减少财政预算，提高经济效益；其二是推行"信息高速公路计划"。这两方面形成的合力无疑给FCC施加了巨大的压力。

1995年共和党控制的国会威胁FCC要减少其财政预算的20%，很显然，有限的财政预算意味着有限的管理，这使早期原本就效力有限的规制更加举步维艰。

1994年美国政府正式发表了《信息高速公路基本政策报告白皮书》，其主要内容有：铺设光缆所需的巨额资金主要从民间筹集；信息高速公路将向一切节目提供人开放；实行"无差别原则"，将之建成任何地区和任何收入水平的美国国民均可利用的普遍服务设施。该白皮书在公布"信息高速公路计划"的同时，要求取消电话、无线广播电视和有线电视三者之间的界限，允许其互相竞争和渗

透。白皮书发表后，美国政府采取了一系列行动放松限制，主要有四个方面：①
（1）鼓励私人投资；（2）促进和保护竞争，以便带来更低的价格和更好的服务；（3）提供开放式入网接口、通用化接口，防止社会分化为信息富有和信息贫困两个极端；（4）鼓励灵活对待政府法规。

从字面意义来看，信息高速公路计划的推行也是为了公共利益："促进和保护竞争""更低的价格和更好的服务""防止社会分化为信息富有和信息贫困两个极端"，其初衷与之前强化规制的广播电视体制并不矛盾，都服务于公共利益。所以，面对政府的这一积极行动，主张强化规制的力量不得不为之让路了。同时，笔者认为，"鼓励灵活对待政府法规"实际上是以正面表述否定了《1934 年通讯法》的相关规定，其意为，为了适应新技术的发展、促进新政策的执行，可以置当时现有的法规（《1934 年通讯法》）于不顾。这就为政府，也为广播电视经营者大开了绿灯，让新的计划与大规模的扩张畅行无阻。照此看来，是否通过放松规制的新法律已经不再重要了。在当时新的政策导向下，所有意欲维持"旧制度"（强化规制）的努力都不可能达到效果了。

（四）国家管制思想的主导

除上述三个方面外，新自由主义思潮的对美国国家管制思想的影响也是一个重要因素。在这一时期的美国（1993～2000 年），克林顿政府采取了介于凯恩斯政府干预与新自由主义之间的"中间道路"②，持续了 12 年（1981～1992年）的里根—布什的保守改革逐渐式微，但是新自由主义思潮仍然具有很大

---

① AL Gore, National Information Infrastructure, 见"美国政府网"，1994 年 3 月 21 日。
② 自 20 世纪 60 年代末罗斯福新政式自由主义受到冲击以来，美国社会中逐渐出现了一种新自由主义。克林顿和戈尔就是新自由主义者。他们认为罗斯福新政—约翰逊伟大社会这种旧自由主义已经过时，而里根—布什的保守主义也已经失去人心，因此，要走一条介于两者的"中间道路"。其在经济方面的主张是，既不能进行新政式和伟大社会式的国家干预，也不能像保守主义那样过分崇拜市场机制，而应该既发挥市场机制的作用，也由国家进行宏观调控；与旧自由主义倾向工会和保守主义者倾向企业界不同，克林顿和戈尔更重视政府、企业、劳工之间的利益协调和伙伴关系。由此看来，1993 年开始执政的民主党人克林顿，是个既继承新政传统而又吸收某些共和党主张的新民主党人、新自由主义者。他以新凯恩斯主义为理论基础，实行宏观调控、微观自主以振兴经济为首要任务的政策，取得巨大成就。到 2000 年克林顿任期结束，美国经济连续增长了 112 个月，且基本上实现了经济学家们所梦想的零通货膨胀下的充分就业。克林顿的上台实际上标志着在美国持续了 12 年的保守改革式微。

的影响力——主张发挥自由市场的调节作用，放松对各行业的管制。

克林顿在经济方面的主张是，既不能进行"新政式"和"伟大社会式"的国家干预，也不能像保守主义那样过分崇拜市场机制，而应该既发挥市场机制的作用，也由国家进行宏观调控。其政策可以概括两个方面：一是步前"里根—布什政府"的后尘，继续有步骤地放松和取消政府管制；二是加强企业微观自主能力，为企业发展积极加强基础设施建设，创造适宜的环境和条件。

在当时，由于新技术的驱动、企业界的游说以及当时政府其他计划（如"信息高速公路计划"）的助推，这一政策倾向（继续有步骤地放松和取消政府管制，为企业发展积极加强基础设施建设，创造适宜的环境和条件）在广播电视领域的表现非常明显。《1996 年电信法》的出台也就在意料之中了。

关于新自由主义思潮对美国广播电视的影响已在本章第一节做过详细阐述，此处不再赘述。

从上述一系列的措施，可以很明显地看出，出于种种原因，政府对广播电视实体的呼吁采取了迎合的态度，并鼓励其反对旧有的束缚产业与技术发展的政策法规。在 1995 年和 1996 年国会和媒体对美国传播体系的未来所进行的辩论和报道中，对其他民主国家中成功的广播体系（如加拿大、英国、德国、日本以及一些北欧国家的广播体系）的介绍明显缺席。[1] 与《1934 年通讯法》出台前的博弈格局一样，政府与企业界（广播电视机构）之间又一次形成了强大的博弈联盟，且它们的主张正好顺应了新媒体、新技术发展的内在要求，同时也符合世界政治经济发展的主流，因而相比旧制度的支持者而言，其力量明显更加强势。

其实，在新的法规（《1996 年电信法》）出台之前，也和此前每一次的法规修改一样，存在反对的呼声与力量。关于新的法规对广播电视业的规制放松与否，传统的开明派和以市场为导向的保守派展开过激烈的论争。保守派和自由至上派认为，频道资源过剩，当务之急是更好地开发、利用这些资

---

① 〔美〕本·H. 贝戈蒂克安：《媒体垄断》（第六版），吴靖译，河北教育出版社，2004，第250 页。

源，而且新媒介的崛起，例如录像带和有线电视，也为消费者提供了更多娱乐和信息的选择余地。由此，在节目多样性方面，公众需求在新科技的支持下会得到充分满足。① 而开明派认为，市场力量无法保证大众利益，主要原因是频道资源被个体所拥有。其中，莱昂纳德·罗斯（Leonard Ross）和莱昂纳德·蔡森（Leonard Chazen）认为以有线电视为代表的新技术在很大程度上为政治多元化提供了可能性，但是这种可能性在事实上被削弱了，原因在于 FCC 为了确保市场竞争的实现对规制方式的转变。②

然而，尽管不乏反对力量的存在，但由于上述政治、经济、文化、技术等方面的原因，主张放松规制的派别（保守派）的胜利又一次具备了历史的必然性。

应该说，所有这一切都使《1996 年电信法》的出台显得水到渠成。

二 《1996 年电信法》的主要内容及其导向

（一）《1996 年电信法》的颁布及其主要内容

1996 年 2 月，克林顿总统正式签署了《1996 年电信法》。国会以压倒性优势——众议院以 426 票对 16 票，参议院以 91 票对 5 票——通过了此项法案。这项法案对作为规范美国广播电视业基本法的《1934 年通讯法》做了很大的修改。

《1996 年电信法》中最有争议的部分是，它规定了从传统的垄断形式过渡到如今的竞争性市场结构的转换条件。③

更为明确的是，法案要求 FCC 撤销对电台所有权的多数约束。许可证的年限从原来的 7 年延长到 8 年，④ 现存的许可保持，但不保证获得更

---

① 〔美〕阿纳斯塔西娅·贝德纳斯基：《从多样到同一：美国〈1996 年电信法〉影响下的大规模兼并及市场模式的失败》，转引自金冠军、郑涵《国际传媒政策新视野》，上海三联书店，2005，第 318 页。

② Leonard Chazen and Leonard Ross, Federal Regulation of Cable Television: The Visible Hand, *Harvard Law Review*, 1970, June, p.1820.

③ 见《1996 年电信法》251 – 7，271 – 2。

④ 见《1996 年电信法》第 203 小节。

新，① 并且对全国性电台所有权的限制被取消了。此外，单个实体现在可以在同一市场拥有多个电台分站——在最大的城市已达 8 个之多②。

电视台的许可证也同样被延长了，在此次修改中从 5 年延长到 8 年。FCC原有的许可证限制（一家电视网总共只能拥有 12 个电视台，并且收视人数不得超过全国观众总数的 25%）也被放宽了。它不再对拥有的电视台数量进行限制，而只规定其收视人数不得超过人口总数的 35%。

跨媒体所有权中对于广播电视网控制有线电视系统，或是控制同地区的电话运营商以及当地有线系统的限制或禁止也被取消了。

……

随着这些条款的制定，几十年来的 FCC 所有权规制被扫除了。还有一些法令虽然被保留，但也受到质疑：《1996 年电信法》要求 FCC 研究，怎样才能放松现有电视跨媒介所有权规章或是双头垄断规则。美国国会的意图非常明显：将大多数美国人所能接触到的不断增加的媒介意见的数量考虑在内，从而鼓励 FCC 尽可能地废止具有限制性的所有权规章。③

总体来说，《1996 年电信法》对《1934 年通讯法》的修改主要有以下三个方面。

（1）打破媒体间壁垒，允许各不同媒体市场的相互渗透；

（2）放宽媒介所有制限制、促进竞争；

（3）以法律的形式规范节目内容，限制色情和暴力等低俗内容的传播。

当时，美国国会的总体意见是要求减少政府对电信业的监督和管理，尤其是所有权规章。在无以计数的听证会和游说交流中，国会议员们经常被行业数据弄得焦头烂额——数据显示了广播电台数量的持续增长以及可供美国人选择的各种新闻娱乐媒体的逐步发展。这些数据支持了这样一种说法：这种多样化证明了放松或是减少管制的合理性，从而令媒体所有者能更自由地

---

① 见《1996 年电信法》第 204 小节。

② 见《1996 年电信法》第 202 小节。

③ 〔美〕克里斯多佛·H. 斯特林：《美国通信产业所有权问题和〈1996 年电信法〉：分水岭抑或始料未及的结果?》，转引自金冠军、郑涵《国际传媒政策新视野》，上海三联书店，2005，第300 页。

进行操作。①

这项法案的通过赢得了美国电子通信界的普遍赞扬，令为自身利益游说了数十年的广播电视执照持有者们长长舒了口气。

国会中法案的支持者们乐观地认为，此举将产生数以百万计的工作机会，并引发更强烈的竞争。国会议员马基直言不讳："《1996 年电信法》的制定，既会有一部分受益者，也会有一部分受损者；但我们必须记住，最大的受益者将是美利坚合众国。"②

当时的 FCC 主席亨德评价道："这一法律拆除了通信领域中的柏林墙。"③

克林顿总统在签署《1996 年电信法》当日称："在美国，由于法律落后于时代，阻碍了信息革命的前进。但是，通过这个法律，美国人民可以掌握未来，不仅如此，它还将创造出使竞争和革新以光的速度飞跃发展的自由市场。"④

1997 年美国《哥伦比亚新闻评论》发表评论，认为《1996 年电信法》至少从下列三方面给观众带来了好处。⑤

（1）不但规定了学校、医院、博物馆和图书馆的权利，而且确定了公民进行自身财产可及的高级通信往来的权利。

（2）数字广播将极大地增加每个社区中电视信号的数量，至少可以在电视服务中为公众提供更多的选择余地。

（3）地方电话和长途电话的价格将随着电话公司间的竞争加剧而有所降低。

（二）美国广播电视"市场模式"的正式确立

总体来说，《1996 年电信法》反映了国会一贯坚定的信念，那就是"一个

---

① 〔美〕克里斯多佛·H. 斯特林：《美国通信产业所有权问题和〈1996 年电信法〉：分水岭抑或始料未及的结果?》，转引自金冠军、郑涵《国际传媒政策新视野》，上海三联书店，2005，第 300 页。

② 谢国平：《改变世界的搏击——西方信息业大兼并透视》，复旦大学出版社，1999，第 103 页。

③ 谢国平：《改变世界的搏击——西方信息业大兼并透视》，复旦大学出版社，1999，第 103 页。

④ 谢国平：《改变世界的搏击——西方信息业大兼并透视》，复旦大学出版社，1999，第 103 页。

⑤ 谢国平：《改变世界的搏击——西方信息业大兼并透视》，复旦大学出版社，1999，第 105 页。

解除了管制的市场，将更好地为公众的利益服务"，① 正如同法案序言中写道的那样：

> （本法案颁布的目的在于）放松管制，促进竞争，保证以更低的价格为美国电信消费者提供更高品质的服务，同时也鼓励新兴通信技术的加速应用。②

而这也被看作《1996 年电信法》的宗旨所在——政府希望通过市场的力量更进一步满足大众的利益。在这一模式中，广播执照持有者成了"市场参与者"，而不是"公众委托"的对象，是"市场力量而不是联邦通讯委员会对节目服务的评价来决定广播中公众的利益所在"。③ 有学者将这种新的管理模式称为"市场模式"。④

如前文所述，"市场模式"的发端并不在于《1996 年电信法》，早在 20 世纪 80 年代初这一模式就已经初露端倪，并在 1985～1995 年间得以充分发展，导致了广播电视业内多次大规模的兼并、重组，大大改变了持续多年的美国广播电视市场的结构以及整个行业的格局。但是，不可否认的是，《1996 年电信法》的确以法律的形式对该模式加以了确立，它像催化剂一样加速了该行业的进一步兼并与整合。

在《1996 年电信法》颁布后的一年内，美国传媒领域的兼并达到了空前的高潮，规模比较大的有以下几项。⑤

---

① 〔美〕阿纳斯塔西娅·贝德纳斯基：《从多样到同一：美国〈1996 年电信法〉影响下的大规模兼并及市场模式的失败》，转引自金冠军、郑涵《国际传媒政策新视野》，上海三联书店，2005，第 312 页。

② TO promote competition and reduce regulation in order to secure lower prices and higher quality service for American telecommunications consumers and encourage the rapid deployment of new telecommunications technologies. In：Telecommunication Act of 1996。笔者试译如上。

③ 金冠军、郑涵：《国际传媒政策新视野》，上海三联书店，2005，第 317 页。

④ 〔美〕阿纳斯塔西娅·贝德纳斯基：《从多样到同一：美国〈1996 年电信法〉影响下的大规模兼并及市场模式的失败》，见金冠军、郑涵《国际传媒政策新视野》，上海三联书店，2005，第 317 页。

⑤ 谢国平：《改变世界的搏击——西方信息业大兼并透视》，复旦大学出版社，1999，第 104 页。

（1）奈尼克斯公司以 221 亿美元买下了贝尔大西洋公司，成为美国最大的地区性电话公司；

（2）默多克新闻集团以 30 亿美元购买了新世界通信集团的全部股权，成为美国最大的拥有 22 个连锁电视台的业主；

（3）美国西部公司以 108 亿美元获得美国第三大有线电视公司——大陆有线电视公司的控制权；

（4）芝加哥论坛公司以 11.3 亿美元买下复兴通信公司，因而成为拥有 16 个电视台的大公司，其节目可进入美国1/3的家庭；

（5）甘尼特公司以 17 亿美元买下多媒体娱乐公司；

（6）达拉斯的贝洛公司以 15 亿美元买下普罗维斯日报公司，从而拥有 16 个电视台和 1 个有线电视网以及 2 家报社；

（7）钱勒斯广播公司以 3.65 亿美元从科尔法克斯公司买下 12 个广播电台。

……

从此，放松政府规制、促进自由竞争在广播电视业内变得顺理成章，"市场模式"也就名正言顺地成了美国广播电视体制的主流。

如前文所述，《1996 年电信法》对《1934 年通讯法》的修改可以概括为三个方面。在此，笔者想从许可证的核发、结构规制、内容规制三个角度来进行分析。

第一，从许可证的核发来看，广播电视的许可证都被延长到了 8 年，且由于 1982 年以来对营业执照自由转让时间限制的放松①——1982 年，FCC 将无须听政的交易前机构必须持有执照的时间缩短为 1 年；只要持有执照的时间超过 1 年，就可以自由转让——执照的可转让性大大增强，可以说这是对"公众

---

① 《1934 年通讯法》的规定是，广播电视执照以及因此而带来的使用频谱的权利是不能够自由转让的，必须经过 FCC 的允许。为了限制"通过申请执照而获利"的投机行为，在 1962～1982 年，FCC 实施了限制广播电视执照交易的"反交易规则"。该规则要求：如果一个执照持有者想要转让一个持有不到 3 年的执照，不仅需要 FCC 的同意，而且还必须申请听证，复杂的听政程序会使执照的现实可转让性减弱。参见鞠宏磊《媒介产权制度——英美广播电视产权制度变迁及其对我国的启示》，四川大学出版社，2006，第 108～109 页。

委托模式"的致命一击：FCC 对营业执照的核发是"公众委托模式"的根基之一。

第二，从结构规制来看，在《1996 年电信法》中，FCC 对广播电视业的结构规制并没有被完全废除，但是，它对广播电视机构所有权规制的上限进一步大大放松了，电视收视率 35% 的上限就是一个有力的说明；而且，为确保传播内容多样性而制定的禁止跨媒体经营的规则也被打破，行业间的渗透成为合法行为，这无疑是为市场自由主义者大开绿灯。

第三，从内容规制来看，表面上看来，《1996 年电信法》的确对内容（低俗内容）方面的规制进行了强调，但是其总体的内容规制，如"公正理论"、节目编排"指导原则"已经在 1996 年之前就被废除或大大放松了，这些重要的规制原则在新的法案中并未被提及。庆幸的是，该法案还保留了"限制色情和暴力"这一底线。

无论从哪个角度来看，放松规制、促进竞争都是《1996 年电信法》同《1934 年通讯法》的分界线——两者的导向明显不同，前者主张的是经济效益优先，而后者主张的是公共利益至上。确立美国广播电视公众委托模式、确保公共利益至上的三大基石与法宝——许可证的核发、结构规制、内容规制被变更、被扭曲，甚至被抽去了，取而代之的是"一个放松了管制的市场"：对于什么是公共利益、如何维护公共利益，FCC 似乎已经无权界定和规范，从这里开始，一切由市场说了算。

新兴的传媒与电信技术发展潜力难以预测，却力量强大，关系着巨大的商业和工业利益，因此，传媒集团趋之若鹜，政府竭力与之保持同步。面对新兴的技术，政府旨在从硬件和软件的市场扩张中拓展劳动就业渠道、增加收入。传媒公司希望通过跨越旧的规章来开拓新的国际市场，进行扩张和兼并，而政府正从市场干预发展的管制中退出，遵循市场、技术以及消费者或公民意愿的逻辑，而不是强行实施其目标；在不得不设定优先考虑次序时，政府给了经济而非社会、文化福利更多的优先权。

因此，笔者认为，《1996 年电信法》的颁布，标志着运行了近半个世纪的"公众委托模式"的结束，而主张放松政府规制、促进自由竞争的"市场模式"开始上升为美国广播电视体制的主流。

有学者预测,《1996年电信法》的制定,预示着21世纪的美国广播电视业将会发生重大的结构性变化,它既带来了新的机遇,也蕴含着许多深刻的问题。不仅如此,由于美国是一个传播大国,它的传播制度和产业结构的变化也将会对世界各国产生广泛的影响。[①]

在《1996年电信法》颁布并运行近20年之后回首,事实证明,的确如此。

三 《1996年电信法》是不是美国广播电视业的突变年?——一项基于计量经济学的实证检验

究竟《1996年电信法》颁布实施后,对美国广播电视业有何影响?《1996年电信法》的颁布年是不是美国广播电视产业的突变年?在这里,笔者用邹突变点检验方法(Chow Breakpoint Tests)[②] 进行检验。

笔者认为,通过该方法可以检验《1996年电信法》的颁布年是不是导致广播电视业发生根本性变化的转折年,也可以说明《1996年电信法》对整个美国传媒业的影响或在格局重构中的作用。

首先,对数据进行说明。这里笔者选取了1990~2006年美国电视广告收入(假设为y,单位为10亿美元)与美国GDP(假设为x,单位为10亿美元)数据,二者均为经过GDP缩减指数折算过的实际数值[③],以便数据可比,具体数据见表4-4。

表4-4 美国1990~2006年GDP与电视广告收入及折算

(基期2000 = 100 单位:10亿美元)

时间	名义GDP	GDP缩减指数	实际GDP	GDP年增长率	名义广告收入	实际广告收入
1990年	5803.08	81.59	7112.53	1.88	29.247	35.8463
1991年	5995.93	84.44	7100.53	-0.17	27.402	32.4514

---

① 郭庆光:《二十一世纪美国广播电视事业新构图:〈1996年电信法〉的意义与问题》,《国际新闻界》1996年第6期,第5页。

② 邹突变点检验是邹至庄于1960年提出的。

③ GDP缩减指数 = 名义GDP/实际GDP,从而实际GDP = 名义GDP/GDP缩减指数,实际广告收入推导类似。

时间	名义 GDP	GDP 缩减指数	实际 GDP	GDP 年增长率	名义广告收入	实际广告收入
1992 年	6337. 75	86. 39	7336. 58	3. 32	29. 409	34. 0421
1993 年	6657. 40	88. 38	7532. 65	2. 67	16. 176	18. 3028
1994 年	7072. 23	90. 26	7835. 48	4. 02	22. 5	24. 928
1995 年	7397. 65	92. 11	8031. 70	2. 5	20. 54	22. 2994
1996 年	7816. 83	93. 85	8328. 90	3. 7	40. 289	42. 9291
1997 年	8304. 33	95. 41	8703. 50	4. 5	44. 519	46. 6607
1998 年	8746. 98	96. 47	9066. 88	4. 18	41. 946	43. 4809
1999 年	9268. 43	97. 87	9470. 35	4. 45	41	41. 8923
2000 年	9816. 98	100	9816. 95	3. 66	59. 171	59. 171
2001 年	10127. 95	102. 4	9890. 65	0. 75	54. 4	53. 125
2002 年	10469. 60	104. 19	10048. 85	1. 6	100	95. 9785
2003 年	10960. 75	106. 4	10301. 10	2. 51	54. 462	51. 1861
2004 年	11685. 93	109. 46	10675. 73	3. 64	54	49. 3331
2005 年	12421. 88	113. 03	10989. 50	2. 94	62. 101	54. 9421
2006 年	13178. 35	116. 68	11294. 88	2. 78	72	61. 7072

数据来源及几点说明：1. 有关名义 GDP 和 GDP 缩减指数，众多来源数据有所差别，而且所采用的定基不一，例如《国际统计年鉴》与《美国总统经济报告》等并不一致。这样就给笔者的研究增添了不小的工作量，同时在此基础上进一步再加工所得数据的可信度也不免受到影响。经过笔者的进一步搜集，发现《中国统计数据应用支持系统》中有相应符合本研究的数据，并且是时间序列数据，笔者将其与以上众多来源的数据进行比较，发现差异并不大，也并不影响本研究的研究结论，所以笔者采用这一系列数据。具体参见 ACMR，北京华通人商用信息有限公司，www. gov. acmr. cn。

2. GDP 可比价格，是根据名义 GDP 数值和 GDP 折减指数（或称平减和缩减指数）折算而得。

3. 美国电视广告收入笔者进行了广泛的收集，并未找到国外权威部门的全面统计，但是值得庆幸的是，笔者发现 1990～2006 年美国电视广告收入的数值或相关资料散见于各类期刊与报纸等媒体之中。当然这也让笔者开始思考，长期以来，这方面的研究十分零散，而且连最基本的数据分析都很难看到，更少见系统分析，在这里笔者尝试在这一领域做出开创性的研究，同时也希望抛砖引玉。具体数据来源如下。

（1）1990 年来自毕竟、范旭《美国报纸的危机与转型》，《当代传播》2005 年第 3 期，第 45 页。这里笔者进行了使用单位上的更正，并非万美元，而应为亿美元；

（2）1991 年和 1992 年的数据均来自金初高：《美国电视广告近 10 年来发展趋势简述》，《中国广播电视学刊》1996 年第 6 期，第 76 页；

（3）1993 年的数据来自康宁《迎接媒体经济时代的到来》，《华人时代》1995 年第 6 期，第 5 页。1993 年美国杂志的广告收入高达 110 亿美元，是报纸的 55%，电视的 68%，广播的 180%，由此经过笔者加工计算而得；

（4）1994 年的数据来自《91.52% 与 -46.48%：破译毛利率密码》，《证券时报》2006 年 4 月 27 日。这里笔者采用了最低估计值 225 亿美元，尽管不是非常精确，但不影响问题的分析；

（5）1995 年的数据来自夏亮《论大众媒介与体育产业的互动关系》，硕士学位论文，兰州大学，2006；

（6）1996 年与 1997 年的数据来自：《广告时代》，参见张树庭《世界各地区的广告业现状》，http：//www. yan-huang. com/caaac/lecture/lecture_50. htm，其中 1996 年的数据笔者根据推算得到；

（7）1998 年的数据来自郑则壮《传媒业：资本市场跨世纪的亮点》，《开放导报》1999 年第 11 期，第 35 页；

（8）1999 年的数据来自郝光华《电视频道专业化刍议》，《山东视听》2005 年第 11 期，第 21 页；

（9）2000 年的数据来自江涌《只售一美分〈纽约太阳报〉开启大众报纸先河》，《中国经营报》2003 年 9 月 8 日。文中提到 2000 年，美国每天发行的报纸超过 5500 万份，周末发行的报纸达到 5900 万份；报业总产值达 590 亿美元，其中广告收入达 487 亿美元，在所有广告发布途径中，报业广告份额占 20%，仅次于电视的 24.3%。笔者根据其加工计算而得；

（10）2001 年的数据来自韩红《美国：文化产业的管理形态与总体发展》，中国文化产业网 2008 年 2 月 4 日，http：//www. cnci. gov. cn/news/culture/200824/news_12736_p1. htm；

（11）2002 年的数据来自郑茂林《知识经济条件下文化产业与经济增长关联性分析》，《江西社会科学》2004 年第 3 期，第 175 页；

（12）2003 年与 2004 年的数据来自方颂先《纽约市广播电台的类型化和节目构成——兼议上海广播业的发展空间》，《新闻记者》2006 年第 1 期，第 59 页；

（13）2005 年的数据来自何海林《透视英美期刊广告经营现状及特点》，《传媒》2007 年第 9 期，第 60 页；

（14）2006 年的数据来自蔡放《节目做成什么样，比做什么样节目更重要——专访云南电视台副台长郑刚》，《市场观察》2008 年第 1 期，第 84 页；

4. 这里值得注意的是，以上美国电视广告收入指标很多是经过笔者对资料进行加工处理而得，另外，笔者在搜集过程中发现众多不同来源的数据差别很大，例如对于 2000 年的美国电视广告收入，有很多文章中提到为 1000 亿美元，而也有一些提到应为 544 亿美元，相差非常大。这一问题使笔者陷入了窘境，并对中国传媒领域研究尤其是传媒市场方面的研究不严谨产生了怀疑，而且往往众多的数据并无严格的出处，甚至无出处。这里笔者根据以往历史数据的内在逻辑进行了取舍，特做一点说明。

5. 或许有学者质疑，对于名义广告收入指标，为什么不选择美国整个传媒产业产值或者是广播电视的广告总收入来进行相应研究。这个怀疑是值得提出的，但是笔者这里为何进行这样的选择，缘由在于：第一，传媒产业产值与整个 GDP 的测算可能并不具有代表性，尤其是针对本研究的研究对象（广播电视业）而言；第二，传媒产业产值在数据的可得性上很难发现或往往数据缺失，这也是一个遗憾；第三，至于广播电视广告总收入这个指标，笔者尝试搜集相关数据，但是广播的广告收入份额只有几年的数据，相对缺乏，因而很难做到加总得出总收入份额指标；第四，进一步看，广播的广告收入份额相对较小，而且通过已有数据发现，变化不是很大（1985 年、1990 年、1993 年、1994 年、1996 年、1997 年、1998 年、2001 年、2002 年、2004 年分别为 65 亿、88 亿、66 亿、107 亿、127 亿、136 亿、20.4 亿、177 亿、194 亿和 214 亿美元），这样的加入与不加入并不影响计量分析。由此，笔者最终选择了电视广告收入来分析《1996 年电信法》颁布后的格局变化，同时笔者发现并不影响整个研究的分析结论与分析效果，即代表了整个广播电视业的全体格局。

6. 实际广告收入，是经过名义广告收入与 GDP 缩减指数计算加工而得，这样的处理才能使数据具有可比性。

　　其次，在理论模型构建上，在假定其他条件不变的情况下，文化产业的发展离不开人们对精神文化产品不断增长的需求，而这归根结底恰恰是经济增长的结果，其中传媒领域的电视业更不例外，因此，认为经济增长与电视广告收入水平存在相关关系。根据此相关关系，并为验证 1996 年是不是突变点，假定两个时期的电视广告与 GDP 存在以下函数关系：

重建时期①：$y_t = \alpha_1 + \alpha_2 x_t + u_{1t}, t = 1, 2, \cdots, n_1$ (5 - 1)

重建后时期：$y_t = \beta_1 + \beta_2 x_t + u_{2t}, t = 1, 2, \cdots, n_2$ (5 - 2)

其中，u_1 和 u_2 是两个方程的干扰项而 n_1 和 n_2 是两个时期的观测次数，如果没有发生结构性变化，则可合并全部 n_1 和 n_2 次观测，则（5 - 1）和（5 - 2）两个方程，可以估计一个回归方程：

$$y_t = \lambda_1 + \lambda_2 x_t + u_{1t} \quad t = 1, 2, \cdots, n_1 + n_2$$

利用 Eviews 5.0 工具进行计量经济分析与检验，关于 1990 ~ 2006 年美国电视广告收入（y，10 亿美元）与美国 GDP（x，10 亿美元）的散点图可以见图 4 - 2：

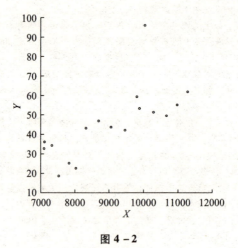

图 4 - 2

从图 4 - 2 中寻找坐标（8328.90，42.9291）可以看出，1996 年并非一个明显的突变点，尽管有一定的变化，但是这个变化相对比较微小。当美国 GDP 在 1996 年达到 83289 亿美元之后，《1996 年电信法》同时颁布实施，然而电

———————————

① 这里的重建时期是指《1996 年电信法》颁布实施之前；重建后时期是指实施之后。

视广告收入并未发生大的提高，而且与美国 GDP 和整个环境的改变形成一段略微相对上升的趋势。

这里，采用邹突变点检验法检验 1996 年是不是一个美国广播电视发展的突变点。零假设为两个子样本，即 1990～1995 年、1996～2006 年相对应的模型回归参数相等，备择假设为两个子样本相对应的回归参数不等。首先在 1990～2006 年样本范围内做回归，这里 $n_1 = 6$，$n_2 = 11$，结果如表 4-5 所示。

表 4-5　回归结果 1

Dependent Variable：Y				
Method：Least Squares				
Date：03/29/09 Time：16：12				
Sample：1990-2006				
Included observations：17				
Variable	Coefficient	Std. Error	t-Statistic	Prob.
C	-37.83206	21.68389	-1.744708	0.1015
X	0.009193	0.002374	3.872000	0.0015
R-squared	0.499873	Mean dependent var		45.19271
Adjusted R-squared	0.466531	S. D. dependent var		18.21970
S. E. of regression	13.30747	Akaike info criterion		8.124660
Sum squared resid	2656.333	Schwarz criterion		8.222685
Log likelihood	-67.05961	F-statistic		14.99238
Durbin-Watson stat	1.871956	Prob（F-statistic）		0.001505

基于回归结果 1 进行突变点检验，即针对上述回归结果，在 View 菜单选项中选择 Stability tests/Chow Breakpoint Test，并在随后弹出的对话框中选择 1996 年的相关数据进行检验，其检验结果见表 4-6。

如果显著性水平 α 取 5% 水平，则查 F 分布表得临界值 $F(n_1, n_2) = F(2, 13) = 3.81$，根据表 4-6 的检验结果 1 可以看出，由于 $F = 1.735449$ 小于临界值，所以接受原假设，结论为 1996 年并非为美国广播电视业的突变点。最终两个方程可以合并为：

$$y = -37.83206 + 0.009193x$$
$$(21.68389) \quad (0.002374)$$
$$t = (-1.744708) \quad (3.872000) \quad r^2 = 0.499873 \; Adjusted \; r^2 = 0.466531$$

表4-6 检验结果1

Chow Breakpoint Test：1996			
F-statistic	1.735449	Probability	0.214768
Log likelihood ratio	4.022978	Probability	0.133789

从回归结果来看，美国 GDP 每变化 1 个单位，相应的美国电视广告收入也会随着改变大约 0.01 个单位。这里不做过多的论述，因为重点在 1996 年突变性的检验。

由于笔者考察的时间段较长，从 1990 年一直到 2006 年，这里如果将考察的时间段调整为 1990~2001 年，则 1996 年前的年份与 1996 年后的年份相同，期限变短，n_1 变为 6，n_2 也变为 6，观察是否由此影响结论的变化。其回归结果如表4-7所示。

表4-7 回归结果2

Dependent Variable：Y			
Method：Least Squares			
Date：03/29/09 Time：16：31			
Sample：1990-2001			
Included observations：12			

Variable	Coefficient	Std. Error	t-Statistic	Prob.
C	-39.31928	20.50254	-1.917776	0.0841
X	0.009249	0.002438	3.793621	0.0035
R-squared	0.590022	Mean dependent var		37.92742
Adjusted R-squared	0.549024	S. D. dependent var		12.35043
S. E. of regression	8.293895	Akaike info criterion		7.219928
Sum squared resid	687.8870	Schwarz criterion		7.300746
Log likelihood	-41.31957	F-statistic		14.39156
Durbin-Watson stat	1.435991	Prob（F-statistic）		0.003522

在这一回归结果的基础上再进行相同的突变点检验,具体步骤同上述过程,得到突变点检验结果如下(表4-8)。

表4-8 检验结果2

Chow Breakpoint Test:1996			
F-statistic	7.411596	Probability	0.015096
Log likelihood ratio	12.58003	Probability	0.001855

同样,如果显著性水平 α 取5%水平,则查 F 分布表得临界值 $F(2,8)$ 为4.46,从表4-8的检验结果2可以看出, $F=7.411596$ 相对较远地位于临界值右侧,所以原假设不成立,结论为1996年构成了美国广播电视业的突变点,这里的原因在于笔者将期限缩短,从而使结果有所改变,但实质上并不能完全断定1996年是不是突变点,因为较少的数据很难反映根本规律。不过,将以上两个回归与检验结果对比来看:从长期来观察,《1996年电信法》的影响并不明显,1996年并非突变点;但从短期内看,可能存在一定的影响,存在1996年是突变点的可能性,但由于观察期较短而不能盲目做出肯定性结论。事实上,这也可以从直观的散点图中观察到,但经过检验后的结论更具说服力。

为什么会出现这样的检验结果——长期变化不明显,短期变化明显?

笔者认为,可能有以下原因。

第一,从长期来看1996年不是突变点的原因在于政府对美国广播电视业放松规制并非始于《1996年电信法》的颁布,而是从20世纪80年代初就已经开始了,政策效应在90年代已经在一定程度上显现出来。

第二,从短期来看1996年似乎又是一个突变点,这是因为《1996年电信法》的颁布在广播电视业内业外反响强烈,新法规的效应在此之后爆发出来,所以在表4-6上观察到了1997年的一个明显上升。

第三,从长期来看《1996年电信法》的效应不明显,其中还有一个原因,那就是进入21世纪之后,其他的环境变化(如整个信息产业和传媒产业的萧条)对冲了政策效应。

第四节 "市场模式"的核心

—— "公共利益" 让位于 "商业利益"

一 从"公共利益至上"到"商业利益优先"

根据本章第二节的分析，"公众委托模式"的核心在于公共利益至上，因此，虽然它确立了美国广播电视业以私人运营为主的模式，承认广播电视机构的经济利益，但是它并没有将公共利益同经济利益平等对待，在该模式下，经济利益只能作为参考标准，而不能作为主导的原则进行考虑。

在《1996 年电信法》所确立的"市场模式"中，广播电台仍然具有满足公共利益的要求，且未改变《1934 年通讯法》中核心的 301 条款，但是，由于对内容规制、结构规制以及许可证颁发条件的放松，美国广播电视体制实质上已经发生了变迁，也就是上节所说的，从过去的"公众委托模式"过渡到了今天的"市场模式"。

在内容规制方面，大多数规制措施被废止。"市场模式"的支持者认为，广播电台会自然而然满足公共利益，通过调整播出内容来满足听众喜好——因为一个不能满足消费者需求的广播电视机构是无法获取利润的。他们认为，内容管制在市场模式下不但变得失去作用，而且还会有负效应，因为任何来自FCC 的、基于内容准则的干扰会"阻止美国消费者从媒体最大限度地获取满足"。[①] 因此，在新的市场模式下，公众委托模式中的广播电视内容规制已不再起作用。

在结构规制方面，所有权规制大大放松。《1934 年通讯法》的 301 部分明确禁止广播频谱的私人所有权：

> 这一章的目的，是主张美国国家对广播频谱的控制；在有限的期限内，通过联邦管制机构授权的执照，提供对这些频道的使用权，但不拥有

---

① 金冠军，郑涵:《国际传媒政策新视野》，上海三联书店，2005，第 317 页。

对它的所有权，没有超限期、无条件的执照。①

该条款的关键在于两点：第一，政府要对频谱资源进行控制；第二，执照持有者并不拥有对频道的所有权。

值得注意的是，在《1996 年电信法》中，这一部分没有任何的改变。

但实际上，到了 1996 年，由于政府对广播电视产业结构规制的放松（具体的法律条款在上一节已有详细叙述），美国广播电视产权制度的模型已经发生了相当大的变化——这一变化是法律文本本身无法涵盖的。

有学者认为，尽管《1996 年电信法》对管制规则做了几项意义重大的修正，但是广播电视产业管制最核心的法案仍然是《1934 年通讯法》及其修正案。② 其依据在于以下几点。

第一，《1996 年电信法》并没有否认《1934 年通讯法》缔造的管制机构 FCC 的权威。

第二，在《1996 年电信法》中，广播电视频谱依然被认定为公共资源，FCC 决定向执照申请者发放为期 8 年的经营许可证时依然必须以"公益、便利及必需"为前提。

第三，该法案依然规定，FCC 有权对不健康的广播电视节目进行罚款等处罚，并且有权在许可证续约过程中审查有关电视台的节目是否服务于公共利益。

的确，从法律文本本身来看，"公共利益"依然是美国政府对广播电视进行规制的基本原则，公众委托模式的核心并未改变。但是，从实际的运作来看，无论是从许可证的核发、结构规制还是内容规制来说，政府对于该产业的规制都大大放松了。正如前文所述，许可证的核发、结构规制和内容规制是美国广播电视公众委托模式得以存在的三大基石，也是公共利益得以确保的三大法宝。1996年之后，FCC 在这三个方面进一步放松了规制，历经几十年而建立起来的"公

---

① 见附录 3。
② 〔美〕詹姆斯·沃克、道格拉斯·弗格森：《美国广播电视产业》，陆地、赵丽颖译，清华大学出版社，2005，第 83 页。

众委托模式"的大厦随之坍塌了，即便存在，也是空壳一具，其内核——"公共利益至上"的原则——已经被抽去，取而代之的是"商业利益优先"。

二 市场模式下"公共利益"的变迁

为什么说在市场模式下，美国广播电视规制的核心已经由"公共利益至上"转化为"商业利益优先"了呢？笔者以为，仍然可以从公共利益的三个维度——多元化/竞争性、普遍服务、信息品质来进行说明。需要说明的是，笔者在此处进行判断的依据，同分析"公众委托模式"时一样，依然是规制理念与措施，而不是最终的结果。

（一）多元化/竞争性分析

如第二章所述，多元化包括政治多元化和文化多元化；也有学者认为，多元化可分为三类：观点、表达方式和信息来源的多元化。这些都是指产出多元化或者说内容多元化。而产出多元化基本上建立在产权多元化的基础之上。也就是说，产权多元化确保了媒介市场的竞争性以及媒体供应的多样化，从而确保了信息来源的多元化以及观点的多元化。

在 20 世纪 80 年代之前，FCC 主要通过结构规制与内容规制的组合来确保观点的多元化。而到了 1980 年之后，之前的一系列有效的规制被放松。《1996年电信法》更是以法律的形式确立了美国广播电视业放松规制的基本方向，其最明显的表现就在于对所有权规制的放松。

对广播电台/电视机构规模限制的放松催生了一些大的广播电视集团、传媒集团（具体见表 4-9、表 4-10①），使小的广播电视机构越来越难以生存，最终的结果是媒体供应商越来越少。无论从拥有的电视台/电台数量，观众/听众总人数，还是从总收入来说，排名靠前的为数不多的几大集团都占据了大部分的资源（频谱资源、受众资源、广告资源等）。市场的集中度在增强。FCC在 2002 年 10 月发布的几项调查结果表明：1996~2002 年，每个市场平均拥有

---

① 〔美〕克里斯多佛·H. 斯特林：《美国通信产业所有权问题和〈1996 年电信法〉：分水岭抑或始料未及的结果?》，转引自金冠军、郑涵《国际传媒政策新视野》，上海三联书店，2005，第302、304 页。

的广播电台的数量是减少的；每个市场中规模大的电台拥有者所获取的广告份额是增长的……①

表 4 – 9　电视集团所有者排名（1999 年 1 月）②

	拥有电视台		拥有观众	
	数量（个）	排名	比例（%）	排名
Sinclair	56	1	13.8	–
Paxson	50	2	29.2	3
Hearst-Argyle	32	3	16.0	–
Hicks Mu	27	4	7.9	–
Fox	23	5	35.3	1
Tribune	20	–	27.6	4
CBS	14	–	30.8	2
NBC	13	–	26.6	5

表 4 – 10　顶级广播集团所有者排行（2000 年 1 月）③

	拥有电台		拥有听众		年度总收入	
	数量（个）	排名	人数（百万人）	排名	亿（美元）	排名
Clear Channel	959	1	108	1	3.1	1
Cumulus	303	2	7	–	0.2	–
Citadel	176	3	8	–	0.2	–
Infinity	161	4	56	2	1.6	2
Entercom	91	5	12	4	0.3	4
Cox	71	–	10	5	0.3	5
ABC	43	–	13	3	0.4	3

---

① 联邦通讯委员会新闻稿，委员会公布了就当前媒介市场的 12 份调查研究结果。最新的一些调查结果也证实了在联邦通讯委员会的调查中提出的有关兼并浪潮的说法，然而得出的结论却是兼并生来就是带有消极影响的。参见冠军、郑涵《国际传媒政策新视野》，上海三联书店，2005，第 233 页。

② "–"表示前 5 名以外的排名；"比例"是由所有电视台总计拥有的全国电视观众总数的潜在比例测算得出。

③ "–"表示前 5 名以外的排名。

如上所述，产权多元化和市场的竞争性是信息来源多元化的基础，而在 FCC 的规制历史上，观点多样性和信息来源多样性常常被认为是同一概念，特别是在同一市场内。① 因而，在新的市场结构中，观点的多元化实际上遭到了破坏。

当然，也有学者对这一观点提出了怀疑。他们认为，本地市场内信息来源的合并更能促进细分市场的节目生产，因为节目提供商可以避免集团内部竞争。② 该论断的依据在于，不同所有者之间的竞争可能导致内容的同质化，一个占有垄断地位的机构则可能通过产出内容的多元化来吸引不同类型的受众，从而扩大市场占有率。也就是说，内容多元化与信息来源多元化之间并没有本质的联系，甚至有可能是反比关系。从理论上看，该观点的确有一定的道理。但是，事实是否如此呢？

托德·钱伯斯（Todd Chambers）在 2001 年的研究中发现，法律法规的放宽对于小规模市场的新闻表达产生了消极影响，但是从数据来看，影响并不严重，自 1996 年开始，小规模市场每年会损失 1.6 个广播新闻网络。③ 这种信息来源合并带来的影响足以引起警惕。

威斯康星州参议员罗斯·费高德（Russ Feingold）表达了对商业财政改革形势下广播公司权利的担忧。他认为："全国广播电台所有制数量限制的取消和本地所有制数量限制的放宽已经引起了大规模的合并，并由此对消费者、艺术家、演唱会观众、本地电台所有人和推广者的利益造成了危害。"④

---

① 〔美〕阿纳斯塔西娅·贝德纳斯基：《从多样到同一：美国〈1996 年电信法〉影响下的大规模兼并及市场模式的失败》，转引自冠军、郑涵《国际传媒政策新视野》，上海三联书店，2005，第328 页。

② 〔美〕阿纳斯塔西娅·贝德纳斯基：《从多样到同一：美国〈1996 年电信法〉影响下的大规模兼并及市场模式的失败》，转引自冠军、郑涵《国际传媒政策新视野》，上海三联书店，2005，第328 页。

③ 〔美〕阿纳斯塔西娅·贝德纳斯基：《从多样到同一：美国〈1996 年电信法〉影响下的大规模兼并及市场模式的失败》，转引自冠军、郑涵《国际传媒政策新视野》，上海三联书店，2005，第329 页。

④ 〔美〕阿纳斯塔西娅·贝德纳斯基：《从多样到同一：美国〈1996 年电信法〉影响下的大规模兼并及市场模式的失败》，转引自冠军、郑涵《国际传媒政策新视野》，上海三联书店，2005，第328 页。

（二）普遍性分析

《1996 年电信法》颁布的目的在于"放松管制，促进竞争，保证以更低的价格为美国电信消费者提供更高品质的服务，同时也鼓励新兴通信技术的加速应用"。

"全体美国电信消费者""更低的价格"似乎都意味着"普遍服务"的原则。在该原则的实施上，市场模式与公众委托模式采取了完全不同的方式：公众委托模式通过"地方主义"原则的确立、对少数族群和妇女权益的保护来确保服务的"普遍性"，而到了市场模式，市场成了最大的调节杠杆——该政策的支持者认为，对商业利益的追求会使广播电视机构不遗余力地满足更多受众的需求。

众所周知，和政府一样，市场也有失灵的时候，且市场失灵带来的危害更大——因为从本质上说，市场是由商业利益来驱动的，恶性竞争与优胜劣汰一样可能在这里出现。在激烈的市场竞争中，数量较少且较贫困的群体可能被忽略，对无利可图的项目的投资可能被减少，所谓的公共利益也就很可能被忽略，甚至被利用、被扭曲。即便是公共利益能够实现，那也只是客观结果或者说"外部性"/外在效应，而非竞争者本身的意图所在。

政府曾一度对经济活动中的兼并与整合充满了警惕。因为如果一家公司控制了市场的所有环节或者占据了市场的绝对优势地位，它就不再有创新的动力，并有能力挤压其竞争者。这种情况会损害经济运行，形成价格垄断与市场垄断，损害消费者利益。但是，到了 20 世纪 90 年代，政府却支持已经是纵向整合的公司通过兼并形成更为庞大的体系。这些公司，包括广播电视公司在内，很少受到政府的约束。因此，在笔者看来，公共利益在这一运作模式中实现的希望非常渺茫。

关于市场机制是否真正促进了公共利益的实现，需要一系列的调查数据，笔者在这里暂不加论述；但如果从政策制定的原则来说，《1996 年电信法》是把太多的权力交给了市场，其中包括裁定"公共利益"的权力。

（三）信息品质分析

在第三章，笔者曾引用麦奎尔关于"信息"品质的主要标准，有如下几点：

（1）媒体应该对社会上、世界上的相关新闻和背景提供综合性的服务；

（2）信息应该通过下述标准达到客观要求：正确、诚实、充分完整、真实、可靠、意见与事实分离等；

（3）信息应该平衡与公正，以一种不煽情、不偏私的方式来报道另类的观点。

据此，信息品质很难用具体的数据来量化。因此，单纯的经济理论和字斟句酌的研究报告并不能够涵盖当前市场缺乏优质节目的问题。在公众委托模式下，FCC 制定的一系列关于节目内容的标准有利于促进提高信息的品质；然而，到了 20 世纪 80 年代，尤其是 1996 年之后，虽然对低俗内容的限制依然很严格，但是，由于其他一系列内容规制措施的放松，加上结构规制约放松带来的大规模兼并导致的媒体垄断——媒体对传播渠道的垄断使得他们在传播信息时显得为了商业利益为所欲为，信息的质量实质上是下降了：20 世纪 90 年代中后期美国媒体对辛普森杀妻案、克林顿性丑闻的炒作就是典型的例证。

有数据表明：1998 年的电视网新闻中，对克林顿性丑闻的报道与对当年竞选活动报道的比例是 6∶1。主流媒体对性的着迷程度并不亚于挑起此事的独立检察官。① 在报道过程中，公众确实在如饥似渴地跟踪这一事件，但他们同时也知道，这种报道掩盖了更多更重要的新闻。从报道开始到结束，民意调查的结果没什么改变：50% ~70% 的公众始终认为，不管性丑闻是真是假，媒体都应当转去报道更重要的事务。②

放松规制的理论基础之一在于，在自由的市场竞争中，节目供应商能自发满足公众的需要。然而，节目供应商的着眼点在于更大群体的受众和更高的商业利润，在商业利益的驱使下，公共利益果真能通过市场这一杠杆自发地得以实现吗？这其中的传导机制究竟是怎样的呢？在笔者看来，由于二者之间目标

---

① *Columbia Journalism Review*, 1998（11/12），p. 15.

② 〔美〕本·H. 贝戈蒂克安：《媒体垄断》（第六版），吴靖译，河北教育出版社，2004，前言，第 19 页。

的本质差异——市场模式注重的是成本与效率，公共利益看重的是公平与自由。因此，答案可能是否定的。

如同爱德斯坦委员会所说："……我们不能简单地通过计算广告收入和节目类型数量来评判电台兼并所带来的影响。准确地说，本地市场内所有制合并降低了竞争性，并且把节目策划权交给了相对数量较小的、全国性的广播电台。因此，我们必须考虑兼并对听众的节目选择权和本地信息的报道量所产生的不利影响。"①

贝戈蒂克安（Ben H. Bagdikian）认为，进入 21 世纪后，控制美国大众传媒的权力迅速向上集中，其速度甚至超过了过去 20 年间媒体公司的加速整合。……由此产生的后果是令人担忧的。过分庞大本身已经是一个经济上的隐患，而最主要的威胁还在政治和社会层面。他说，这个国家的巨头们，在操纵制定对他们有利但有损于公共利益的媒体法规上，已经取得了惊人的成功。他们整合起来的力量日益成为他们用娱乐的行为模式和价值体系来培养下一代的主要因素。媒体巨头的存在对社会的危害并不仅仅在于他们在获得利益和权利方面有不公正的优势，虽然这是真实存在并十分严重的，最大的损失在于新闻、杂志文章、书籍、广播电视、电影中为了私利而对政治、社会观点的审查和压制。②

综上所述，《1996 年电信法》并未否定公共利益，相反，它也在强调公共利益，但是，在其一系列的规制政策与措施的变迁中，公众委托模式下"公共利益至上"的理念已经被更改，取代它的是"商业利益优先"。

从法规条文的字面意思来看，在市场模式下，商业利益是实现公共利益的基础和前提，促进商业利益的目的在于把蛋糕做大，让更多的公众能够分享其成果，从而实现公共利益；但是，用界定公共利益的三大标准（多元化、普遍服务、信息品质）来分析，在该模式下，在公共利益和商业利益的博弈中，

---

① 〔美〕阿纳斯塔西娅·贝德纳斯基：《从多样到同一：美国〈1996 年电信法〉影响下的大规模兼并及市场模式的失败》，转引自金冠军、郑涵《国际传媒政策新视野》，上海三联书店，2005，第333 页。

② 〔美〕本·H. 贝戈蒂克安：《媒体垄断》（第六版），吴靖译，河北教育出版社，2004，前言，第 4 页。

商业利益明显处于优先地位，公共利益只可能是商业利益的附属产物或者说外部效应。

当公共利益的实现倚仗于商业利益，当刚性的政府规制被弹性的市场机制所取代时，危险昭然若揭。

至于《1996 年电信法》以及以之为导向出台的一系列规制措施实施的实际的结果是什么，这需要一系列调查研究来说明，在此笔者不敢武断加以评判。这一问题将在下一章中进行阐述。

三　商业利益与公共利益的辩证关系

所谓商业利益（市场利益）是指企业利用有限的资源，如资本、劳动等，进行投入，实现产出的最大化，利润的最大化。它可以通过以下两种方式来进行衡量：（1）既定收益下的成本最小化；（2）既定成本下的收益最大化。它所看中的指标有两个，一个是成本，一个是利润。因此，商业利益（市场利益）可以通过市场的自发调节来实现。

而所谓的公共利益正好与之相抵触。为了大多数人的长远利益，它可以完全不考虑成本，甚至做出违背商业利益的举措。它显然是以营利为目的的商业机构所不愿做的事情。由于市场具有自发性，完全的、以商业利益为导向的市场调节不可能确保公共利益的实现，它必须借助于政府的有效规制。

但是，在主张自由市场经济的保守派看来，这两个目标和理念不同的事物（公共利益和商业利益）是可以通过一定的传导机制（市场）来实现统一的；并且，这样的观点古已有之，到了现在依然占据主导地位。《1996 年电信法》遵循的基本就是这一逻辑：

> 《1996 年电信法》放松对广播电视规制的主要目的在于放松管制，促进竞争，保证以更低的价格为美国电信消费者提供更高品质的服务，同时也鼓励新兴通信技术的加速应用——其理论依据明显是保守主义的。

从这一表述的内在逻辑可以看出，在政策的制定者看来，"更低的价格""更高品质的服务"都必须以"放松管制，促进竞争"为前提，也就是说，

"更低的价格""更高品质的服务"等公共利益的应有之义必须通过自由的市场调节而不是有效的政府管制来实现。在他们看来,微观实体经济利益的实现可以促进公共利益的最终达成。

认为私人利益可被用来实现公共利益的观点,在人类学术史上并非没有先例,其根源可以上溯到更早几代人的神学思想。这种观点可能是从神筹划一切的观点演化而来的,认为无论个人的意愿怎样,他都会实现神的意旨。例如,在 4 世纪的教父的思想中可以发现个人为自己的利益而从事工作与替别人赢得利益之间的密切关系。神父约翰·克吕索斯托(J. Chrysostom)就教导过,劳动者要想挣钱,就必须生产点满足别人欲望的东西。① 这一观点恰如古典自由主义经济学的鼻祖亚当·斯密(Adam Smith)关于"面包"与"营养"的经典论述。他将私人利益转化为公共利益的机制寄托在了"市场"上。

当然,反对这一观点者也是在该观点诞生之时就已经出现,其中的代表是贝纳德·孟德维尔(Bernad Mendeville)。他对之进行了尖锐的批判,认为,"熟练的政治家的机敏的管理"对于将私人劣行转变为公共利益是必不可少的。而自由主义经济的倡导者亚当·斯密则与之针锋相对,认为,竞争而非"政治家的智慧"才是实现上述转换的手段。论辩的结果是,斯密的观点在当时占据了主流,并在历经了凯恩斯的宏观经济学兴盛阶段的低迷之后,于 20世纪七八十年代重新掀起高潮。

安东尼·史密斯(Anthony D. Smith)认为,在新的条件下,公共利益应当被重新界定:"新的公共利益是一种经济利益:我们都能从一种竞争的、更新的竞争中获益,并且,我们从政府介入来解放市场中获益的程度要高于从社会继续实行福利主义中获益的程度。"② 这个观点里并没有什么新的东西。他和亚当·斯密一样,也是把公共利益和公共财富同市场的扩展联系到了一起。

在此,笔者并不赞同亚当·斯密以及后来的保守主义者们(新自由主义思潮的倡导者)的观点,认为只要通过"市场竞争"这一魔幻的杠杆,或者

---

① 〔美〕亨利·威廉·斯皮格尔:《经济思想的成长》(上),晏智杰等译,中国社会科学出版社,1999,第 194 页。
② 〔加〕文森特·莫斯可:《传播政治经济学》,胡正荣等译,2000,第 164 页。

依靠人的"道德感",市场利益就能自动转换为公共利益。相反,笔者与孟德维尔的观点或许更加接近:公共利益的实现必须建立在有效的政府规制之上——这也是政府的基本职能之一。

但是,有一点不可否认,那就是,对商业利益的追求有时候确实能带动公共利益的实现。笔者认为,具体路径可能如图4-3所示:

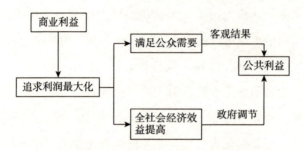

图4-3 商业利益转化为公共利益的基本路径

第一,对商业利益的追求在一定程度上能促使市场主体千方百计地了解公众需求并满足公众需求,从而在信息的质量、观点的多元化以及服务的普遍性方面有所改进,最终促进公共利益的实现。但是,这是市场机制客观结果的一种可能性,并不具有必然性。

第二,市场主体在追求利润最大化的同时也促进了全社会经济效益的提高,使全社会的财富得以增加,增加了的社会财富通过政府的调节能促进社会公平,推动公共利益的实现,如就业增加、社会福利改善等。当然,这里我们强调了一点,此处涉及一个关键环节,即要通过"政府调节",两者之间才能实现转换,这种转换不是自发的。

因此,对于规范今天美国广播电视业的《1996年电信法》,笔者也不想通过对其规制原则的分析就将其全盘否定,无论政策法规出台的初衷为何,既然它已经运营了近20年并对美国广播电视业乃至世界电视业都产生了重大的影响,我们就应该客观、冷静、科学地对之进行分析。

这是接下来的一章要完成的任务。

第五章 "后《1996年电信法》时代"研究

——急不可耐的兼并及其效应

> 一种自我调节的市场思想是一种十足的乌托邦。不消灭人类与社会的自然属性,这样一种制度就不可能长期存在下去。

> ——卡尔·伯兰尼 (Karl Polanyi)

《1996年电信法》的出台是在特定的政治、经济、技术背景下,多方利益集团博弈的结果。由于其在核心理念上与《1934年通讯法》的重大差异,以及其放松规制的措施对商业广播电视利益集团的迎合,它像一剂催化剂引发了美国广播电视业的大规模兼并狂潮,也带来了美国广播电视内容的变化,同时对其他国家,如西欧、日本等的广播电视业产生了巨大的冲击,无论从实际效果,还是从观念上来说都是如此。西欧国家、日本等的广播电视也因此进入了一个新的发展阶段:由传统的对公共利益的重视转向了对广播电视商业属性的认可。

由于传媒业的特殊属性,其对社会和政治有着特殊的潜在影响,因而其政策决策也同该产业本身一样,具有很强的"外部性"——这里同样包含外部正效应与外部负效应。传播体制与政策的变迁不仅会影响到传媒领域自身的结构与功能,而且会潜在地影响到观念的生产和流通。因此,《1996年电信法》所带来的影响不仅局限在商业领域,而且辐射到了社会、政治、文化等领域。这就是我们如此重视它的原因之一。

第一节 《1996年电信法》对美国广播电视产业格局的重构

代表传媒业意愿的《1996年电信法》在获得国会和白宫通过之后,基本上改写了此前运行了 60 余年的传媒法规，引发了美国广播电视史上最大规模的兼并狂潮。

1996 年当年，福克斯公司购买了新世界公司的电视台；CBS 和西屋集团将它们的电视台和多媒体事业部门进行了合并，然后将其一起出售给了甘尼特电视集团——政策与法规的效应由此开始显现出来。可以说，这是法规直接触动带来的结果。

1997 年，集团所有权达到了另一个高峰。在这一年，集团所控制的电视台数量从 1995 年的 898 家上涨到了 1997 年的 1006 家。

在顶尖的 100 个市场上，集团控有的电视台从 1995 年的 547 个增加到了 1997 年的 633 个。特别值得注意的是，这些增长主要都来自 UHF 制式电视台，随着有线电视的增长，观众可以平等地收看 UHF 制式的电视台，因此这些电视台现在更有价值。

不仅是集团控有的电视台的绝对数量有所增加，集团控有的电视台数量在电视台总数量中的百分比也在增加，1995～1997 年，在最大的 100 个市场上，集团电视台的份额在最高峰时达到了 81%。

在最大的 100 个市场上，集团所有者控制着几乎所有的 VHF 制式电视台（大概占 93%），并且在顶尖的 100 个 UHF 制式电视台市场上，集团所有权的数量从 62% 增加到了 73%，打破了所有的历史纪录。

在所有的市场上，集团的数量也在减少，从 1995 年的 210 家减少到了 1997 年的 184 家。在这戏剧化的两年中，尽管有 40 家新的集团出现，集团的总数量还是减少了 26 家。这些现象加剧了长达 25 年的集团控有的电视台所有权不断增长的趋势①。具体见表 5-1。

通过对《1996 年电信法》颁布前的 1995 年和该法案颁布后的 1997 年美国广播电视市场一系列数据的对比，我们可以发现：集团的数量越来越少，集团所控制的电视台的数量却越来越多，在主要市场上的影响力越来越大——也就是说，通过该法案，美国广播电视市场的集中度大大加强了，强势电视公司

---

① Herbert H. Howard, The 1996 Telecommunications Act and TV Station Ownership: One Year Later, *Journal of Media Economics*, 1998, 11, pp. 21-32.

的实力大大提升了，对受众市场的控制力也越来越强——《1996 年电信法》的影响由此可见一斑。

表 5 - 1　《1996 年电信法》颁布前后美国广播电视市场的变化

	在所有市场上，被集团所控制的电视台的数量（个）	在所有的市场上，集团的数量（家）	在顶尖的 100 个市场上，被集团所控的电视台数量（个）	在顶尖的 100 个市场上，集团所控的电视台的比例（%）
1995 年	898	210	547	62
1997 年	1006	184	633	73

1998 年，在美国发生了 12000 起兼并案，涉及总额超过 15000 亿美元。[①] 无论其最终效果如何，仅仅从数量上看，这样的数据都足以说明《1996 年电信法》对广播电视业界以及业外资本的强力鼓动：放松规制，让几十年来禁锢已久的市场活跃无比。

到了 1999 年，美国基本上形成了六家公司统治所有大众传媒的格局。每一家都附属于一家更大的母公司，一些母公司的主业是与传媒无关的其他产业。这六家母公司分别是：通用电气（General Electric）、维亚康姆（Viacom，哥伦比亚广播公司和西屋公司的联合体）、迪斯尼（Disney）、贝塔斯曼（Bertelsmann）、时代华纳（Time Warner）和默多克（Murdoch）的新闻集团（News Corp）。这里除贝塔斯曼的总部在德国，默多克的新闻集团在澳大利亚之外，其他四家均是美国企业。所有六家公司都是 1999 年《财富》杂志评出的世界五百强企业。

如果只计算它们传媒业务的年利润，这六大公司的排名是：时代华纳、迪斯尼、维亚康姆、新闻集团、贝塔斯曼和通用电气。这六大公司的年收入大于排在它们后面的 20 家公司的总和。美国广播电视市场由大型商业集团所垄断的格局基本形成。强者越强、弱者越弱的态势似乎已成定局。对此，我们不能不说，这是《1996 年电信法》带来的效应。然而这样的结果难道是政策制定者们始料未及的吗？

---

① 〔美〕本·H. 贝戈蒂克安：《媒体垄断》（第六版），吴靖译，河北教育出版社，2004，第12 页。

正因为该产业的巨额利润以及强大的政治经济影响力，其他产业中的大公司也在积极寻求并购媒体以进入"六大"的势力范围，美国电话电报公司就是一例，其传统产业是电信，并不是传媒。而这也是政策所允许或者说所鼓励的。

2000年年初，号称"世纪并购"的媒体最大并购案发生，经济界和普通计算机用户都为此大吃一惊——世界上最大的互联网服务商美国在线（American Online）宣布并购世界上最大的媒体公司时代华纳。其结果是，尽管并购后仍然是六家公司瓜分天下，但它们中最大的一家——美国在线时代华纳（AOL Time Warner）成为拥有3500亿美元资产的超大型企业。

如果能够克服各种阻力，尤其是政府的反托拉斯干涉，这个庞然大物的出现一定会刺激其他公司采取类似行动。媒体公司会考虑与其他互联网和电信巨头，如微软、MCI等进行并购，并涉及人们熟知的雅虎、亚马逊等互联网服务商。其前景就是会出现历史上前所未有的资本和权力集中的巨型企业集团。广告会更加主导人类的生活，人们已经无处可藏。正像MSNBC在2000年1月10日的新闻节目中形容的那样，美国在线时代华纳成为最强大的全球广告力量，它的广告网覆盖了所有媒体，包括互联网、印刷媒体、电视和音乐。

从美国在线和时代华纳有关并购的联合宣言中可以看出，两家公司高层管理人员的兴趣都集中在如何通过整合建设一个势力波及全球的虚拟购物中心。现在，美国在线已经拥有了电脑服务和网景（Netscape）公司，并正在与太阳微系统公司（Sun Microsystems）进行战略合作。这样，可以进一步涉入正在兴起的电子商务领域。

并购后，该公司在全球范围内拥有1亿网络用户和2000万有线电视用户。美国在线可以共享时代华纳旗下的30家杂志以及CNN、TBS和TNT等有线电视网的7500万户的观众。由于时代华纳在各类媒体中都有强大的实力，普通的公民，不管是印刷品的读者，还是电视观众、电影观众，或是网络用户，都不得不被迫与一个这个世界从未见过的庞然大物——传媒卡特尔打交道。① 在

---

① 〔美〕本·H.贝戈蒂克安：《媒体垄断》（第六版），吴靖译，河北教育出版社，2004，第6页。

此，我们也不能不说，这是《1996 年电信法》放开广播电视跨媒体经营限制所带来的结果与效应。这也应验了上一章邹突变点分析的结论——从短期来看，1996 年是美国广播电视业的一个突变点。

从 1980 年到 2006 年，美国广播电视媒体数量发生了巨大的变化，控制媒介市场的广播电视机构的数量呈几何级递减。在 1982 年，控制着绝大部分美国媒介的大公司有 50 家，到了 2005 年，这一数目减少为 5 家。美国广播电视机构兼并的频繁与激烈由此可见一斑。从图 5 – 1[①]中这一态势清晰可见。

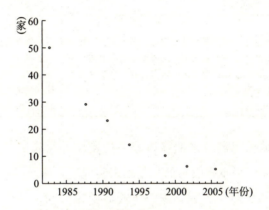

图 5 – 1　美国广播电视机构数量的变化（1980 ～ 2006 年）

持续的放松规制政策使得媒体集中度大大加强，一些大公司的媒介所有权很快超出了《1996 年电信法》所允许的范围。为了保证自身行为的合法性，进一步扩大规模、提高效益，这些大的广播电视机构提出了新的放松规制甚至解除规制的要求。在这种形势下，2003 年 7 月，联邦通讯委员会利用媒介所有权（biennial ownership review）两年复审的机会，公布了新的媒介所有权管制条款。

与《1996 年电信法》相比，新的条款全面大幅放松了对媒介所有权的管制，具体见表 5 – 2[②]。

---

① 笔者利用 Eviews 5.0 工具绘制。资料来自单波、刘学《关于当前美国媒介改革运动的观察与分析》，"中美媒介生态与媒介改革"国际会议提交论文，2005 年 11 月。

② 单波、刘学：《关于当前美国媒介改革运动的观察与分析》，"中美媒介生态与媒介改革"国际会议提交论文，2005 年 11 月。

表5-2　21世纪美国广播电视媒介所有权的进一步放松

	《1996年电信法》	2003年新条款
跨媒介所有权限制	(1) 禁止拥有报纸-广播跨媒介所有权；(2) 如果此外还有20个独立的电台或电视台存在，一家公司可以在同一市场拥有1个或2个电视台和7个广播台；(3) 如果此外还有10个独立的电视台或电台存在；一家公司可以在同一市场拥有1个电视台和4个广播台	(1) 在有9个或者更多电视台的市场取消所有限制；(2) 在有3个或者更少电视台的市场禁止拥有跨媒体所有权；(3) 其他市场受一定限制
电视台全国数量限制	禁止一家公司所有电视台覆盖的观众超过全国电视家庭的35%	禁止一家公司所有电视台覆盖的观众超过全国电视家庭的45%
电视台本地数量限制	一家公司在一个市场可以拥有2个电视台，如果至少其中之一不是该市场上收视率最高的四大电视台，此外在这个市场上还需要有8个独立运营的电视台存在	一家公司可以在一个有18个电视台的市场拥有3个电视台，在一个有5个电视台的市场拥有2个电视台。二者均要求最多只能有一个电视台在该市场上收视率最高的四大电视台之列

　　由此可见，放松规制带来的媒体兼并的剧增并没有引起当局的重视，相反，其后果是大型广播电视机构的力量越来越强大，从而具有了更强的议价能力，它们置公众的反对于不顾，进一步开展游说活动，敦促政府继续放松规制，使得整个美国广播电视的法规和制度朝着有利于它们的方向发展。

　　在此过程中，媒介改革组织和其他组织反对FCC放松对媒介所有权规制的呼声非常高，很多非新闻媒介专业组织也加入了向FCC提出抗议的行列，其中包括民权论坛、民权领袖协会、联合基督教会、全美总工会、全美妇女组织、消费者联盟等，截至FCC正式公布新的所有权条款，美国公民向FCC发送了50万份简短意见和标准信件，表达了他们的关切：媒介所有权不断扩大会对观点的多元化、媒介之间的竞争造成影响。[1]

　　但是，FCC在政策制定过程中刻意回避民众的参与，不召开公众听证会，而主要听取广播界的意见，最终这一有利于商业广播界的新法规得以通过。且不说这算不算一种恶性循环，这一动向本身就是非常危险的。美国广播电视放松规制的步伐迈开后，似乎就一发不可收拾了。政策制定者们一味强调放松规

---

[1]　单波、刘学：《关于当前美国媒介改革运动的观察与分析》，"中美媒介生态与媒介改革"，国际会议提交论文，2005年11月。

制所带来的市场的活跃与经济效益的提升——的确,这一点无可否认——而对其可能带来的甚至已经出现的负的社会效应却或睁一只眼闭一只眼或为其提供大量的说辞进行辩护。

然而,由此造成的社会和政治的长期影响是不容忽视与小视的。大规模兼并带来的后果是独立媒体机构的减少、市场的集中、对风险的规避、对无利可图的媒介项目的投资的减少(如调查性报道、电视纪录片、文化教育类节目等)、忽视数量较少且较为贫困的那部分潜在受众……

对此,传媒研究者默多克和葛尔丁如此评价:运作上持续地排斥那些缺少经济力量和资源的声音……运作成本的逻辑系统地发挥作用,巩固了已经在主要大众媒介市场确立起来的集团地位,并且将那些缺乏成功进入市场必需资金的集团排除在外。因而得以幸存的声音属于那些最不可能批评现存的财富和权力分配制度的声音。相反,那些最可能挑战这种格局的人,因为不能控制向广大受众进行有效传播所必需的资源,难以宣传他们的异议和反对。①

的确,无论从广播电视行业自身内部的竞争来看,还是从全社会博弈的格局来看,《1996 年电信法》所开辟的这条道路只能形成一种马太效应,使强者更强、弱者更弱。最终的结果我们今天已经可以看到:几家大型传媒集团垄断整个传媒市场,同时也垄断着整个"意见自由市场"——所谓的公众"需要""兴趣"都由这些大型的广播电视机构来决定,而真正代表公众意愿的呼声却很难进入被这些大型机构所主宰的"主流媒体"。

FCC 放松规制的依据在于:技术的进步特别是互联网的发展使得公众获取信息的渠道大大丰富、获取信息的能力大大增强,在这种条件下,广播的信息把关人角色被弱化,因此应该大规模放松对广播的所有权管制。从技术的角度来看,新技术的发展的确为公众获取更丰富、更多元的信息提供了无限的可能,技术的进步也因而成了 FCC 最强有力的说辞,但是放松规制后,市场的集中化使得这种可能性被大大削弱了,甚至几乎成为不可能——新的法规出台之后,所形成的更明显的局面是什么呢?

---

① 〔英〕丹尼斯·麦奎尔:《麦奎尔大众传播理论》,崔保国、李琨译,清华大学出版社,2006,第 70 页。

新型的媒体与传统媒体被同一公司，如美国在线时代华纳这样的巨头所控制，新技术在惠及公众之前，就已经被大型传媒公司收编，成为它们所控制的传播工具与营利工具。在看似"平等""民主"的技术面前，公众的选择余地其实并不比过去更大，相反可能更小了，因为新媒体和处于同一集团的传统媒体在用同样的口径传播着大同小异甚至完全雷同的声音。公众的知情权、表达权在很大程度上是被这些大型的机构所宰制了。

麦克切斯尼曾尖锐地评价美国媒体在21世纪的发展趋势："一言以蔽之，就是媒体的集中、联合和唯利是图。"他将《1996年电信法》看作"最著名的、非民主的腐败的规范通信行业的核心法律条文"。① 作为一个左派学者，麦克切斯尼的表述或许有点尖刻，但是我们不能不说，这一说法切中肯綮。

本节所叙述的是《1996年电信法》的颁布给美国广播电视格局带来的直接影响。应该说，其从法律上对20世纪80年代以来一系列放松规制政策的认可，从根本上触动了美国广播电视"公众委托模式"奠定60余年来的根基，成为美国广播电视业发展历程上又一个里程碑——放松规制由此变得合理、合法。这就使得整个美国广播电视业朝着有利于产业利益的方向发展。商业广播电视机构成为其中最大的受益者——上述一系列的数据足以说明这一点。

《1996年电信法》所带来的影响，不仅体现在广播电视产业的发展方面，也体现在传播内容方面，以及由此带来的外在效应，即它对社会、政治、文化的影响，对其他国家广播电视事业、广播电视政策以及思想文化的影响等。这是一个复杂的体系。因此，我们不能片面分析，更不能一概而论。

如何评价这一具有里程碑意义的法规？笔者认为，或许从产业发展、技术发展的角度分析，与从社会政治文化福利的角度分析，会得出完全不同的结论。这一问题，我们将放在本章下面几节进行探讨。

---

① 〔美〕罗伯特·W.麦克切斯尼：《富媒体 穷民主：不确定时代的传播政治》，谢岳译，新华出版社，2004，第21页。

第二节 《1996 年电信法》后美国广播电视
媒体内容的改写

放松规制的结果是广播电视机构对市场利益的追逐，对公共利益的忽视，最明显的表现除了在产业层面不惜一切代价兼并整合、扩大规模，还有在节目运作上的唯利是图，即娱乐化倾向明显、色情暴力内容增多、商业广告猖獗，而其背后的原因则在于商业利润诱惑与行业压力挤压之下媒体社会责任感的沦丧。这一倾向自 20 世纪 80 年代以来已经逐步显现出来，在《1996 年电信法》中，这种已经出现的危机不仅没有得到及时有效的遏制，反而被默许，并进一步蔓延开来。

一 变形的书写

市场模式下，以"满足受众需要为导向"的美国广播电视在传播策略上发生了很大变化。做新闻、传播信息已经不是最重要的，或者说根本就不重要，广播电视机构的目标在于营利。因此，它们将目光聚集在"低成本、高效益"的事件上，只要有利可图，节目就可以上。重要的新闻、事件，可能因为枯燥，也可能因为采编制作成本过高而被"屏蔽"，永远成为尘封的历史；不重要的、滑稽的、能博人一笑的东西，可能因为有卖点，也可能因为成本低，就被一次次强化、一轮轮放大……用布尔斯廷的说法，"人们体验到的生活变得断断续续、凌乱不堪"。这样一来，电视呈现给受众的是一幅幅支离破碎的、变形的画面，它与现实有着很大的差异，却又不可避免地影响着现实的社会文化——从新闻到电视剧再到儿童节目、娱乐节目乃至广告，无一不是如此。因此，笔者将 20 世纪 90 年代后期以来美国广播电视所建构的社会现实称为"变形的书写"。

2000 年，CBS 主持人丹·拉瑟（Dan Reather）在接受采访时说，上一代 CBS 的新闻负责人很少会注意收视率或利润，他们注意的是他们报道的新闻的正义性；而到了现在，电视网的负责人"每天的动力"就是"赚钱"。当正直被利润所代替时，"很多事情不可避免要失控。……我们一旦把自己的事业视为生意，而不是公共服务的工具，质量下降的速度就加快了"。①

本节主要关注三个方面的问题：一是色情、暴力的盛行；二是新闻的变异；三是儿童节目的危机。

（一）色情、暴力盛行

1998 年，加州大学森特·巴巴拉传播和社会政策中心的研究人员公布了他们对电视内容进行调查研究的结果：连续 3 年，"暴力电视节目占全部电视节目的 60%，而且这个比例每年都在上升"。同样，《纽约时报》在 1998 年也认为，"主流电视本季度的节目充满了最粗俗、最直接的性语言和性行为，这些节目被传播到每一个美国家庭"。② 耸人听闻、幼稚的性行为谈话节目几乎不需要任何制作成本，而且也不需要"开发"观众。尽管这类节目收视率并不高，却仍在继续播放——这对商业电视台来说依然有利可图，因为这种节目基本上是"零成本"。

1998 年 3 月，一项有关地方电视新闻的调查在 102 家电视台展开，报告指出，40% 的新闻是"犯罪、灾难、战争或恐怖主义事件"。该调查还表明，地方电视节目中有 25% 的内容是毫无价值的东西，这些节目主要包括"毛发文身、啤酒浴、走失的狗自己找到回家的路……"③ 1997 年和 1998 年的冬季，洛杉矶的电视新闻全部转向播放追捕辛普森的实况节目，但是这些关于辛普森的电视新闻节目却忽视了追捕的意义，只注重情节的曲折与场面的热闹——呈现给观众的似乎更像是好莱坞大片，而不是新闻。在电视频道上，每项逆潮流而动的举止都能博得一片新的喝彩声，暴力行为或破坏行为则尤其如此。正如《纽约时报》杂志版的一位作家所言："多数新闻界和学术界人士认为，如果地方电视节目中有什么新闻的话，除了骇人听闻的事件报道外，再也没有什么可以算得上新闻的了。"④

---

① 〔美〕伦纳德·小唐尼、罗伯特·G. 凯泽：《美国人和他们的新闻》，党生翠等译，中信出版社、辽宁教育出版社，2003，第 149 页。
② 〔美〕伦纳德·小唐尼、罗伯特·G. 凯泽：《美国人和他们的新闻》，党生翠等译，中信出版社、辽宁教育出版社，2003，第 41、42 页。
③ Christopher Parkes, "Felons Provide Freeway Freak Show", *Financial Times*, 1998, 2, p.24.
④ 〔美〕罗伯特·W. 麦克切斯尼：《富媒体 穷民主：不确定时代的传播政治》，新华出版社，2004，第 63 页。

美国知名记者伦纳德·小唐尼（Leonard Downie Jr.）和罗伯特·G. 凯泽（Robert G. Kaiser）评论道："经济在上个世纪最后 25 年里更多地控制了美国新闻。利润的压力对全国新闻机构像大风一样改变了他们的人格、任务和所有制，除了少数几家新闻媒体未受这种影响。"[①]

(二) 新闻的娱乐化与本地化

近年来，美国广播电视的新闻报道呈两大趋势，即硬新闻比例下降，软新闻大幅上升；国际新闻下降，地方新闻大幅上升。在此，可以将之归纳为娱乐化与本地化。

1. 娱乐化

新闻娱乐化的一大表现就是新闻的故事化。从 20 世纪 90 年代后期开始，美国电视媒体开始盛行新闻故事，也就是将新闻尽可能故事化，增强其"可看性"。一批基于事实却加上许多合理想象的杂志型新闻节目纷纷出笼。如 CBS 的《街头故事》，以犯罪、毒品、卖淫等都市生活的阴暗面为背景，以警察的追踪破案为主线，每周播出一集，警察都是原型，罪犯有时请演员来演，有时也让原型出现。ABC 和 NBC 则播出《没有公开的故事》《没有结果的秘闻》，挖掘联邦调查局二三十年前的内部阴谋、犯罪、伤害事件的秘闻，以一些真实新闻加上道听途说编成故事来吸引观众。这些节目使新闻、纪录节目和娱乐性节目之间的界限变得模糊。现在的美国人需要边看边想，这个节目是实况转播还是预先录制的？是动画片还是真人扮演的？是重播节目吗？来源是什么？是真人真事吗？是演员遇到的，还是真人遇到的？是商业广告呢，还是对某商业广告的嘲笑？是纪录片还是纯属虚构？

在娱乐化的冲击下，一批有名的节目纷纷改变方针，换上嬉皮笑脸的新面孔以取悦受众。美国著名的四大新闻节目[②]，除了"60 分钟"仍然坚持以硬新闻为主，其他各档节目都重新包装，以犯罪、性、家庭、演艺圈为主要

[①] 〔美〕伦纳德·小唐尼、罗伯特·G. 凯泽：《美国人和他们的新闻》，党生翠等译，中信出版社、辽宁教育出版社，2003，第 299 页。

[②] 四大新闻节目分别指"60 分钟"（CBS），"20/20"（ABC），"48 小时"（CBS），"日界线"（NBC）。

题材。①

新闻娱乐化最典型的例子是臭名昭著的辛普森杀妻案。1994 年 5 月，在美国橄榄球明星 O. J. 辛普森因涉嫌杀妻被追捕而逃跑的过程中，有 10 架直升机在空中盘旋，进行航拍，为电视直播提供画面。美国的主要电视台都中断了黄金时段的节目，就连正在进行的世界杯足球赛的开幕式直播也被迫中断。这场超级奇观成为美国历史上收视率最高的节目之一，CNN 的收视率一下子上升了 5 倍，甚至超过了海湾战争报道时的收视率。电视网对辛普森逃跑以及之后的听证会、刑事庭审、民事庭审都做了现场直播，赢得了很高的收视率。

美国主流媒体对辛普森动用了如此大的人力、物力和财力，这恰好说明它们已经完全被商业化，为了制造媒体奇观和娱乐，不惜放弃新闻应当关注公共事务的原则。美国文化学者道格拉斯·凯尔纳（Douglas Kellner）如此评价："辛普森案无疑是媒体文化时代新闻的衰落和新闻向信息/娱乐结合体的转变过程中的一个转折点。"②

2. 本地化

20 世纪 90 年代中后期，国际新闻在美国电视屏幕上日趋式微，地方新闻比例迅速上升。美国三大电视网（ABC、NBC、CBS）上的国际新闻也成了商业化的牺牲品。从 1970 年到 1998 年，国际新闻的时间从整个节目的 45 % 下降到了 13.15%。③ 这一发展与全球化的趋势形成了强烈反差

2000 年 4 月，ABC 的主持人彼得·詹宁斯（Peter Jennings）在接受采访时坦言，ABC 的国际新闻"比原来薄弱得多了。……我们那时（1983 年——作者注）的记者遍布伦敦、巴黎、法兰克福、特拉维夫、开罗、莫斯科、北京、东京、香港和约翰内斯堡……而今天，伦敦还有，法兰克福已经没有了，更别提巴黎、罗马、开罗、香港……"④ 至于为什么会出现如此大幅度的人员

---

① 李良荣：《当代西方新闻媒体》，复旦大学出版社，2006，第 35 页。
② 〔美〕道格拉斯·凯尔纳：《媒体奇观——当代美国社会文化透视》，史安斌译，清华大学出版社，2003，第 111 页。
③ Claude Moisy, "Myths of the Global Information Village", *Foreign Affairs*, 1997, Summer, p. 82.
④ 〔美〕伦纳德·小唐尼、罗伯特·G. 凯泽：《美国人和他们的新闻》，党生翠等译，中信出版社、辽宁教育出版社，2003，第 143 页。

削减，詹宁斯归咎于金钱、技术以及"对国际新闻是否应该重视"这个"全国都感到困惑"的问题。当然，经济上的预算是首要原因。

三大电视网的国际新闻从 1987 年的 40% 下降到 1996 年的 12%。[①] 与此同时，三大广播公司不断削减国外记者站和记者。正如《纽约时报》一名编辑所描绘："一片阴霾正笼罩在美国人的心中，它使美国人忘记了在美国疆土以外还有另一个世界。三大电视网全都吃错药般地将镜头对准美国国内的各种传闻和戏剧性事件。"[②]

与此同时，日常琐事、当地治安、天气、交通、健康、时尚成为媒体的主要内容，"后篱笆院原则"在美国广播电视界畅行无阻。他们着重对普通人生活中新鲜的、不平凡的经历进行纪录。这类新闻也被称为"亲近新闻"。在亲近新闻中被树为典范的是"两个杰西卡"的故事。[③]

1991 年，18 个月大的杰西卡·麦可纳尔不幸掉入得克萨斯州一个废弃的、深 22 英尺的矿井中，附近居民全力投入抢救，各家媒体倾巢而出，CBS 广播公司还在现场做实况报道，一连几天，各大电视台头条全是营救新闻，并占去了 1/5 到 1/3 的报道时间，直到第四天小杰西卡被抱上来。

另一个例子是一名叫杰西卡·多普罗茨的小女孩，1997 年，她刚满 7 岁，就决定单独驾轻型飞机穿越全美。全美媒体每天跟着她做全方位报道，一时间杰西卡垄断了全美媒体的头条新闻。不幸的是，到第五天，小杰西卡遭遇恶劣天气，因飞机坠毁而身亡。

在营救小杰西卡的报道的那几天，正值海湾战争爆发、纽约股市跌宕起伏，然而受众却偏爱小杰西卡的报道，关心小杰西卡的命运，那些新闻赢得了那些天所有电视新闻中的最高收视率。

对于电视网而言，这类新闻有两大优势：第一是制作成本相较国际新闻、硬新闻要低；第二是贴近普通人的生活、趣味性强。所以广受各大电视网的青睐。

---

① 李良荣：《当代西方新闻媒体》，复旦大学出版社，2006，第 36 页。
② 〔美〕威廉·哈森：《世界新闻多棱镜》，新华出版社，2000，第 115 页。
③ "两个杰西卡"的故事摘自李良荣《当代西方新闻媒体》，复旦大学出版社，2006，第 36 页。

"我们的新闻价值标准必须以最高的职业标准来界定，也就是说，以重要性为依据，而不是仅仅考虑新闻的趣味性。"20世纪60年代CBS晚间新闻的制片人萨朗特说出的这番话，代表着当时西方新闻业从业人员的主流意见，他宣称："给我们22分钟，我们将给你整个世界。"[①]

但现在，传统的新闻选择标准已被抛弃，趣味性取代了重要性。20世纪末，CBS主持人丹·拉瑟（Dan Rather）在广播与电视新闻董事协会上的演讲曾轰动一时——它抨击了在过去10年中广播电视体制的现状。"不是为了与其他新闻节目竞争，而是为了与娱乐节目竞争，他们让我们播出像警匪新闻这样越来越没有价值的东西，这些娱乐节目中包括貌似新闻节目却热衷于死亡、灾难和恐怖故事的节目。"[②]

（三）儿童节目的隐患

在美国，没有任何商品能替代电视在儿童生活中的地位，7岁上下的儿童每年收看电视的时间为1400小时，而12岁上下儿童的爱好则完全被商人所控制。20世纪90年代，儿童商业电视在美国媒介行业中可能是增长最快、利润最丰的，1998年的广告收入大约为10亿美元。[③]

4个最大的巨型媒介公司各自都有一个儿童有线电视频道，吸引了全国3900万2~11岁儿童。到1997年年底，瞄准儿童和青少年的暴力广告有增无减；1998年，广播公司开始将广告对象瞄准1岁儿童，试图以此作为进入青少年市场的突破口。连时代华纳专门负责儿童节目的管理人员也坦率地承认"儿童节目中隐含一些不健康的内容"。[④] 当广告商和巨型媒介公司合作开发儿童市场时，他们难道没有考虑到这一行动的社会影响？

暴力对儿童和青少年的影响尤其严重。美国媒体公共事务中心1992年对全国10家电视台进行了18个小时的调查，暴力片段出现次数累计为1846次。

---

① 李良荣：《当代西方新闻媒体》，复旦大学出版社，2006，第36页。
② 〔美〕丹尼斯·C.哈林：《美国新闻媒介中的商业主义与专业主义》，见〔美〕米切尔·古尔维奇编《大众媒介与社会》，杨击译，华夏出版社，2006，第206页。
③ 〔美〕罗伯特·W.麦克切斯尼：《富媒体 穷民主：不确定时代的传播政治》，杨击译，新华出版社，2004，第54页。
④ Jon Lafayette, "The Boom Tube", *Adweek*, May 18, 1998, p. 50.

1994 年人们又进行了一次相同时间的调查，结果暴力片段不但没有减少，反而增加了 41%。1995 年 3 月在墨尔本召开的世界电视与儿童的研讨会上显示，儿童在美国收看电视节目时看到的暴力镜头比其他任何国家都多，比如和德国相比，是德国的 3 倍。美国心理学会的一项研究则透露，未进中学的美国青少年每周收看电视的平均时间为 28 小时，其中暴力镜头多达 8000 个。①

1996 年之后，许多人开始寄希望于"V 芯片"②（反暴力芯片），它可以有效地控制青少年收看暴力节目。同年，总统克林顿在田纳西州纳什维尔召开的一次题为"媒体与家庭"的会议上明确表示要支持 V 芯片技术的推广与应用。对于市场失灵带来的弊端，美国人采取的抑制措施不是法律上的，也不是行政上的，而是把希望寄托在了技术上。而技术总是由人来操控的。这能不引起社会的忧思吗？

二 责任感的沦丧

1996 年之后，西方的社会学家、传播学者对西方各国媒体的新闻报道有许多负面评价，感性化、庸俗化、低俗化等责难不断出现，甚至有学者断言："新闻，现在已是风光不再，利剑已钝，使命全无。"③

在电视时代的头 40 年里，也就是从 1950 年到 1990 年，定位于广大观众的电视新闻几乎都把重头戏放在晚间新闻上，也定时播放一些其他节目。从 90 年代开始，新闻越来越成为一种瞄准机会的产品。这是一种重大的文化变异。大型电视台竞争非常激烈，它们都力争第一个把重大新闻的现场图片播放出来，为观众提供及时的、有冲击力的报道。

到了八九十年代，国会和 FCC 都不再要求广播为公众服务；电视网的创

---

① 蔡琪、蔡雯：《美国传媒与大众文化——200 年美国传播现象透视》，新华出版社，1998，第 226、227 页。

② 严格地讲，V 芯片是一种计算机芯片，但它可以装到电视机上。使用 V 芯片的必要条件是，电视节目必须按暴力场面出现的频率与时间分成等级，从一级到四级。如果把 V 芯片设置到三级的位置，则所有三级或高于三级的电视节目将会被自动切换。使用 V 芯片后，父母就像是给电视机上了一把锁，使自己的孩子不受电视暴力的影响。

③〔美〕理查德·科恩：《公司新闻与利润最大化》，《国际新闻界》2001 年第 2 期，第 33~39 页。

始人从缔造者变成了公司的老板。"做新闻越来越不重要，做出来的新闻也越来越容易引起惊慌。"①

笔者认为，广播电视体制的变迁带来的是广播电视机构以及从业者社会责任感的沦丧。下面一组对比鲜明的例子或许可以说明这一点。

1964年，美国时任联邦调查局局长胡佛弄到一批录音带，上面记录了黑人宗教领袖马丁·路德·金婚外恋的证据。胡佛如获至宝，以为可以一举败坏他的名声。于是，胡佛邀请了一批记者去听那批带子，可是第二天浏览所有媒体，胡佛倒吸了一口气——没有一家媒体报道此事，尽管看带子的记者中不乏与胡佛私交甚好的，甚至厌恶马丁·路德·金的。记者们告诉胡佛，那只是你的一家之言，我们得核对。②

由此可见，在20世纪60年代，记者们的作风普遍比较严谨，他们不以个人好恶或权威而进行不负责任的报道，也不像今天的媒体工作者们为了抢头条、赚独家而违背新闻工作的基本原则。下面的例子就体现了今天媒体工作者们的状态：为了抢时间，他们在全民关注的最重要的新闻上都会出错。

2000年11月，美国总统大选时，共和党候选人布什和民主党人戈尔对决，其余各州的选举已统计出来，两人几乎平分秋色，只看最后佛罗里达州的结果。由于技术上的原因，选票迟迟计算不出来。11月7日晚11时15分，美国三大电视网几乎同时宣布：共和党候选人小布什在佛罗里达州的选举中获胜，从而以271张选举人票当选美国第43任总统。瞬时间，全世界主要媒体都以"美国新总统诞生了""布什当选美国新总统"为标题发布最新新闻。布什的支持者举行全国性庆祝，连其竞争对手戈尔也信以为真，打电话向布什表示祝贺。但仅仅过了一个多小时，佛罗里达州总检察长正式宣布：佛罗里达州的选票要重新清点，谁当选总统尚未确定，真正的结果要10天后才能公布。于是，三大电视网连忙道歉，全世界所有媒体忙于更正……三大电视网事后都承认，从选举委员会听到消息，未经核实就匆忙发布了。③

---

① 〔美〕伦纳德·小唐尼、罗伯特·G.凯泽：《美国人和他们的新闻》，党生翠等译，中信出版社、辽宁教育出版社，2003，第300、167页。

② Bill Kovach, Tom Rosenstiel, *Warp Speed*, Century Foundation Publish, 1998, p. 6.

③ 李良荣：《当代西方新闻媒体》，复旦大学出版社，2006，第38页。

　　当然，这里不能将责任全部归结到媒体工作人员以及媒体机构身上——残酷的市场竞争迫使各家媒体在时效性上都不敢怠慢。在全面放松规制的环境中，广播电视不再是让公众充分了解周围所发生的事情的行业。它们的任务是聚集大量的观众，使之成为广告商出售商品的巨大市场。加大新闻报道的力度也不会与这样的目标背道而驰。好的新闻当然能促进这一目标的实现。2000 年之后，做新闻只是一个看机会行事的行业，而不是一种义务。但是，电视网在处理新闻的一个非常重要的方面失败了：由于节目质量的下降，它们的那些招牌节目、晚间新闻报道的观众减少了——2000 年时还不到 20 年前的 60%。

　　在 1999 年的一项调查中，大部分记者认为行业压力正在破坏新闻的质量；但那些处于商业边缘的媒体主管并不同意这种说法，大部分主管都觉得这些改变的只是新闻编辑室行事的方式，并没有影响其质量。有 3/4 的被调查的记者说，吸引观众任务的压力已经使新闻业越来越靠近娱乐，而只有一半多一点的主管同意这种观点。70% 以上的人认为新闻媒体对复杂事件关注太少。约一半人认为新闻媒体已经失去了公众的信任。[①]

　　三位著名的社会学家研究了 20 世纪 90 年代后期成功记者的态度。他们的结论是："约有 2/3 的人更倾向于把这几年的变化看作一种退步，而不是进步。"在讨论行业趋势时，他们中"有 4/5 以上的人"对新闻做出了负面的评价。具体地讲，"他们谴责那一种一味看重市场份额的做法，他们认为，这样破坏了这个领域的正义感"。[②]

　　追逐利润的方式广为人知，那就是降低管理成本。在新闻业中成本控制在这些人身上：记者、编辑、广播电视的制片人。在电视业，要求所有的通讯记者在每天的广播中增加一两个报道，从而排除所有第一手的、富有创新意义的并且很费时间的新闻报道。在这样的压力之下，记者们即便想对报道负责也是心有余而力不足。

　　从 20 世纪 30 年代到 80 年代早期，广播电视的社会责任在业界是被普遍

①　〔美〕伦纳德·小唐尼、罗伯特·G. 凯泽：《美国人和他们的新闻》，党生翠等译，中信出版社、辽宁教育出版社，2003，第 300、301 页。

②　〔美〕伦纳德·小唐尼、罗伯特·G. 凯泽：《美国人和他们的新闻》，党生翠等译，中信出版社、辽宁教育出版社，2003，第 143 页。

接受的。任何电视台的执行官、记者、编辑都认可这一观念：新闻记者确实有一种高于追求收视率的责任，电视新闻服务于公众，而不仅仅是市场。然而到了90年代，"这个在若干年前还被普遍接受的新闻伦理观念，现在逐渐地被视为是堂吉诃德式错误的现代翻版"①，美国传媒学者丹尼斯·C. 哈林（Daniel C. Hallin）如是评价。

20世纪90年代中后期，美国新闻业已经失去信心的状况就已经显而易见了。广播电视机构的执照持有者为了利润缩减人员，降低标准，歪曲新闻，以满足观众和读者最低级的需求，这是产生这种危机的重要原因。担心删去像辛普森被逮捕和审判这样的报道，公众反响会不好，也是一个重要原因。调查表明，公众对新闻媒体的信心正在不断下降。1997年，几位在任记者和已卸职的记者联合发表了一份声明，题目叫作"担忧的声明"，部分内容记录如下：②

> 许多新闻记者感到背离了初衷，甚至对新闻的意义产生了怀疑，怀疑为何严肃新闻可以演变成观点新闻、信息娱乐或是煽情新闻……新闻能够提供娱乐、把人逗乐、振奋我们的精神。但是新闻机构也必须报道对我们至关重要的日新月异的事件，讨论有关民主的话题。第一修正案说明了我们应该享有自由，但也规定了我们应尽的义务。

很庆幸，业界还有如此多的清醒者。他们的"变节"源于市场的压力而非出于自愿。而市场的压力，激烈的市场竞争一方面是受商业利益的驱使，一方面则是由于政府的放任。所以，无论是从传播者的角度来说，还是从广播电视传播文本本身来看，美国广播电视的内容在20世纪末的改写都与政府放松规制有着密切的关系。

美国社会从优秀的新闻机构中受益良多。正是这样的机构帮助这个国家度过了巨大的民族创伤，驱使人们面对宁愿避而不谈的丑恶现实，从而推动着这

---

① 〔美〕丹尼斯·C. 哈林：《美国新闻媒介中的商业主义与专业主义》，转引自〔美〕米切尔·古尔维奇编《大众媒介与社会》，杨击译，华夏出版社，2006，第206页。

② 〔美〕伦纳德·小唐尼、罗伯特·G. 凯泽：《美国人和他们的新闻》，党生翠等译，中信出版社、辽宁教育出版社，2003，第300页。

个民族不断进步、不断超越。然而，在《1996年电信法》之后，几乎没有法律来保证它们的健康以及生存了，优秀新闻机构的存在完全取决于它们的运营者，这样，其品质就具备了相当多的不确定性。

在一个放松了管制的"自由市场"中，最好的运营者也很难保证其机构的健康，因为它们必须在激烈的竞争中生存，这是一个必要的前提，否则所谓的社会责任、所谓的公共利益都是空中楼阁。在这样的环境中，好的机构的生存变得不是那么容易。建立一个优秀的新闻机构是困难的，它需要几十年乃至更长时间的积累，而摧毁它却是极其容易的。典型的例子是，直到20世纪80年代中期，哥伦比亚广播公司仍然是一个"优秀的、潇洒的新闻机构"；但是现在，"它是三大广播公司中最缺乏雄心的一个，是一颗陨落的星"。①

在这个有着优良新闻自由传统的国度，在这个以民主、自由而自豪的国度，新闻自由很少为政治所左右，但它却由于政府对产业的不作为与纵容，被市场的洪流所冲击。这不能不说是体制的悲哀。尽管在这种体制之下，这个国家最高质量的媒体公司在经济方面取得了成功，但有太多的广播电视业主为了追求更多的利润与更多的声望，牺牲了或正在牺牲好的电视节目，一些著名的广播电视机构逐渐失去了它们的光环。

第三节 《1996年电信法》对世界广播电视业的影响
——全球化、自由化、私有化高潮迭起

20世纪80年代早期之前，公共广播一直在大多数国家占据统治地位。除英国外（英国早在1954年就出现了商业电视台），基本上在所有欧洲国家都是公共广播电视一统天下。在欧洲国家民众以及政府的观念中，广播电视频谱作为公共资源而存在，因此其政治功能、文化功能要远远高于其经济功能。但是，从70年代末80年代开始，在新自由主义思潮的冲击下，欧洲公共广播电视的根基开

---

① 〔美〕伦纳德·小唐尼、罗伯特·G. 凯泽：《美国人和他们的新闻》，党生翠等译，中信出版社、辽宁教育出版社，2003，第300~301页。

始动摇，私有化浪潮首先在意大利（1976 年）兴起，接下来，德国（1984 年），法国、冰岛（1986 年），比利时（1987 年），丹麦、爱尔兰（1988 年），西班牙（1989 年），荷兰、希腊、挪威（1990 年），葡萄牙、瑞典（1991 年）等国相继引入了商业电视；与此同时，英国的商业电视也有了突飞猛进的发展，独立广播联盟（ITV）开始和英国广播公司平起平坐；在日本，四大商业电视台也加大投资，取得了和日本公共台 NHK 一争高下的地位。

后起的商业电视台以其灵活的运作方式、新颖的节目形态，对曾一度占有绝对主导地位的公共电视形成了强烈的冲击。到了 20 世纪 90 年代，在这些国家基本上都形成了传统的公共电视和新兴的商业电视平分天下的局面，也就是通常所说的"双轨制"。如罗兰德所说："随着 20 世纪 80 年代的结束……公共广播体制和支撑公共广播的文化、政治理念基础似乎在各国都受到了激烈的攻击。"①

美国《1996 年电信法》颁布后，兼并浪潮不仅席卷了本国各个地区、各个领域，也波及了其他国家尤其是欧洲各国和日本的广播电视市场。这些国家积极应对，进一步加快了商业化的步伐，商业电视在这一时期出现了前所未有的发展，给老牌的公共电视造成了巨大的威胁。

世界各国的公共广播电视媒体，与其自身曾经的辉煌相比，都显得黯然失色了。它们中的大部分开始失去财政支持和权威的影响力。在 20 世纪 90 年代，欧洲各国公共广播的受众份额都开始下降。具体见表 5-3。

表 5-3　欧洲国家公共电视受众份额下降情况（%）②

频道 ＼ 年份	1990	1992	1995
BBC（英国）	38.1	33.6	31.4
DR（丹麦）	45.0	35.0	——
ET（希腊）	19.6	10.5	——

① 〔加〕考林·霍斯金斯、斯图亚·特迈克法蒂耶、亚当·费恩：《全球电影和电视：产业经济学导论》，刘海丰、张慧宇译，新华出版社，2004，第 128 页。

② 加拿大的数据来自加拿大管理委员会（1996），其他国家的数据来自《银屏文摘》1993 年第 10 期和 1995 年第 3 期。参见〔加〕考林·霍斯金斯、斯图亚·特迈克法蒂耶、亚当·费恩：《全球电影和电视：产业经济学导论》，刘海丰、张慧宇译，新华出版社，2004，第 128 页。

续表

频道 ＼ 年份	1990	1992	1995
STV2/TV2（瑞典）	54.0	36.0	——
NRK（挪威）	72.9	57.0	——
Nederland I（荷兰）	24.0	14.7	——
TVE I（西班牙）	53.6	32.6	——
RAI（意大利）	22.7	18.9	——
ARD（德国）	30.7	21.7	——
CBC（加拿大）	16.1	——	12.9

加拿大的公共广播电视机构被剥夺了垄断权，失去了政府的财政支持，观众流失，以至于它们为了能继续制作节目，不得不向一个由观众资助建立的慈善基金会求助；意大利的公共广播电视机构 RAI 不断萎缩，成为一个小型的、低调的组织；澳大利亚的公共广播电视机构也处于相似的困境……几乎每一个国家都演绎着相同的故事。公共广播电视无论是作为一个机构还是一套价值体系都有些难以为继。

有传媒研究者认为，这些急剧的衰变并不是不可避免的，然而它们是广播电视政策变化的必然结果。[①]

一时间，无论是公共电视台，还是政府或者公众，都开始思考公共电视的生存状况与发展出路。一些公共电视台开始播出商业广告或者变相接受商业赞助，以弥补运作资金的不足；政府对此或默许，或公开支持；而公众则开始质疑：既然公共电视也开始接受商业赞助，那么它的独立性还能得到保证吗？它和商业电视有什么区别？它还有存在的意义和必要吗？

与此同时，一些运作较好的商业电视台为了争取更大的生存空间、博得公众的认可，也开始播出一些"公共性"较强的节目，使得一部分公众、团体开始认为，以往公共电视所承担的公共职能，现在的商业电视也能承担，且商业电视的节目质量并不比公共电视差，因此，依靠收视费、执照费和政府拨款

---

① 〔英〕詹姆斯·卡瑞、珍·辛顿：《英国新闻史》（第六版），栾轶玫译，清华大学出版社，2005，第 194 页。

而生存的公共电视就完全没有存在的理由了。

如此一来，公共电视就陷入了两难的境地：如果公共广播电视以普遍的大众趣味和商业广播电视争夺受众，人们会指责它混同于商业电视而失去了存在价值，不值得公众支助；如果公共电视只是提供与众不同的、针对少数人趣味的所谓"公共性"的节目，又会招致另一方面的指责：公共电视曲高和寡，脱离大众，花钱不值得。

进入 20 世纪 90 年代后，大多数国家的公共电视所面临的现实是：没有可靠的资金来源，就很难保证节目质量的提高和节目形态的创新，很难实现其公共职能；节目质量的下降、公共职能的萎缩又使其资金进一步紧张——可以说，进入 90 年代，尤其是《1996 年电信法》之后，在巨型跨国传媒集团以及国内商业电视的强势冲击下，西方国家的公共电视普遍举步维艰。

在此背景下，欧洲国家开始反思：究竟是应该保持传统的公共电视，还是应该走美国化的道路，抑或两者都不选择，而是在此基础上探索出一条新的路子？下面，本研究将选择几个有代表性的国家进行分析。

一　英国：亦步亦趋的跟进

英国广播电视业的技术起点和历史起点与美国基本一致，所不同的是，由于两国在社会政治传统、经济观念、地理条件以及制度确立过程中多股力量博弈格局的差异，经过约 30 年的探索（从 19 世纪末 20 世纪初到 20 世纪 30 年代上半期），美国在 1934 年确立了商业广播电视主导的广播电视体制，以美国《1934年通讯法》的颁布为标志；而英国则确立了公共广播电视垄断的制度——1927年 1 月，独家经营的英国广播协会（British Broadcasting Corporation），即 BBC，正式依照皇家特许状成立，以公共和垄断为特征的英国广播电视体制基本确立。

但是 BBC 的垄断地位并没有一直持续下去。进入 20 世纪 50 年代，有关机构开始批判 BBC 因垄断而形成的恶习——"官僚作风、自鸣得意、偏袒不公以及毫无效率"；[①] 同时，它们建议通过设立与 BBC 竞争的电台/电视台来改

---

① 〔英〕詹姆斯·卡瑞、珍·辛顿：《英国新闻史》（第六版），栾轶玫译，清华大学出版社，2005，第 132 页。

变这种格局。1951 年，英国工党在大选中败北，主张开放商业电视的保守党上台。1954 年，英国《独立电视法案》获得通过。根据该法案，英国开始建立 BBC 之外的独立电视体系，由独立电视管理局 ITA 实施管理职能，下辖 15个独立电视公司 ITV（Independent Television）——在全国 14 个地区各选一家电视公司，伦敦两家。从此，英国的广播电视格局由 BBC 独家垄断转变为BBC 与 ITV 双头垄断。

20 世纪 80 年代初，撒切尔夫人上台，保守党在英国长达 15 年的统治由此开始，把英国重新领回到了自由多元主义的资本主义道路上，后来工党即使再次执政，也变得更加折中和保守了。英国的广播电视生态开始发生明显变化：一方面，以公共事业为骄傲的 BBC 更多地受到了政府的操控；另一方面，随着有线电视技术、卫星技术越来越成熟，电视频道资源的稀缺性不复存在，政府和议会针对广播电视的严格管理出现松动，私有电视频道从 20 世纪 80 年代初期的 Channel 4 诞生之日起，开始越来越多地和 BBC 争夺受众和广告资源，英国人也许再也不敢自称生产的是"世界上最瑕不掩瑜的电视节目"[①] 了。

1986 年，主张经济自由化、私有化的保守党重新执政，他们任命成立了一个专门的委员会——皮考克委员会来主要研究 BBC 的财源问题。该委员会由著名的新自由主义经济学家皮考克担任主席。他提出了"消费者主权"的概念，认为所谓的消费者主权，即意味着"观众和听众是他们利益的最好也是最终裁决者，如果他们能够在尽可能多的广播服务中购买他们所喜欢的广播服务，他们的利益就能得到最大的满足"[②]。也就是说，报告认为，消费者应该替代政府决定广播电视播出什么样的节目。为满足消费者的偏好，有必要对BBC 进行制度性的改革。这一观点为 1990 年新的广播电视法的出台奠定了思想基础，也提供了一些基本的改革措施。

进入 20 世纪 90 年代，BBC 似乎注定进入了其衰落时期：利润减少、观众数量下降，影响力减弱。由于商业电视的冲击，公共电视陷入困境。

---

① 英国人曾经对公共垄断下的电视节目非常自信，称其为"世界上最瑕不掩瑜的电视节目"。见 Edward Buscombe, *British Television*: *A Reader*, Oxford University, 2000, Introduction, p.1.

② Peacock Committee, "Report of the Committee on Financing the BBC"，转引自鞠宏磊《媒介产权制度——英美广播电视产权制度变迁及其对我国的启示》，四川大学出版社，2006，第 121 页。

1990 年，英国颁布《1990 年广播法》（Broadcasting Act 1990），迈出了英国广播电视所有权管制变迁的第一步。在对拥有广播电视台数量的限制上，该法首先按照地域的不同，把广播电视市场划分为全国性市场和地方性市场，同时把所提供的执照划分成 12 个类型，进而在不同的市场内对可拥有的不同广播电视执照的数量进行了限制。[①] 在跨媒体所有权的管制方面，该法案的规定相当复杂，对不同类型的电视执照、电视—广播、报纸—广播电视执照都进行了最高限额的规定。[②] 该法案实际上把英国广播电视的解除管制和私有化政策合法化了。这可以看作英国广播电视在自由化、私有化、全球化方面迈出的第一大步伐。之后，BBC 也开始利用自己的资源换取美国人的投资，并进一步展开了面向世界的 BBC World Service 的服务；而英国的私有电视则很快就汇入了世界范围内全球大并购的浪潮，媒介不但被产业化，更重要的是和通信等产业资源整合到了一起。[③]

1996 年 7 月，英国《1996 年广播法》（Broadcasting Act 1996）获得皇家评审委员会的批准。根据英国政府的意图，该法案颁布的目的在于"解除对英国广播公司的束缚，使它们在 21 世纪处于领先地位"[④]。很明显，该法案的出台与英国广播电视业当时所面临的国际市场的竞争形势——美国广播电视市场的龙腾虎跃、美国传媒集团的虎视眈眈有很大关系。因此，我们可以将之看作对美国当年 2 月出台的《1996 年电信法》的一种应对。

该法案取消了在全国范围市场内可以拥有广播电视执照的数量限制，制定了对广播电视单一媒体所有权的上限，即不管其运营的方式如何、拥有多少个执照，其总覆盖率都不得超过英国听众或观众份额的 15%。[⑤] 随着《1996 年广播法》的生效，1997 年第五频道的成立和天空卫星在英国市场的全面成功，英国电视市场的竞争日益激烈，国内市场的竞争在很大程度上已经超出了政府

---

① Broadcasting Act 1990, Sched 2, Restrictions on the Holding of Licences.
② Broadcasting Act 1990, Sched 2, Restrictions on the Holding of Licences.
③ 〔美〕米切尔·古尔维奇编《大众媒介与社会》，杨击译，华夏出版社，2006，译者序，第 7 页。
④ 〔英〕吉利恩·多伊尔：《传媒所有权》，陈剑南等译，中国传媒大学出版社，2005，第77 页。
⑤ 鞠宏磊：《媒介产权制度——英美广播电视产权制度变迁及其对我国的启示》，四川大学出版社，2006，第 137 页。

所能掌控的范围。

和美国一样，市场化带来的结果是节目质量的下降。在英国，随着大众电视被解除管制，新闻节目就被挤到了黄金时间的边缘，给虚构类节目让位。到1999 年，英国主要的商业电视频道 ITV 干脆把新闻节目安排在下午 6：30 和晚上 11：00 两个时段，[①] 以保证收视率更高的节目有一整块的收视时间，造成连续收看，以提高收视率。

2000 年 12 月，英国政府发布了题为《通信的新未来》的通信白皮书。该白皮书强调在数字时代政府有放松管制的必要性；与此同时，白皮书在内容上同样放松了对商业电视网的限制，并赋予商业电视网自我发展的权利，这主要体现在商业电视网在新闻采编上的变化。

英国政府对广播电视业管制的进一步放松也是出于对民族利益的保护——美国在线时代华纳这样的全球大公司的出现，给人一种感觉：与大型的、从事多种经营的竞争对手相比，英国处于不利的地位。正如哈格斯（Hughes）指出："英国从事出版、视听、信息技术和电话业的所有公司的市场价值为 8400 亿美元，低于美国两个最大的通信公司赛斯克和微软的市场价值总额。"[②]

这一系列放松规制政策的出台表明了英国政府的立场：一是要"维护市民和消费者的利益"，二是要使英国在今后的几年中"成为世界上最强大和最具竞争性传播市场"。[③] 概括而论，就是两大导向：一是自由化、私有化，二是全球化。

2003 年 7 月，英国新的传播法《2003 年传播法》 （Communication Act 2003） 通过，完全修改了英国的传播管制框架。新的传播法进一步放松了对市场结构方面的管制，最明显的是，修改了《1990 年广播法》媒介所有权条文中的广播电视执照的基本条件，首次允许外国（非欧洲的经济区域）对英国的广播电视公司拥有所有权。根据新的传播法，新闻集团、迪斯尼、维亚康姆等跨国集团，都可以拥有英国报纸，可投资英国无线电视的空间也更大了。

---

① 〔英〕詹姆斯·库兰，〔美〕米切尔·古尔维奇：《大众媒介与社会》，杨击译，华夏出版社，2006，第 22 页。

② 〔英〕吉利恩·多伊尔：《传媒所有权》，陈剑南等译，中国传媒大学出版社，2005，第 90 页。

③ 〔英〕吉利恩·多伊尔：《传媒所有权》，陈剑南等译，中国传媒大学出版社，2005，第 99 页。

从市场准入的角度看，英国新的传播法终止了"许可"制度，进入英国通信、广播、电视、网络等市场不再像以前那样需要提交申请，只要向通信办公厅报告自己的意图即可。但是，为了防止市场操作，法律要求通信办公厅制定"重大市场支配力量"（significant market power）标准，以防止市场份额被少数企业控制。

从市场结构角度看，英国新的传播法放松了对传媒所有权集中的控制。原来规定，除英国广播公司外，每家广播电视公司所拥有的英国观众量不能超过英国观众量总计的 15%，报纸发行量不能超过市场份额的 20%；《1996 年广播法》已经放松了这方面的限制：一家公司拥有的市场份额可以超过 15%。在这种法律精神的鼓舞下，企业兼并加剧，广播公司由 16 家合并成 2 家。①

总体来说，英国人所面临的大规模的广播电视产业化、私有化和全球化的过程也就是最近二十多年的事情，而这种私有化和全球化带来的后果也是从 20 世纪 90 年代之后才开始显现出来的。

从以上叙述中，我们可以梳理出一条清晰的线索，即英国和美国一样，从 20 世纪 80 年代开始，放松了对广播电视业的规制，进入 90 年代后，尤其是 1996 年之后，进入了一个新的时期，在自由化、私有化的道路上迈出了更大的步伐；与此同时，开始直面跨国集团的冲击，对外国公司放开国内广播电视业，走全球化的路子。

英国广播电视制度虽然在初始阶段与美国有着较大的差异，但是，到了 20 世纪 80 年代，在对待商业广播电视的问题上，两国基本上采取了一致的步调与措施，如表 5－4 所示。

表 5－4　美英两国广播电视体制变迁对比

	20 世纪 30 年代至 80 年代初	20 世纪 80 年代	20 世纪 90 年代	21 世纪初
美国	商业广播电视主导	出台一系列政策，放松结构规制与内容规制	颁布《1996 年电信法》，进一步放松规制，"公众委托模式"名存实亡	2003 年发布新的法律条款，进一步放松市场结构规制

---

① 唐亚明、王凌洁：《英国传媒体制》，南方日报出版社，2007，第 164 页。

	20 世纪 30 年代至 80 年代初	20 世纪 80 年代	20 世纪 90 年代	21 世纪初
英国	公共广播电视垄断	放松规制，促成《1990年广播法》的通过，迈出自由化、私有化的第一大步伐	颁布《1996 年广播法》，促进商业电视迅猛发展，电视市场竞争激烈	通过《2003 年传播法》，终止许可制度，允许国外资本拥有所有权

曾经因为文化的差异、地理条件的区别以及博弈格局的不同带来的两国广播电视体制的异质性到了 20 世纪 80 年代之后逐步消失，由于共同的政治经济思潮——新自由主义的作用，两者呈现出较大的同质性。这是政治经济全球化的结果，从一定程度上说，我们也可以将其看作美国国家管制思想、美国广播电视政策以及美国广播电视格局给英国带来的影响。

二 德国：无可奈何的变革

美国《1996 年电信法》的颁布对德国广播电视业也产生了一定影响。

德国电视事业兴起于 20 世纪 30 年代，1923 年在柏林建立实验电视台，1935 年 3 月开始播出节目。1938 年，德国电视台正式建立，"二战"中电视事业陷入中断。1950 年 8 月，德国公共广播电视联盟（ARD）成立，成为德国各州公共广播电视机构的联合组织，全国公共广播电视权益的代表者。在德国，除德国电视二台（Zweites Deutsches Fernsehen，成立于 1963 年）以外，所有非私营的广播电视台都是 ARD 的加盟成员。德国电视一台（ARD/Das Erste Deutsches Fernsehen，成立于 1954 年）和电视二台都建立在联邦原则基础之上，共同致力于建立一个针对民主共和国的特殊项目，这一项目在柏林墙倒塌前扩展到了整个联邦共和国国土之上。

从政治上讲，长期以来人们认为德国电视一台倾向于左派，电视二台倾向于右派，但是它们都不隶属于任何政党。这种平衡的国家垄断系统一直持续到 20 世纪 80 年代初。与美国和英国一样，转折点也出现在 80 年代初。

在 1982 年基民盟－基社盟联合执政时期，右派决定允许私人电台参与竞争。执政党多数党强调指出，卫星直播不久便会使来自外国的图像充斥本国领土，本土电视台会停止进步。保守党人认为，最好在局势混乱前未雨绸缪——

也就是说，德国广播电视体制发生逆转的动因之一也是应对外国广播电视的竞争。此外，一种更快捷、更易监督的电缆发展起来，目的在于避免"意大利式的混乱局面"。① 一个新的时代开始了，但是德国人的谨慎使之注重仔细的安排过渡，以至于国有部门将其行动自由让给私有部门时显得小心翼翼。德国特有的文化使得广播电视体制的变革不像其他国家的变革一样急转直下，然而，变革毕竟是发生了，且不可阻挡。

1984 年 1 月，路德维希港有线电视实验工程举行落成典礼，这标志着德国私营广播电视事业的开始。在当时的西德开始出现私人经济筹资的私营广播电视，与公共广播电视展开竞争。这些私营广播电视的运作主要靠广告收入维持，一般都有某个大传媒集团作为其后盾，在营运初始阶段大多由这些集团进行投资。

1985 年 1 月，德国出现第一家私人电视台——卫星电视一台（SAT1），从此私营电视台开始发展。

1986 年 8 月，德国第二个私有电视台——卢森堡广播电视台（RTL）成立，这使得德国广播电视达到了一种新的平衡状态。从此，德国广播电视基本上形成了公共与私营双轨并行的格局。

一开始，政府对私营媒介的管制非常严格，这与我们在其他国家观察到的急转突变有很大差别——私营媒介公司最初只能经营有线和卫星广播电视，例如，卫星电视一台只能使用卫星和电缆传播，它的运作实际上是受限制的，因为当时只有 7% 的家庭安装了有线电视。后来，私营电台、电视台逐渐被许可使用一部分传统的无线电波频率，而这个领域过去一直是由公共广播电视机构控制的。

为了对私营广播电视进行管理，1984 年，在私营广播电视出现的同时，德国各州成立了"州传媒管理局"，负责广播电视营业许可证的颁发，并监督其执行有关规定的情况。比如，单个私营电视台的市场占有率不得超过 30%，以避免其垄断舆论之地位的形成；只有不具感官刺激的性爱片才可以在电视中

---

① 〔法〕让－诺埃尔·让纳内:《西方媒介史》，段慧敏译，广西师范大学出版社，2005，第283 页。

播放；在系列剧的播放过程中可以每 20 分钟插入一次广告，但在一部独立的 45 分钟片子的播放过程中只能插入一次广告等。[①]

在德国的私营广播电视台中，广播节目都是地区性的，各州都给私营广播规定了专门的频率。德国的私营电视台不允许是地方播出的，只能是全国范围的，必须用全国都能接受的通用名称命名。私营电视台均以播出娱乐节目为主，新闻信息节目在节目总体中居次要地位，但是私营台创办了许多新的节目形式，也创出了众多观众喜爱的名牌时事和谈话节目。

1986 年，德国联邦宪法法院对新的广播电视事业双轨制做了如下描述：公共广播电视必须保障"基本供给"。首先，从技术而言，它们的节目能够覆盖德国的全部人口；其次，它们的部分资金来自收视费收入，而不必像私营广播电视台那样必须依赖于收视率。只要公共广播电视机构坚持履行它的这一职责，就不要求私营广播电视公司也提供范围同样广泛的节目或保证节目的平衡性和多样性。

此外，德国联邦宪法法院在它的几个重要裁决中都重申：广播电视必须独立于政府，其核心思想是广播电视公司应拥有决定播出它们认为合适的任何节目的自由。政府的职责只是提供一个组织框架，在这个框架下保障广播电视言论的多元性，政府不得干预广播电视公司自己的事务。

改革后，德国私营电视都是公司化的。其投资者一部分是德国的出版发行商，一部分是国际媒介企业。由于私营电视巨大的节目市场和广告效应，一些大的资本联合企业，特别是报刊出版集团努力参与到私营电视的投资中。在私营电视诞生后的十几年间，德国各私营电视台便通过合并和股权买卖相互间紧密地联系在了一起。可以说，一直统治着德国商业电视的是两大家族，一个家族由德国出版商贝塔斯曼集团和卢森堡的国际性广播电视企业组成；另一个家族由德国电影发行商基希集团和报业集团施普林格公司组成，它们投资的广播电视台有卫星电视一台（SAT1）、德国体育电视台（DSF）、第七套节目（PRO7）和首映台（Premiere）。卢森堡电视台和卫星电视一台在大城市中都是通过地面传输播出的，是目前德国最成功的两家私营电视台，市场占有率已

---

① 王才勇：《德国广播电视业及传媒集团的构成现状》，《德国研究》2002 年第 1 期，第 60 页。

超过两个公共台。德国私营电视业的这种资本的高度集中和垄断在欧美其他国家比较少见，人们担心媒体的集中会影响节目和意见的多样性，公共电视的发展陷入严峻的竞争之中。[①]

两德统一后，联邦德国政府重新制定了新的《联邦德国广播电视国家协议》，于 1992 年 1 月 1 日开始生效。该法案规定了公营和私营广播电视的并存，确立了德国广播电视公私并举的双轨制，也从此正式确立了私营广播电视的合法地位。

私营广播电视机构，例如卫星电视一台（SAT1）和卢森堡广播电视台（RTL），为扩大广播范围，不仅在相互之间进行角逐，而且与德国公共广播电视也展开了激烈的竞争。由于节目类型的灵活多样、节目内容的普适性以及资本运作的有效性，私营广播电视在 20 世纪 90 年代得到了充分的发展。1997 年全德私营广播电视台的广告收入达 76 亿马克，从业人员为 1 万人左右。

现在，来自私营电视台的竞争压力把公共广播电视推向了危机之中。德国电视一台、电视二台面临着生存的压力。它们只能以高质量的、富有特色的节目作为最基本的对策。

总体来说，德国广播电视 20 多年来的变更与发展，与政治、经济、技术的发展有着密切的联系，例如 20 世纪 80 年代从美英开始波及全世界的私有化浪潮，80 年代末 90 年代初柏林墙的倒塌，东欧剧变、苏联解体，以及 20 世纪 90 年代以信息技术为代表的新技术浪潮的冲击等；但是，其中还有一点不可忽视，正如上文所提及的，德国广播电视体制的变迁和产业格局的变化与美国广播电视的冲击和影响尤其是《1996 年电信法》的颁布是分不开的。

《1996 年电信法》的实施，给美国广播电视业大大松了绑，使其能够放开手脚，做大做强，抢占包括欧洲市场在内的全球媒体市场。以传播消费文化和大众文化为特征的美国广播电视几乎以不可阻挡之势侵袭欧洲，给欧洲的传统文化、精英文化造成巨大冲击。以德国为代表的欧洲国家不得不革新体制、转变广播电视规制理念，由传统的文化、公益导向转向经济效益导向，为本国媒体营造宽松的运营空间，增强市场竞争力，才可能在与强势跨国传媒巨亨的角

---

① 魏佳：《德国广播电视体制探究》，《新闻爱好者》2008 年第 8 期，第 84 页。

逐中立于不败之地，从而捍卫本国的文化版图与政治版图。

可以说，正是在这种被动的状态之下，小心谨慎、自命清高、以民主为生命的德国人不得不放弃传统的公共广播电视制度，开始加入放松规制的行列，走上自由化、私有化的道路，参与到广播电视的全球竞争中去。在笔者看来，这种变化是大势所趋之下的一种无奈选择。

三 日本：困境中的突围

在日本，规制经济学理论认为，广播电视媒介属于网络型产业，具有自然垄断性、外部性、信息不对称性，很难通过市场机制下的自发效率实现帕累托资源最优化配置，需要通过法律、独立规制机构、产业政策等对市场主体行为、市场结构进行规制。

日本广播电视有两大突出的特征：一是公共广播电视和商业广播电视的并存，二是以报业资本为基础的商业广播电视网的存在。1953 年，商业电视台日本电视台（NTV，Nippon Television Network Corporation）的成立，标志日本成为最早导入公共电视和商业电视并存体制（"双轨制"）的国家。这种体制在过去几十年当中一直有效地发挥作用，并为日本广播电视的全国普及和广播电视事业的发展做出了积极的贡献。

但是，到了 20 世纪 70 年代，这一格局开始发生变化。以收视费为财源的日本放送协会（NHK，Nippon Broadcasting Corporation）在 1972 年的预算中出现了历史上从未有过的 4 亿日元的赤字，到 1975 年增加到了 217 亿日元。面对财政和经营问题，NHK 在 1982 年提出了一份报告，展示了 NHK 在 80 年代长期规划的蓝图。该报告指出，NHK 应该积极利用新的媒体特别是卫星电视这一新兴播放手段。在 NHK 的财源问题上，报告一方面肯定了以收视费为主要财源的现行制度，另一方面也提出，NHK 应该积极拓展其他收入并进行有效率的经营，还可通过展开卫星电视播放业务来增加新的财源。这一变化发生的时间，与美国、英国以及德国都大致相当。

对于日本的广播电视行业来说，20 世纪 90 年代是其经营环境变化最为激烈的 10 年。在这 10 年间，日本广播电视业为应对环境的变化，进行了一系列重大变革。正是因为这 10 年间为适应环境变化所做的经营努力，商业广播电视业才能以成熟的心态迎接 21 世纪的产业结构变革。

进入 20 世纪 90 年代后，卫星电视、有线电视的发展使广播电视媒体的形式多样化，而数字电视和网络电视的发展趋势都表明无线电视的生存环境发生了巨大的变化。在这种状况下，NHK 和商业广播电视并存的意义，或者说 NHK 的运营方式等问题势必会成为关注和颇具争议的焦点。伴随着网络电视的发展，NHK 开始将其营业范围扩大到该领域。但是，以无线电视和卫星电视为财源的 NHK 能否将其资金投入网络电视领域，本身就是一个问题。

1995 年，日本邮政省为了实现全国的商业电视 4 台化目标①，修改了《大众传播垄断排除原则》，并放松了《电台电视台成立的基本标准》对设台的限制。在出资比例方面，在播出地区不重合的前提下，对多个电台、电视台的出资比例限制从"10% 以下"提高到"不到 20%"②，这促进了东京核心台对新的地方台的投资，加速了全国范围内 4 台化的进程。同时，对外资投资有线电视的限制也放宽，使得广播电视行业和通信行业之间的相互投资变得空前活跃。政策放松的这一时间也与美国、英国几乎不谋而合。

2000 年 5 月至 2003 年 2 月，日本针对 NHK 和商业电视发展的问题召开了"广播电视政策研究会"。研究会在 2001 年 12 月提交了第一份报告。该报告肯定了 NHK 经营子公司和利用互联网播放电视节目的合法性。在商业广播电视的发展问题上，2003 年 2 月该研究会提出了总报告，报告一方面肯定了《大众传媒垄断排除原则》在实现广播电视的多元化、多样性和保护地方文化等方面所起的积极作用；另一方面也指出，在多媒体时代的今天，受众获得信息的手段正在多样化，缓和《大众传媒垄断排除原则》对广播电视的限制是恰当的。总务省根据"广播电视政策研究会"提出的建议，分别于 2003 年 6 月和 2004 年 3 月对《大众传媒垄断排除原则》进行了 2 次修改，大幅放松了对

① 在日本商业广播电视体制的形成过程中，邮政省基于缩小地区间信息差距的考虑，在全国实行了电视 4 台化的政策。作为其结果，日本确立了现今的"一县 4 台"和商业电视系列网的秩序。对于日本政府来说，适应多媒体时代的发展进行规制放松，把广播电视产业交给市场并修改现行的 4 台化政策，已经成为日本广播电视行政管理的重要课题。参见龙一春《日本传媒体制》，南方日报出版社，2007，第 195 页。

② 龙一春：《日本传媒体制》，南方日报出版社，2007，第 208 页。

卫星电视和地方电视台的经营管制。2004 年 3 月的修改放松了对地方电视台之间联合经营的限制,东京、京都、大阪三大都市圈以外区域的电视台相互兼并和子公司化也成为可能。① 在英美等国颁布法律、放松对传媒业规制的这一时期,日本政府虽然未颁布新的法律,但其对《大众传媒垄断排除原则》的多次修改表明,日本在广播电视的商业化方面也采取了宽容、鼓励的态度,其目的无疑在于壮大产业的发展。

在日本,以往的广播电视政策,由于偏重于广播电视的社会文化特征,与其说是作为产业政策,不如说是作为文化政策的特征更加明显。正是在这样一种体制的保护下,由 NHK 和商业广播电视、电视台构成的日本广播电视产业在一种非常安定的结构中,通过展开温和的同志式的竞争,维持了其产业的高收益率和高附加值。

然而,近年来,随着新技术的发展,日本广播电视业的生存环境发生了巨大变化,无法再继续维持原有的安定的产业秩序,以往的行政保护的方法已经无法有效应对多媒体时代的现实。日本政府已经认识到,与其从文化政策方面对其发展加以保护,不如从产业政策的角度进行促进。

面对商业电视的冲击,NHK 的私有化问题被提上日程。NHK 虽然不以营利为主要目标,但近年来其经营规模不断扩大,为了提高收视率,在市场的分割上也时常与民营电视台发生摩擦,NHK 在某种程度上已与民营企业形成了竞争关系,而民营化将会进一步强化两者之间的竞争。有观点称民营化之后,NHK 在经营上只能依靠广告;而且,在广告市场上 NHK 将会和民营电视台产生竞争。由此而来的结果是广告收入的降低。这最终将导致电视节目制作经费的减少,并带来电视节目质量的下降。此外,没有得到广告赞助的节目有可能就被舍弃,对提供广告的大企业不利的节目也难以得到播放。笔者认为,这一观点绝非危言耸听。

目前,在日本政府内部存在着要对 NHK 进行彻底改革的意见,但由于政府最高决策层有所顾虑,试图将 NHK 进行民营化的计划一时难以推行下去。

在 2006 年 1 月 20 日举行的竹中内务大臣的个人恳谈会上,就"公共广播

---

① 龙一春:《日本传媒体制》,南方日报出版社,2007,第 212～213 页。

是必要的"这一问题达成了一致的意见。这也就决定了 NHK 改制的方向。对于 NHK 的改革也只能在原有的框架中来进行。2006 年 1 月 24 日，NHK 公布了为期 3 年的"经营计划"，其目标是继续履行公共广播的职责，力争在 3 年内提高收视费收入，维持财政上的安定，以能为人们所信赖的公共广播为目标，推进在经营上的改革，竭尽全力做"只有 NHK 才能做的"广播事业，探求与数字化时代相适应的 NHK 所应采取的经营方针。①

这一结果似乎是可喜的，但是政府内部民营化观点的提出还是充分显示了公共电视在商业电视冲击之下的无奈、窘迫以及公共电视在日本不太光明的前途。

此外，日本政府对在卫星电视和有线电视领域所进行的放松资本限制的法律条款也进行了修改，目的在于使外国资本、日本国内的商社以及电器制造企业等其他行业的资本也能够进入广播电视行业，从而实现促进产业繁荣和发展的目的。

上述一系列放松管制的政策，体现了日本政府通过放松管制以促进广播电视产业发展的目标，也显示了日本政府对广播电视的管理从传统的许可证型管理方式向市场型管理方式的转变。

与欧洲国家，如英国、德国等国类似，对广播业放松管制，是日本推行经济自由化政策、强化产业竞争力战略的必然结果，也是在《1996 年电信法》的带动下，世界广播电视业向自由化、私有化、全球化发展的必然结果。

总体来说，西方媒体格局的变化基本上发生在最近的 20 多年内，尤其是《1996 年电信法》颁布后的 10 多年之内，而在此之前，西方媒体的格局基本上是稳定的。谈到西方媒体的旧格局，英国传播学者丹尼斯·麦奎尔曾将其特征归纳为以下四点。②

第一，广播电视服从于"公共服务"的目标，特别是在文化和信息领域肩负公共责任，同时对少数意见和利益给予特殊的照顾。

---

① 诸葛蔚东：《日本公共广播体制的改革走向》，《传媒》2007 年第 11 期，第 67 页。
② 〔英〕丹尼斯·麦奎尔等：《90 年代欧洲媒介变革分析框架》，《新闻与传播研究》1994 年第 4 期，第 27～36 页。

第二，全国性是系统的典型特征，这种特征是以为国界之内的受众和社会制度服务而设定的，是一种被期待可以保护国家的语言和文化并表现国家利益的特征。全国性的一个主要特征是，广播体制通常以垄断和准垄断的形式被掌握在一个唯一有法定资格的公共权力机构手中。

第三，广播电视行业以各种方式被政治化了：或是以强力的政治中心化方式；或是通过给予不同政治观点以平等的表现机会或媒介接近机会的方式。广播电视制度是以法律形式确定的、对流行的政治和社会气候十分敏感的、特定的政治和文化（经济因素不是主要的）创造物。

第四，一般来说，广播电视在理论上是非商业的，各个国家通过各种方式完全排除各种形式的商业收入，在某种意义上，广播电视的目标主要不是商业的或经济的，而是文化的和政治的。在系统内，商业的成分受到严格限制。这一限制和这样一个系统的其他典型特征共同形成了一个结果，这就是大量的有关限制电视传送时间的规定。按照北美和一般商业化的标准，很多国家的节目输出因为这种规定而显得十分有限。

然而，历经 20 世纪 80 年代的变革，尤其是美国《1996 年电信法》带来的连锁冲击之后，西方广播电视业的形势变化可以说是急转直下。

西方各国对媒体放松管制后，媒体数量大大增加，欧洲各国的电视台频道从 1990 年年初的 120 个增加到了 1998 年的 400 个；过去比较枯燥的节目现在变得生动活泼了，节目播放时间增加，栏目增多，不同类型的专业频道增多，无线电视、有线电视、卫星电视、付费节目，确确实实多样化、多种化了。[1] 在做活做强广播电视产业方面，政府放松规制功不可没。这一点无可否认。然而，市场在给广播电视经营者带来丰厚利润的同时，也存在着弊端。和美国一样，在欧洲媒介市场上，娱乐化内容泛滥，过去供公众讨论的节目有的撤、有的改，留下的供公众发表意见和见解的节目极少，而且，由于娱乐节目的吸引，传统的严肃的时政节目已不再受观众关注。与此同时，媒体的集中化使得中小媒体被大媒体兼并，它们在理念上和主要媒体保持一致，在一些重大题材的报道与评论上和大媒体一个鼻孔出气，不再有自己的声音——这就导致了西

---

① 李良荣：《当代西方新闻媒体》，复旦大学出版社，2006，第 200 页。

方媒体的同质化，所谓的"多元化"被大大挤压了。

还是麦奎尔，将1996年后的世界广播电视业的特点归纳为以下三方面。

第一，全球性媒介集中化的现象增多，随着越来越多的所有权集中到越来越少的人手中，电子硬件和软件产业也出现了合并趋势。

第二，已经出现了日益增长的全球性的"信息经济"，包括电信传播和无线广播的逐渐整合。

第三，在"解除管制""私有化""自由化"的旗帜下，公营的大众媒介部分和政府对电信业的直接控制已经衰落了[①]。

从"严格管制"到"解除管制"，从"公共性"到"自由化""私有化"，从"公共垄断"到"市场集中"，从"国内化"到"全球化"，从政治、文化利益至上到经济利益至上，这绝不是单个国家、单个集团决策的结果，而是在全球政治经济形势与思潮发生变化的背景下，在广播电视业发达的国家——美国的带动下，各国联动的结果。

回顾这一历程，笔者认为，这一过程可以用"深度推进"和"广度普及"两个定语来浓缩。深度推进是指，与20世纪80年代的变革不同，《1996年电信法》不再是对原有法规细枝末节的修改，而是从体制上进行了根本的变革，改变了美国广播电视乃至世界广播电视的基本走向。广度普及有双重内涵：一是对全国范围内各个地区、各个行业、各个领域的影响，如广播电视、电信、信息技术等；二是对美国以外的世界各国的影响，如上文所阐述的英国、德国、日本等。深度与广度，这两者互相交织，互相推进，共同改写了世界广播电视业的格局，促成了自由化、私有化、全球化在广播电视领域的高潮。

第四节　《1996年电信法》的效应
——政治福利、经济福利与文化福利的维度

以上几节主要从产业层面对《1996年电信法》给美国和世界广播电视业

---

① 〔英〕丹尼斯·麦奎尔：《麦奎尔大众传播理论》，崔保国、李琨译，清华大学出版社，2006，第70页。

带来的影响进行了分析，同时分析了《1996 年电信法》给美国广播电视媒体
内容带来的变化；然而，正如前文所述，广播电视业是一项外部性很强的产
业，其产业层面的变更、传播内容的变化必然给社会、政治、文化、经济带来
重大的影响。因此，本节将从政治福利、文化福利、经济福利的角度对美国
《1996 年电信法》的效应进行分析，以期对《1996 年电信法》有比较全面的
认识。在此，"公共利益"依然是我们要参照的一个主要标准。根据相关学者
的观点，公共利益可以划分为政治福利、社会福利与经济福利三个方面，如图
5-2①所示。在他们看来，对于这"三个福利"的考察应当是公共利益课题
中的应有之义。笔者不想从概念上去界定这三个福利的累加或平衡是否就能等
同于公共利益，但是，在对《1996 年电信法》的效应进行评估时，似乎很难
绕过这三个关键词。

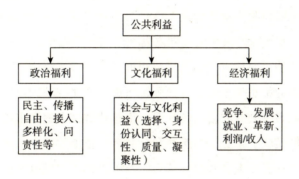

图 5-2　公共利益的三个维度

一　政治福利考量

所谓政治福利，是支撑民主政治机制或为民主政治机制所促进的那些价
值。其中，最主要的就是言论和出版自由。它取决于具体的国家语境以及相关
的政治文化，一些国家也将平等与参与的价值等同而视。在这种关系中，平等
意味着公众对传播方式和内容有广泛的进入权。市民生活中的参与则意味着共
享并确保充分接入信息、观点以及传输和交流方式的权利。

---

① 本图根据简·冯·库伦伯格和丹尼斯·麦奎尔在《媒体政策范式的转型：论一个新的传播政
策范式》一文中的相关表格进行整理而得。

《1996 年电信法》的主要目的之一在于为公众提供更普遍、更廉价、更多元的服务。从理论上说，这应当有利于公众尽可能广泛地接触媒体，以更低的价格接收更多、更好的信息与服务，从而实现对社会政治的平等参与——按照康德及其追随者的观点，民主的基础是启蒙，而启蒙的基础是公开。也就是说，知情权是一切社会政治权利的基础，而知情权能否获得最大限度的实现与大众传媒有着密切的联系。那么，1996 年之后，美国公众的政治福利有没有如政策制定者所说的那样得到优化呢？

我们可以从两个方面来分析和考察：一是《1996 年电信法》文本本身；二是该法案运行后的实际效果。

（一）从文本来看，其在保护公众民主权利方面为人诟病

这具体表现在两个方面。

第一，由于媒体集中度的增强，信息的多元化受损。与《1934 年通讯法》相比，《1996 年电信法》最大的不同之处在于其对广播电视市场结构规制的放松。FCC 据此取消了对所有权的大多数约束，使得市场集中度大大增强，这就使公众可以获得的信息来源大大减少了，信息多元化的基础遭到破坏。人们因此认为该法案损害了公共利益。公众普遍抱怨地方广播的集中化趋势导致了节目多样化程度的减弱、地方公共新闻和公共事件报道的减少、地方危急事件报道的失落以及当地音乐人、政治候选人、慈善机构等接触电波机会的丧失。

与此同时，《1996 年电信法》打破了媒体间的壁垒，允许各不同媒体市场相互渗透，这使报纸和广播、广播和电视的跨媒体拥有不再违规，也就是说，在同一地理区域内一家传媒公司可以拥有多种媒体。明显的例子是，在南卡罗来纳州的 Florence，佛罗里达州的 Panama，佐治亚州的 Columbus 以及田纳西州的 Bristol 这四个相对较小的市场，每个城市的传媒总公司都兼并了收视率最高的电视台和当地唯一的日报。这严重削弱了这些地区居民消息来源的多样性。①

第二，由于执照更换期的延长，"公共利益"失去保障。《1996 年电信

---

① 喻国明、戴元初：《传媒规制的应然与实然——以美国 1996 年电信法为标本的解读》，《新闻与写作》2008 年第 3 期，第 21 ~ 22 页。

法》将广播电视的执照更换期限从 5 年延长到 8 年,这一条款对于公共利益有巨大的损害。因为在执照被重新审核之前的 8 年期间,可能发生多次所有权转移,FCC 很难在审核执照时追溯前一个所有者的违规行为,而这些违规行为很有可能已经对公共利益造成损害。因此,2004 年 9 月,第一个 8 年执照更换期一到,许多民间组织和地方社团开始提起否决申请,要求取消那些违反法律条文或者没有按照电信法的要求服务公共利益广播电视机构继续申领执照的资格。然而,FCC 似乎并没有对这些电视机构采取任何行动。①

（二）从法规运行的实际效果来看,公众的民主权利没有得到保障

我们也可以将之归纳为两个方面。

第一,强势的主流媒体维护主流价值观,多元意见被挤压。

放松规制带来的集中必然导致商品供应的寡头独占和垄断,在这种情况下,少数企业拥有足够的市场控制力,它们以牺牲消费者利益为代价随心所欲地操控市场。集中问题在传媒领域有特殊的含义,因为支撑"意见自由市场"愿望的是多元化的意识形态;而媒体集中带来的结果恰恰是信息来源的减少,意识形态多元化的受损。与此同时,巨型的传媒集团为了经济利益,一方面向政治权力妥协,维护一些政府机构的形象与利益;一方面迎合主流社会受众的喜好,体现中产阶级尤其是上层中产阶级利益,维护他们的社会形象,最终的结果是其报道与观点的主流化。

媒体报道与观点的主流化带来的必然结果是整个社会对一些重大社会政治问题的认识向主流意识形态靠拢,从而使资产阶级现有的统治得以维护。根据诺尔·纽曼（Noelle Neumann）"沉默的螺旋"的主张:为了避免在重要的公共议题上被孤立,许多人会受到他们所认为的环境中主流或者微弱意见的影响。假使人们感觉自身不居于主流时,他们会隐藏自己的观点,而如果人们感觉自身居于主流时,就会比较愿意表达。结果,被认为属于主流的意见就越发强势,而属于另类的意见则会更加衰退。在当今时代,电视已经成为评估主流意见的来源,而且,假使一种观点在媒介上盛行,那么,在接下来的意见表达

---

① 喻国明、戴元初:《传媒规制的应然与实然——以美国 1996 年电信法为标本的解读》,《新闻与写作》2008 年第 3 期,第 21 ~ 22 页。

形成的阶段中，这种观点的主流性也容易被夸大。在 1990 年到 1991 年的海湾战争中，多数西方媒体以认同、支持联合国的方式来框定新闻报道，就反映了这一倾向。

贝戈蒂克安（Ben H. Bagdikian）认为，被主流媒体控制的新闻报道与评论是民主世界中政治取向最狭隘和单一的。这些对事件的报道和分析局限于中间偏右的政治立场，忽视了大概 1/3 美国选民的政治观点。[①] 1999 年，罗伯公共意见研究中心对美国人的政治意识形态做了一个问卷调查，提供了以下几种选择："非常自由派"、"一般自由派"、"很弱的自由派"、"温和派"、"很弱的保守派"、"一般保守派"和"非常保守派"。有 31％ 的人选择了前三项。[②] 这说明将近 1/3 的被调查者很难从主流媒体中得到他们所关心的消息和评论。

在美国，媒介主要是由大企业所拥有和控制的。大量证据初步显示，这种对媒介的控制力已经超出直接的经济范畴，对政治和社会有重大的影响。"在任何情况下，大多数媒介在大多数时间，并不把促进社会体系根本性的变化视为自己的任务，这种现象已经很明显。媒介是在既存的环境中运作，这种环境通常具有一种共识性的'渐进式社会改革'的目标。"[③]

公众对信息的接触和了解直接影响公众的政治选择。媒体报道和评论中的政治狭隘性必然会导致选举时可供选择的政策范围受到限制。资本主义民主体系建立在选民有效选择的基础之上，离开了选民的有效选择，民主就不成其为民主。当公众的知情权被现代传媒在政治上的偏颇所弱化时，现代民主的根基就在很大程度上被削弱了。

正如麦克切斯尼所言："……市场不仅仅倾向于为有钱人服务，而且市场的本质决定了它在社会的其他领域都强调利益至上的原则。市场观念有可能为投资者带来最大的利益回报，但是，这并不意味着它给公民带来了最大

①〔美〕本·H. 贝戈蒂克安：《媒体垄断》（第六版），吴靖译，河北教育出版社，2004，第 8 页。

② 1999 Roper Center. Public Opinion Research, Question ID, USMS, 1997, 7/8, p. 24.

③〔英〕丹尼斯·麦奎尔：《麦奎尔大众传播理论》，崔保国、李琨译，清华大学出版社，2006，第 398 页。

的政治回报。实际上，当代政治生活中的种种证据表明，市场观念并没有给民主带来任何有益的变化。"① 他甚至断言：对媒体的放任不会带来"一个特别生机勃勃的政治或媒体文化"，相反，"它只会使事情变得越来越糟糕"，政府对广播电视规制的大门一打开，也就"打开了侵犯其他自由权的大门"。② 在他看来，商业媒体不会为公众的媒体选择机会创造条件，相反却要取消选择。商业媒体的垄断不论在美国还是在全世界都已经将反对意见挤压至社会的边缘地带。

第二，高度商业化的电视唯利是图，公民的民主意识被钝化，民主权利被剥夺。

与中国媒体同时注重商业利益和政治效益不同，在面对商业利益与政治利益冲突的情况下，美国广播电视机构所选择的一般是前者。商业化的电视已经将注意力从政治投入、政党信息以及意识形态等方面转移到比较中立的、具有商业性和娱乐性的信息来源上。这样的例子并不鲜见。

1966 年，CBS 不肯撤掉已经是第五次重播的情景喜剧《我爱露西》（*I Love Lucy*）去转播一个关于越战的非常重要的参议院听证会，其新闻部总裁魏茨愤怒辞职；而他的上司对此的解释是，延后一集《我爱露西》损失的收入是公司的股东所不能容忍的。股东们不会接受利润的下降。在他们看来，股东利益明显高于政治利益和公共利益。虽然事件发生的时间不在 1996 年之后，但是被商业控制的广播电视机构在经济利益的诱惑下对政治福利的忽视由此可见一斑。1996 年之后，媒体的表现有过之而无不及。

从电视频道传出来的信息包罗万象，有文娱节目、课程教授、新闻报道、布道说教等。编排巧妙的节目或寓教于乐，或寓乐于教，广告宣传中隐含政治说教，戏剧的魅力则用于广告宣传。"从前没有机器发出这样的毒气，这种毒气在电视世界弥漫，又散布到真实世界。美国人已开始习惯在迷雾中生活，他们待在家里，在模糊一片的云雾之中感到安然自得，而现实则有些恼人，因为

---

① 〔美〕罗伯特·W. 麦克切斯尼：《富媒体 穷民主：不确定时代的传播政治》，谢岳译，新华出版社，2004，第 364 页。
② 〔美〕罗伯特·W. 麦克切斯尼：《富媒体 穷民主：不确定时代的传播政治》，谢岳译，新华出版社，2004，第 368 页。

现实的棱角过于尖利，现实中的人物、地点、时间、气候也过于分明。"① 丹尼尔·布尔斯廷的这番话表明，在现代电视传媒的笼罩之下，美国人的民主意识已经日益钝化了，"政治疏离"成为这个时代的特征之一。公民的政治传统参与观念已经变得非常淡薄，他们对社会和政治的基本理解力也在下降。有事实为证：1998 年的美国国会选举投票率非常低。在投票日那天，只有 1/3 的合法选民去了投票站。② 这在美国选举史上是罕见的。

从 20 世纪 50 年代到 90 年代，美国公众收看电视的时间越来越长，可以接触到的电视频道越来越多（表 5-5），但是，上述事实证明，这并未促进信息的多样化、观点的多元化，以及公众民主意识的增强。这说明商业化的电视文本与公众的民主参与意识并不成正比，反而还可能麻醉着他们的神经，将他们与现实社会政治分隔开来。

表 5-5　每周电视的平均收视率（选择年限：1950～1997 年）③

年份	每个家庭每周收视时长（小时）	每个家庭可以收看的频道数量（个）	每周收看的频道数量（个）	每个频道每周被收视时长（小时）
1950	32.5	2.9	2.8	11.6
1960	36.5	5.9	4.2	8.7
1970	42.0	7.4	4.5	9.3
1980	46.5	10.2	5.6	8.3
1990	48.5	27.2	8.8	5.5
1997	50.0	43.0	10.3	4.9

美国声称是世界上最民主的国家，商业媒体之所以在社会中享有特权地位，是因为从理论上讲，媒体在民主社会中发挥着重要作用，最重要的一点在于它为培养公民素质和参与意识提供了基础。但是，今天高度集中化的美国广

---

① 〔美〕丹尼尔·布尔斯廷：《美国人民主历程》，三联书店，1993，第 448 页。

② John Harwood, "Are You Apathetic about Fall's Election? You're Written Off", *Wall Street Journal*, July 13, 1998, pp. A1, A7.

③ 〔美〕本杰明·康佩恩、道格拉斯·戈梅里：《谁拥有媒体？——大众传媒业的竞争与集中》，詹正茂、张小梅、胡燕等译，中国人民大学出版社，2004，第 286 页。

播电视不仅没有培养公民意识,反而钝化着公民的民主意识,剥夺着公民的民主权利。

随着电视业日益发达,"公民被隔离开来,他们同政府分离,同税务机构和提供公共服务的机构分离,同那些可对和平与战争做出关键决策的人分离,他们发现,政治领导人的信息可以经常地、生动地传达给他们,而他们的信息却不会经常和生动地传达给政治领导人。公民感到这两者之间存在着新的令人沮丧的不平衡"。①

在今天的博弈格局中,最重要的决策总是由少数富人和权势人物做出,作为多数的公众实际上已经失去了参与权,媒体的作用是固化了这种少数人统治多数人的体制。媒体很少报道重大的政治问题,它们对这些问题进行包装,以便迎合精英辩论的要求,因此剥夺了普通公民的知情权与参与权,而通过媒体实现知情权与参与权正是民主所必需的条件。

由此可见,在《1996 年电信法》颁布后的美国,虽然广播电视实体的经济实力实现爆炸性膨胀,但是它们在促进公众政治福利方面的表现并不尽如人意,甚至削弱着民主的根基。用麦克切斯尼的一本书的书名来形容 20 世纪 90 年代之后的美国媒体恰到好处:富媒体,穷民主(Rich Media, Poor Democracy)。

二 文化福利分析

关于文化福利,不同国家在目标与标准的确立上存在较多分歧,但是,几乎每个国家或地区都会非常重视信息质量、身份认同、社会秩序和凝聚力,而评估其价值的依据不仅局限于国家层面,也包括亚民族、地区、种族或语言等范畴。

广播电视自然不是决定一国文化福利的唯一因素,但是其对一个国家或民族的文化福利有着至关重要的影响。因为人们眼中的世界是由以广播电视为代表的大众传媒来建构的,媒体的报道框架决定着他们对世界的认识,而他们对

---

① 〔美〕丹尼尔·布尔斯廷:《美国人民主历程》,三联书店,1993,第 446 页。

世界的认识直接影响着他们的行为与生活方式，影响着整个社会的文明程度与发展方向。如加汉姆和戴维斯（Davis）1992 年在《消费中的市场失灵》一文中说："对于绝大多数人来说，电视是他们获知信息的主要来源。它超过了通过家人、熟人和朋友获得信息的来源……电视也是我们如何理解社会的一部分——实际上也正是我们对世界的认识并赋予其意义的一部分……文化和历史为如何理解一个社会的历史、现在和未来，以及认识本人在该社会中所处的位置提供了一个普遍的参考框架。"[①]

广播电视的传播内容与传播方式与社会文化福利有着密切的联系。在1996 年之后，由于管制的放松，美国广播电视在传播内容方面呈现出很多新特点，最明显的是其商业性被强化，随之而来的是一系列问题，其具体表现在本章第二节已有详细论述，如新闻娱乐化，色情暴力大行其道，商业广告的肆虐，儿童电视危机等。这些变化给美国社会的文化福利带来很大损害。

由于文化福利的涉及面相当广泛，这里仅从几个影响较大的方面进行分析。

（一）广告甚嚣尘上，信息质量受损，消费文化盛行

20 世纪 90 年代，美国所有的电视网都增加了广告播出的时间。1998 年，美国的广告总投入是 2000 亿美元，而广告商在媒体上的广告投放资金就高达1200 亿美元。[①] 电视逐渐被广告和商业主义所主宰。美国人生活在一个被广告包围的世界。

人们的生活方式甚至人们的价值观都直接受到大众传播媒介的影响。各种时尚大多由以广播电视为代表的媒介推出，吃什么、穿什么、玩什么，电视上怎么说，人们就怎么做，这种电视文化直接刺激着消费。电视的这种强大影响使许多商家不惜花费重金在电视上做广告（表 5-6），电视从企业获取巨额收益，电视被进一步商业化了，而企业则通过电视的影响从受众那里

---

① Mercedes M. Cardona. Coen，"Ad Spending in 98 Will Outpace Overall Economy"，*Advertising Age*，1997，11，p. 6.

赚到更多的钱。

表5－6　有线电视网中顶级的广告商①

单位：（百万美元）

广告商	1997 年广告投入	1996 年广告投入	1995 年广告投入
1. 宝洁公司	238. 7	201. 2	177. 6
2. 通用汽车公司	174. 8	116. 6	90. 0
3. 时代华纳集团	105. 7	94. 0	45. 0
4. 菲利普·莫里斯公司	100. 0	74. 9	64. 6
5. 凯洛格公司	86. 8	61. 2	50. 8
6. 帝亚吉欧公司	84. 1	61. 6	——
7. 联合利华公司	76. 9	62. 6	45. 4
8. 强生公司	76. 3	64. 4	40. 7
9. 美泰公司	74. 6	44. 7	32. 8
10. 克莱斯勒公司	68. 0	51. 5	42. 8

美国知名记者伦纳德·小唐尼和罗伯特·G. 凯泽说："当利润、收视率成为最重要的因素，把越来越多的观众引向犯罪、暴力、灾难和名人新闻时，这种新闻就会泛滥。"② 由于商业利益的诱惑，不只是新闻，各类信息的质量都大大下降了。

表5－7 中列举的是 1997 年广告费最高的电视节目，也就是说，这些节目的收视率可能是最高的，或者说，这些节目的观众是美国社会中比较主流的人群。根据节目的类型与风格，我们基本能判断观众的审美趣味：他们倾向于轻松的、娱乐的、消费主义的风格。不过，我们很难确切地说，是受众的倾向造就了这样的节目，还是这类节目培养了受众的这种趣味。也许，两者之间是互动的。

---

① 〔美〕本杰明·康佩恩，道格拉斯·戈梅里：《谁拥有媒体？——大众传媒业的竞争与集中》，詹正茂、张小梅、胡燕等译，中国人民大学出版社，2004，第304页。
② 〔美〕伦纳德·小唐尼、罗伯特·G. 凯泽：《美国人和他们的新闻》，党生翠等译，中信出版社、辽宁教育出版社，2003，第209页。

表 5-7 1997 年广告费最高的 10 档电视节目①

电视节目以及推出节目的电视网	每 30 秒的广告费（美元）
1.《宋飞正传》（NBC）	575 000
2.《急诊室的故事》（NBC）	560 000
3.《六人行》（NBC）	410 000
4.《维诺里卡斯的壁橱》（NBC）	400 000
5.《周一足球之夜》（ABC）	360 000
6.《家居装饰》（ABC）	350 000
7.《联合广场》（NBC）	310 000
8.《X 档案》（Fox）	275 000
9.《德鲁·卡利脱口秀》（ABC）	275 000
10.《弗雷泽尔》（NBC）	275 000

　　从表中可以看出，广告费最高的的节目大多偏向娱乐性，没有一档是新闻节目。受高额广告收入的诱惑，广播电视公司在这些节目中不断插播广告。广播电视公司自然清楚地知道信息质量的下降会引起公众的不满。但它们更在乎的是广告商是否满意，而不是观众的满意度。为了不失去观众，NBC 降低了广告播出的密度，但是，广告播放的总时间却有增无减。为了回应人们对 1998 年冬季奥运会电视广告泛滥的不满，CBS 采取分割电视屏幕的办法播放广告，这一办法实际上也并没有减少广告播放的密度。显然，这些广播电视网用变相的手法对观众进行安抚，实际上则是为了安抚广告商。

　　为了安抚广告商，电视网给他们提供了越来越多的支配节目制作的机会。世界上最大的广告商之一普罗克特—甘布尔公司（Procter and Gamble）已经与索尼的哥伦比亚三星电视台（Columbia Tri-Star Television）和维亚康姆的派拉蒙电影公司签订了合作制作电视节目的合同。② 全球三个最大的广告公司之一

---

① 资料来源：Advertising Age. 1997（11）：1，参见〔美〕本杰明·康佩恩，道格拉斯·戈梅里《谁拥有媒体？——大众传媒业的竞争与集中》，詹正茂、张小梅、胡燕等译，中国人民大学出版社，2004，第 298 页。

② Joe Flint, Gary Levin, "P&G, Sony Polish Pact for Programs", *Variety*, Mar 17 - 23, 1997, p. 28.

的国际公众公司（Interpublic）也受客户委托，积极涉足节目制作。正如他的首席执行官所言："时间越久，广告公司、客户和节目制作之间的关系越紧密。"① 当一个电视节目由一家公司独立资助时，其内容会是什么样的呢？此外，很多电视网还开始为广告商量身定做节目——也就是说，根据广告商的消费者定位进行受众定位，然后根据这些受众身份、偏好来策划、制作节目。这样的节目无论实际的客观社会效果如何，其运作方式都已经彻底商业化了，因为其设计初衷就是商业利益。

许多学者对电视商业化的倾向做了尖锐批评，如美国专栏作家拉什沃思·基德尔（Rush worth Kidder）所说："电视从经济角度出发所做的安排，是影响美国文化最主要的因素。"②

（二）突显身份差异，加剧族群冲突

当代身份/认同政治的主要表现是人们身份识别意识的加强——认同于某一特定的身份标志——以及不同社群为赢得认可和争取权益而进行的斗争。当媒体关注于有关种族、性别和其他方面的政治事务时，支持某一身份/认同政治的人们就会被动员起来，对这一事物表达自己的立场。

相关研究人员认为，一定的人群应该不断地在屏幕上看到自己形象的再现。这似乎是基本的，甚至不是出于民族的原因，只是因为身份认同的问题。③ 不断地在电视时空里和完全不同于自己生活的模式打交道，人们就会因为无休止地沉浸在相异的戏剧环境中而迷失。

发生在 20 世纪 90 年代中期的"辛普森案"充分体现了通过电视来传播的身份/认同政治对美国社会所产生的影响——它体现了主流媒体如何利用和加剧身份/认同政治之间的差异来创造一种"分化和征服"的文化氛围。

在案件宣判之后，不同群体意见相左。许多黑人在反思本案时往往将

---

① Michael Schneider, "P&G Raises No Dander", *Electronic Media*, May 19, 1998, p. 8.
② 蔡琪、蔡雯：《美国传媒与大众文化——200 年美国传播现象透视》，新华出版社，1998，第222 页。
③ 〔加〕考林·霍斯金斯，斯图亚·特迈克法蒂耶，亚当·费恩：《全球电影和电视：产业经济学导论》，刘海丰、张慧宇译，新华出版社，2004，第 116 页。

其与种族因素联系起来；许多白人女性在评论本案时则强调性别因素，她们认为对辛普森的无罪判决体现的是对家庭暴力的纵容；许多犹太人则批评辛普森的辩护律师考克伦不恰当地将福尔曼警官比作希特勒，批评他在辩护中对犹太人大屠杀的误用……每个群体都用尽可能戏剧化的、引人注意的方式表达自己的不满，想方设法吸引媒体的注意，以期达到维护自己权益的目的。

道格拉斯·凯尔纳认为，媒体在为社会冲突设置框架。在辛普森案中，媒体设置了两种截然对立的立场，并设置了各自立场的代言人——它们往往采取一面倒的极端立场。这样一来，在媒体对辛普森案件的报道中，未能就此展开真正意义上的对话。观众看到的大都是这些代言人在媒体上互相攻击。媒体所展现的是一个四分五裂的社会。更糟糕的是，媒体引发了不同族群之间的斗争，加剧了社会分裂。① 一个明显的例子是，媒体上所反复使用的浓缩了不同立场的主题词就强化了美国社会的攻击性政治和敌对性文化——凡是在广播电视媒体上出现的为辛普森打抱不平的几乎都是黑人，而批评者大多是白人。主流媒体利用"极化"的报道，将黑白族群的差异渲染为不可调和的矛盾。在判决后，CNN等主流媒体将黑白族群的反应"极化"——黑人拍手称快，白人愤怒、失望，类似的画面在媒体上一遍又一遍地播放。地方电视台和其他媒体的报道也重复着"黑人高兴，白人愤怒"这一框架。

辛普森案充分表明：身份/认同政治的矛盾和冲突威胁着美国社会的稳定；一个文明的"公民社会"不但没有在美国得到巩固，反而变得更加脆弱，出现了更多粗暴无礼的现象；美国的社会机制越来越容易受到争议和挑战；社会的基本矛盾和冲突通过媒体得以展现后，不仅未能得到缓解，反而由于媒体对于这些矛盾和冲突二元对立式的展现，进一步激化和复杂化了。②

（三）暴力充斥屏幕，社会秩序混乱

在最近的二三十年中，电视节目中所包含的暴力成分越来越多，这对整个

---

① 〔美〕道格拉斯·凯尔纳：《媒体奇观——当代美国社会文化透视》，史安斌译，清华大学出版社，2003，第134页。

② 〔美〕道格拉斯·凯尔纳：《媒体奇观——当代美国社会文化透视》，史安斌译，清华大学出版社，2003，第132页。

社会产生了极其严重的负面影响。在此，我们不得不再次引用本章第二节使用过的关于电视暴力的数据：1998 年，加州大学传播和社会政策中心公布了其对电视内容进行消息调查研究的结果：连续三年，"暴力电视节目占全部电视节目的 60%，而且这个比例每年都在上升"。1998 年 3 月，一项有关地方电视新闻的调查在 102 家电视台展开，报告指出，40% 的新闻是"犯罪、灾难、战争或恐怖主义事件"。

格洛伊贝尔（Groebel）代表联合国教科文组织针对 23 个国家 5000 多名儿童进行的"全球电视暴力调查报告"指出，媒介暴力的情况十分普遍，儿童，尤其是男童普遍容易受到具有攻击性的媒介英雄的诱惑。例如，在被调查者中，88% 的儿童知道阿诺德·施瓦辛格（Arnold Schwarznegger）的电影《终结者》。[①]

在丹尼斯·麦奎尔看来，电视频道的增加以及管制的式微使年幼的儿童更容易暴露在色情、暴力之下。电视上大量的暴力描述对年轻人也会产生强大而持续的吸引力。

广播电视中的暴力内容如何影响社会？渥特勒（Warterlla）等人描绘了有关电视暴力学习与模仿过程的三种主要假设模式：第一，是艾伯特·班杜拉（Albert Bandura）的"社会学习理论"。根据这个理论，儿童从媒介模式中学到的行为，有的会受到奖励，有的会受到惩罚。第二，是一种"预示"效果。当人们观看暴力节目时，会激发或引发其他相关的思想与评论，导致在人际情境中运用暴力的更大倾向。第三，是修斯曼（Huesmann）的"脚本理论"。该理论认为，社会行为受到如何对事件进行反应的"脚本"的指引。电视暴力正是以此种方式进行编码，以致攻击性"脚本"引发暴力。[②] 除了学习和改变的效果之外，人们还普遍相信，暴露于暴力的描述下会导致一种普遍的"感

---

① 〔英〕丹尼斯·麦奎尔：《麦奎尔大众传播理论》，崔保国、李琨译，清华大学出版社，2006，第 369 页。

② 〔英〕丹尼斯·麦奎尔：《麦奎尔大众传播理论》，崔保国、李琨译，清华大学出版社，2006，第 368 页。

觉迟钝",以致抵抗暴力的能力降低并增加对暴力行为的容忍度。[1]

关于电视暴力对社会的负面影响既非耸人听闻,也非理论家的杞人忧天,在美国社会中有许多例子可以支持这一说法。

电影《警察》中有一个暴力镜头:一群青少年把汽油浇在一个下等地区流浪汉的身上,然后点火烧他。当电视网要播放这部电影时,一些公众团体竭力阻止该片在全国电视网播出,他们认为这种镜头会让青少年观众模仿而走上犯罪道路。然而,抗议无效。该片还是在全国电视网上播出了。结果,就在该片播出后的一个晚上,在波士顿有一位妇女在驾车行驶时发现汽油用光了,于是停车去买了一罐汽油。当她走回自己的汽车时,被一群青少年拦住,他们将汽油倒在她身上,然后点火。几天之后,在佛罗里达也发生了类似的案件:一群青少年向一位睡在铁路边上的流浪汉身上浇汽油。如此雷同的案件让我们不得不将其与《警察》中的镜头联系起来。

同样,电影《猎鹿人》中,有许多镜头用来描绘人们玩的一种被称作"俄罗斯轮盘赌"的死亡游戏,即在枪中装一发子弹,然后对自己转动枪膛后开枪以赌运气。当这部片子在电视上放映后,很多青少年开始仿效,结果因玩这种游戏而死亡的人很快超过 20 个。这不是简单的自杀所能解释的。

近年来,美国校园枪击案、凶杀案不断增加,暴力电视恐怕难辞其咎。

如同文化这一概念具有广泛的涵盖性一样,文化福利包含的因素也很多,但是,笔者认为,上面三个方面的分析分别从信息质量、身份认同、社会秩序等方面入手,足以说明近年来美国社会文化福利的受损,而这种损害与集中化、商业化的广播电视内容的传播有着密切的关系:商业化的广播电视内容降低了信息的品味与文化,加剧了种族冲突,破坏着社会秩序——这似乎刚好与负责任的媒体应当承担的职责背道而驰:广播电视机构无偿使用频谱资源这一社会公共资源,作为回报,就应当提供公共服务,推动社会文化的良性发展。

---

[1] 〔英〕丹尼斯·麦奎尔:《麦奎尔大众传播理论》,崔保国、李琨译,清华大学出版社,2006,第 368 页。

三 经济福利研究

谈及经济福利，应追溯到福利经济学的范畴。"福利"一般指个人福利和社会福利；个人福利的有机加总构成社会福利；个人福利不仅指从物质生活得到的快乐和幸福，也指从精神生活得到的快乐与幸福。经济福利是指可以直接或间接用货币来衡量的社会福利，而非经济福利是指不能直接或间接用货币来衡量的社会福利——上文提及的政治福利与文化福利在一定程度上可以归属于非经济福利范畴。

在此，笔者主要以福利经济学之父庇古（Arthur Cecil Pigou）的观点来分析《1996 年电信法》带来的效应。庇古主张福利由效用构成，效用就是满足，人性的本质就是追求最大的满足即最大的效用，也可以说是追求最大的福利。[①] 从他的观点中可以清楚地看出，影响经济福利的因素主要有两个：其一，国民收入的大小；其二，国民收入在社会成员中的分配情况。因此，他提出国民收入极大化和收入均等化两个福利概念。

此外，在传播学者看来，经济福利的目标易受不断变更的传播定义的影响。在信息社会的背景下，传播系统日益被看作经济的一个组成部分，其本身就构成了一个重要而繁复的市场。除了效率、就业和盈利等，相关的价值还体现在革新与互相联系之中。[②]

那么，美国《1996 年电信法》的颁布与实施给整个产业和大众带来了多少经济收入增量？同时，由此所带来的产业格局的变化所引致的利益分配格局的更换（集团巨头与普通公众或员工之间利益分配的变化）给经济福利带来了什么样的影响？……

《1996 年电信法》放松对广播电视媒体所有权的规制带来的最显著效果是媒体集中度的增强（这一现象在本章第一节中已有论述）。对于传媒产业而言，媒体集中度增强最大的优势在于整合资源、实现规模经济效应。有以下数

---

① 余永定、张宇燕、郑秉文：《西方经济学》，经济科学出版社，2002，第 720~721 页。
② 关于政治福利、社会福利和文化福利的界定参照了简·冯·库伦伯格和丹尼斯·麦奎尔在《媒体政策范式的转型：论一个新的传播政策范式》中的界定。参见金冠军、郑涵《国际传媒政策新视野》，上海三联书店，2005，第 18 页。

据为证（表5-8）。

表5-8　最大媒体公司的媒体收入（1986年和1997年）①

母公司	1997年媒体收入（百万美元）	占比（%）	母公司	1986年媒体收入（百万美元）	占比（%）
1. 时代华纳	22 283	9.22	CBS	4 714	5.16
2. 迪斯尼	17 459	7.22	大都会ABC公司	4 124	4.91
3. 贝塔斯曼	9 525	3.94	时代	3 828	4.56
4. 维亚康姆	9 051	3.75	邓百氏	3 114	3.71
5. 索尼	8 253	3.42	通用电气（NBC）	3 094	3.63
6. 新闻集团	7 695	3.18	华纳公司	2 849	3.39

在表中，我们选取的年份是1986年和1997年。这两个年份对于广播电视业而言，都具有标志性意义——从1984年开始，FCC开始放松限制，允许单个媒体拥有的电视台数量从7个上升到12个，两年后（1986年），放松规制的效应显现出来；而1997年则是《1996年电信法》催化效应发生的第二个年头。从表格中，我们可以看到，最顶尖的六大传媒公司的收入有了显著提升——从471.4亿到2228.3亿，从412.4亿到1745.9亿……10年内，最顶尖的媒体的收入增加了4~5倍。毋庸置疑，放松规制带来了媒体公司规模的扩大以及经济效益的提高。

根据主张放松规制者的观点，媒体公司经济效益的提高将促进全社会经济福利的提升。然而，《1996年电信法》在实现经济福利方面的表现却出人意料。这部以经济效益为导向的法律运行十几年后的结果表明，私人经济利益与全社会的经济福利之间并不能画等号。

这至少表现在以下两个方面。

第一，受众收视成本提高。在消费者的经济利益方面，按照当初的预期，十几年间，由于《1996年电信法》的实施可以为消费者节省5500亿美元的花

---

① 资料来源：10-K Reports. Hoovers Online. Private Company Estimates from Forbes Private 500；Versions Suhler & Association, Communications Industry Report, 5th（1986 data）and 16th editions（1997 data），转引自〔美〕本杰明·康佩恩，道格拉斯·戈梅里《谁拥有媒体？——大众传媒业的竞争与集中》，詹正茂、张小梅、胡燕等译，中国人民大学出版社，2004，第756页。

费——长途电信资费下调可节省 3300 亿美元，本地话费下调可节省 320 亿美元，有线电视收视费下调可节省 780 亿美元，等等。然而，消费者实际看到的却是有线电视资费上涨超过 50%，本地电话费上涨超过 20%。在最近一次美国电信座谈会上，FCC 主席凯文·马丁（Kevin J. Martin）承认，根据联邦通讯委员会的研究数据，1995～2005 年，有线电视费率增长了 93%，1995 年的平均资费是 22.37 美元，而 2005 年是 43.04 美元。[①] 事实上，早在 1998 年年末，FCC 的报告就显示了这一趋势：1997 年，有线电视业的年度收入增加了 10%，总额达 308 亿；但是，到 1997 年年底，每个用户的订阅费增长了 8%，每个用户每年需交纳 480 美元的订阅费，或者是每月缴纳 40 美元。[②] 然而，尽管如此，FCC 并没有采取任何措施来防止受众收视成本的提高，而是对之放任，因此，到 2005 年，这一数字上升到了 43.04 美元。

第二，该产业的就业率降低。在促进就业和经济增长方面，美国通信产业在当初支持立法时的预言是，新的电信法可以增加 150 万个就业岗位，支撑经济上涨 2 万亿美元。从一定意义上说，随着产业的扩张，美国的电信与传媒产业的确吸收了大量的劳动力——据权威部门统计数据，美国在艺术、设计、文娱、体育与传媒行业的就业人员总数在 2003 年达 266.2 万人（其中男性 139.5 万人、女性 126.7 万人），在 2004 年增加到 268.7 万人（其中男性 142.5 万人、女性 126.2 万人）。[③] 在过去的 30 年中，这个数字是在增长的。这或许与广播电视、电信产业放松规制或者说与《1996 年电信法》的颁布有很大关系。但是，也有资料表明，到 2003 年，电信公司的市值下跌了 2 万亿美元，削减了 50 万个工作岗位。[④] 失业率的上升与当时美国整个信息产业的不景气有关，但是谁又能说，美国信息产业在 21 世纪初出现泡沫与政府放松规制的相关政策没有关系呢？

---

① 喻国明、戴元初：《传媒规制的应然与实然——以美国 1996 年电信法为标本的解读》，《新闻与写作》2008 年第 3 期，第 21～22 页。
② 〔美〕本杰明·康佩恩、道格拉斯·戈梅里：《谁拥有媒体？——大众传媒业的竞争与集中》，詹正茂、张小梅、胡燕等译，中国人民大学出版社，2004，第 345 页。
③ 中国社会科学院美国研究所：《美国年鉴（2006）》，中国社会科学出版社，2007，第 193 页。
④ 喻国明、戴元初：《传媒规制的应然与实然——以美国 1996 年电信法为标本的解读》，《新闻与写作》2008 年第 3 期，第 21～22 页。

一边是成本的提高，一边是工作岗位的削减，这应该能说明国民经济福利受损的程度了。

据此，我们可以说，现实并不像保守主义者所论述的那样，不受限制开展竞争，不一定就能保证生产者可以自由进入市场，促进市场竞争，从而确保经济效益与社会效益的实现。

在已经形成垄断的市场中，市场是不可以竞争的。原因有两点：第一，要求进入市场的投资水平太高或者风险太大，垄断或者企业联合彻底破坏了市场的潜力。第二，生产、流通和分配网络的重复会降低成本的使用效率，甚至会导致毁灭性的竞争，因为每个竞争者都被拉入了基尔肯尼猫之间的争斗。[①]

所以，私人福利的最大化并不意味着整个社会经济福利的最大化，或者说个人福利最大化并非社会福利最大化的充分条件。从集体行动的逻辑上看，国家的兴衰是集体行动的后果之一。[②] 在奥尔森（Olson）看来，导致国家兴衰的要素关键就在于所谓的"分利联盟"，即由一批希望采取集体行动来增加收入份额而不惜损害社会利益的个人所形成的组织。这里清晰地透视了个人利益与集体社会利益通常的不一致性。

综上所述，《1996 年电信法》虽然并未否定公共利益，但是其放松规制政策执行的结果却是大型传媒集团实力越来越强，具有了设置政治社会议程，控制信息品味和文化，出售内容商品，甚至操控受众的能力。整个社会的政治福利、经济福利和社会文化福利不但没有如《1996 年电信法》所预期的那样得以提高，反而在很大程度上被进一步损害了。

这种福利受损已经引起了很多机构和团体的重视。据报道，一些机构和基金组织开始对重写电信法的可能性进行探讨，希望在过程控制环节上有所改进。由进步和自由基金会组织的"数字时代传播法"项目便是其中之一。该组织正在尝试设计一种未来传播法的综合框架，这一框架建议，仿照联邦贸易委员会的做法，设立管制处，主要是在出现案例的时候通过裁决开展工作，取

---

① 爱尔兰传说中的基尔肯尼猫指的是两只格斗到只剩下尾巴的猫，用以比喻拼死相搏终至两败俱伤的格斗者。参见约翰·基恩《媒体与民主》，刘士军等译，社会科学文献出版社，2003，第63页。

② 余永定、张宇燕、郑秉文：《西方经济学》，经济科学出版社，2002，第708页。

代现行的"精致的规则和规制网络"。

　　笔者认为，这一管制框架未必有效，未必能弥补曾经出现的市场失灵或政府失灵；但是，它毕竟意味着，关于美国广播电视体制，新的探索还在继续，新的制度安排还将出现，公众的政治、经济与文化福利还有改善的希望。历史总是向前发展的，虽然有时候有些波折。

第六章 传媒体制变迁、公共利益与传媒业的未来前瞻

——美国广播电视体制变迁对中国的启示

> 知识存量和技术存量扩大人类福利的范围，但它们不决定人类在这些范围内怎样达到成功。决定经济绩效和知识技术增长率的是政治经济组织的结构。
>
> ——〔美〕道格拉斯·C. 诺斯（Douglass C. North）

> 如果人类状况会有什么改善的话，那么，哲学家、神学家、立法者、政治家和伦理学家将发现，在他们不得不解决的最困难、最危险和最重要的问题中，对新闻界的管制居于首位。如果没有这种管制，治理人类就无从实现；如今尽管有了它，治理人类也无从实现。
>
> ——〔美〕约翰·亚当斯（John Adams）①

第一节 美国广播电视体制变迁的基本路径

从体制变迁的角度来看，美国广播电视业的发展历经了一个从无序竞争到政府委托私人运营，采取"公众委托模式"进行严格规制到逐步放松规制、确立"市场模式"的过程。从 1934 年到 20 世纪 70 年代末 80 年代初，FCC 在《1934 年通讯法》的基础上制定了一系列措施确保公共利益不为商业利益所侵蚀，公众委托模式逐步得以完善——这其中有许多原则和要点可资借鉴；从

---

① 约翰·亚当斯，美国第二任总统（任期 1796~1800 年），著有《政府断想》（1776 年）、《美利坚合众国政府宪法辩》（2 卷，1787~1788 年）。

20世纪80年代开始，新自由主义思潮渗透到美国广播电视领域，政府逐步放松对该领域的管制，直到《1996年电信法》颁布，美国广播电视和通信产业全面解禁。我们在赞叹其强大的经济效应的同时，不得不将目光聚焦在其日益降低的社会政治福利上，对之进行反思。

除了在1967年创立的公共广播这个规模较小并且一直很边缘的编制，美国广播电视业自出现以来就基本是商业性的。但是，在20世纪80年代之前，商业逻辑从来没有完全居于支配地位。因为在广播电视领域，商业逻辑的力量被政府管制所减轻，这种管制给广播电视施加了一种义务——当然，这种义务或多或少有些含糊——它要求广播电视"服务于公共利益与公众需要"。与此同时，社会责任理论、专业主义文化都使商业逻辑的力量有所控制。然而，到了20世纪末，政府对广播电视的管制基本上被扫除了，专业主义文化、社会责任意识、公共服务观念显然都在衰退之中，商业逻辑几乎不受挑战地统治了美国广播电视业。

而在此过程中，起核心作用的是体制。20世纪80年代以前，公共利益基本能实现，原因在于其有一系列的配套措施来保障；1980年以后，公共利益逐渐式微，其原因也在于体制：大肆鼓吹新自由主义、夸大市场的作用、对广播电视业的规制逐步放松、公众需要在有意无意间被忽略。

体制的变迁是政治、经济、文化共同作用的结果。如同任何制度变迁一样，美国广播电视体制也是多方博弈的结果，从中我们可以看到两条清晰的线索。

第一，体制的变迁与国家管制思想如影随形。不论是公众委托模式，还是市场模式，不管是凯恩斯主义还是新自由主义，虽然其侧重点有所差异，但都与当时美国的国家管制思想密切相关，其确立的都是美国广播电视的私有制，维护的都是资产阶级的利益。这是由其国家性质以及不同时期的国家管制思想决定的。我们不能因为阶级属性而对之全盘否定，正如我们无法否定中国媒体对党和政府利益的维护一样。

第二，体制变迁是一个多方利益博弈的结果。纵观美国广播电视史，其每一次法规的修订，每一项政策的出台过程中都伴随着大量的交易：传媒企业、公众都参与其中，为自身利益而游说、斗争。但最终的结果表明，取得胜利的几乎总是大型传媒集团，被迫让步、利益受损的几乎总是公众。在美国，资本的力量强大无比，政企同盟在所难免，这样的结果自然也在情理之中。在国内，尽管媒体仍被界定为事业单位，但在商业化运作背景下，公众力量的单薄、公众声音的微弱不得不引起我们的重视。

2008 年秋，由华尔街引发的金融危机以不可阻挡之势蔓延全球。无论政界还是学界都不得不对盛极一时的新自由主义进行重新反思。纽约大学教授塔布（William K. Tabb）做过一个很好的总结，他说："新自由主义就其所许诺的目标而言，已经失败了。它没有带来快速的经济增长，没有消除贫困，也没有使经济稳定。事实上，在其盛行的这些年代里，经济增长放慢，贫困加剧，经济和金融危机成为流行病。"著名投机家乔治·索罗斯（George Soros）也指责政策制定者放任市场并让其自行调节是导致 2008 年金融危机的主要原因。

我们可以引用该论断来评价美国广播电视业：美国广播电视业今天的局面多少与近 30 年来政府对整个广播业的放任自流有关。用麦克切斯尼的话来说："美国以及全世界面临的传播危机，实际上是高度集中的公司经济导致的结果，因为公司经济在表面上看似自由与民主，实际上带来了严重的社会不平等与不安全。……当我们试图改革这些机构来解决摆在我们面前的这些问题时，我们就被这些神话（市场的神话——作者注）捆住了手脚，同时，我们也被媒介体制给蒙骗了，这种体制首先满足的是那些主张维持现状的人的需要，而不是媒体改革的需要。"①

进入 21 世纪，美国信息产业饱受泡沫经济的打击，大型传媒公司纷纷裁员。FCC 于 2003 年 6 月 2 日发布了旨在为传媒巨鳄大开绿灯的"松绑令"。但是，该法令仅仅实施三个月后就由于各方反对而撤销。② 与以往不同的是，此次撤销传媒松绑令得到了罕见的跨阵营支持，包括自由主义和保守主义组织、人权组织、

---

① 〔美〕罗伯特·W. 麦克切斯尼：《富媒体 穷民主：不确定时代的传播政治》，谢岳译，新华出版社，2004，第 425 页。

② 2003 年 6 月 2 日，FCC 颁布了一项许可令，允许传媒集团收购更多电视台，并能在同一城市交叉持股，既拥有报纸这样的平面媒体，也能买下电台、电视台等电子媒体。FCC 原本打算在此后的几个月里提出一系列建议，进一步放松对大众传播媒介和电讯公司的管制。同年 9 月 16 日，美国参议院通过一项决议，撤销了这一松绑许可令。鼓动此次撤销投票的北达科他州参议员拜伦·多根说："我认为他犯了个糟糕的错误。他的领导将 FCC 拉入为特殊利益服务的深渊。"

工会和各种宗教组织。人们普遍担忧，媒体松绑的方便之门一开，传媒巨头就更能为所欲为地控制新闻和娱乐业了。

也许新自由主义带来的弊端以及 30 多年来对美国广播电视业放松规制的不良效应已经引起公众以及当局的重视了。无论对于美国广播电视业，还是对于全球传媒业，这或许都算得上一个不错的苗头。

面对危机，与 20 世纪 80 年代里根"水涨船高""劫富济贫"的经济政策不同，现任美国总统奥巴马向华尔街高管开刀，着力扶持中小企业，关注中产阶级和穷人利益，力图创造一个"自下而上"的经济增长。经济学家们认为，日益严峻的危机标志着新自由主义统治地位的终结，一场新的凯恩斯革命正在展开。[①] 对于曾一度深受新自由主义冲击的美国广播电视业而言，是不是也是如此呢？一个新的转折点是否已经来到？我们只能拭目以待。

有学者认为，美国政治体制的设置基于一个公认的前提：权力产生腐败，而绝对的权力产生绝对的腐败。媒体权力也不能免俗。[②] 这一点或许值得所有传媒政策制定者记住。

第二节　适度有效的政府规制

——公共利益的生命线

尽管"公共利益"是一个宽泛得大而无当的概念，但它确确实实存在于每一个社会当中，成为一切政府规制的逻辑起点与政策源头，也成为一切利益集团口中最强有力的说辞——对于各国政府而言，这个词存在于所有规范传播产业的法律法规中，虽然商品化的过程已经削弱了它的色彩[③]；对于所有的利

---

① 宋小川：《经济学的第三次危机与第二次凯恩斯革命》，《经济学动态》2008 年第 5 期，第 18 页。

② 〔美〕本·H. 贝戈蒂克安：《媒体垄断》（第六版），吴靖译，河北教育出版社，2004，第47 页。

③ 例如，安东尼·史密斯（Anthony Smith, 1989）说："消费主义的修辞已经一个接一个地夺取了公共利益的阵地。"他认为这个过程将导致公共利益的重新界定："新的公共利益是一种经济利益：我们都能从一种竞争的、更新的竞争中获益，并且，我们从政府介入来解放市场中获益的程度要高于从社会继续实行福利主义中获利的东西。"参见〔加〕文森特·莫斯可《传播政治经济学》，胡正荣等译，华夏出版社，2000，第 164 页。

益集团而言，公共利益都是一个"强大的论证武器"，如罗宾斯（L. C. Robbins）所说："如果没有它，我们等于是在武装不足的情况下进行社会斗争。"①

无论如何界定，公共利益都是一个与商业利益、私人利益相对的概念，所有的公共利益都是在与商业利益、政治利益的博弈中得以凸显。在美国广播电视业中，这一矛盾贯穿始终：从规制到放松规制，从"公众委托模式"到"市场模式"，表面看来是公众与企业、企业与政府、公众与政府之间的斗争和斡旋，实则是商业利益与公共利益的冲突。

政府规制与公共利益是一对相伴而生的概念。和所有的对公共事业的规制一样，美国广播电视政府规制的立足点在于维护公共利益。然而，梳理美国广播电视发展史，我们发现，在美国广播电视政府规制过程中，"公共利益"这一概念随着制度的变迁不断发生变化，即便在政策制定者那里，它也是不确切、不断调整的——在20世纪80年代放松规制之前，宣称只有有效的政府规制才能确保公共利益；到了80年代后，在为放松规制提供理论依据时，声称市场能自动地、最大限度地实现公共利益。显然，此"公共利益"与彼"公共利益"之间已经不能画等号。这样的调整性与灵活性也体现在政策法规之中。

在美国广播电视的视域之内，公共利益历经了一个"引起重视—被强化—被忽略"的过程。扼要地说，与之相对应的分别是：《1927年广播法》—《1934年通讯法》及其一系列补充条款—20世纪80年代以来的一系列改革、《1996年电信法》以及之后一系列放松规制的措施。虽然每部法律都在强调"公共利益"，每一次的改革都声称是为了"公共利益"，但是，由于不同时期对公共利益阐释的差异性，不同的法律制定了不同的细则，这些法规所带来的效应彼此之间大相径庭。

由此可见体制之于公共利益的重要性。体制是多方利益博弈的结果，因而总是和一定的利益分配有关。体制的变迁暗示着利益分配的变化。可以说，适

---

① 〔加〕文森特·莫斯可：《传播政治经济学》，胡正荣等译，华夏出版社，2000，第164页。罗宾斯还说："如果'幻影公众'这个词仍然使我们感到吃惊和迷惘，如果我们仍有些不情愿看到公众最后在空气中消散，原因可能不是残留的虔诚，而是害怕失去了它就无法行动。"

度、有效的政府规制是公共利益的生命之所在。如此一来，公共利益能否被重视似乎完全取决于政策的制定者以及相关政策的实施者了。因此，政策制定者就成了制度交易的参与者（企业与公众）所游说、征服的对象。

在美国广播电视发展过程中，我们可以看到，强势的传媒集团用金钱影响政治决策时行动迅速，表现得自信而有力；公众理性的反应总是来得很缓慢，且其大部分努力都付诸东流了。但是，他们会在选举日时做出最后的决定。政治经济发展的规律有时或许也能助他们一臂之力——2008 年金融危机对美国经济的重创不就引起了美国当局对新自由主义的反思吗？

第三节　美国广播电视体制变迁对中国传媒体制改革的启示

一　中国传媒业的现状与问题——公共利益被挤压

经过 30 余年的新闻改革，中国媒体从单一功能转向以传播信息为主的多功能，从单一属性转向双重属性，从单一结构转向多元结构，并在以互联网为中心的新技术的强大推动下，一步步走向媒体改革的既定目标。虽然缓慢，且有许多不尽如人意之处，但进步是显著的。

30 年来，中国的新闻媒体改革主要体现在三个方面：一是在新闻实践领域，新闻业务水平与能力有了突飞猛进的提升；二是在经营管理领域，传媒业结构得以调整，产业经营取得重大进展；三是新闻观念发生了变革。然而，在体制上，却没有根本性的突破。当前新闻传播领域遇到的很多障碍均可归结到体制上。

今天，定位为"事业性质，企业化运作"的中国媒体，既要充当党和政府的喉舌，又要作为经济实体自负盈亏，它们所遵循的基本原则是，以最小的政治风险赢得最大的商业利益，而公共利益则常常被搁置甚至被损害。

在 20 年来的市场化运作中，中国媒体和公众获益颇多：近年来，我们看到的是一个日益蓬勃壮大的产业，一个日益活跃、火爆的传媒市场，一个产品日益丰富、多元的信息场，这对于中国发展文化产业、参与国际传媒市场的竞争、捍卫国家和民族的话语权、丰富公众的文化生活具有重大的现实意义。

然而，正如任何国家传媒制度的设计都难以完美一样，"事业性质，产业化经营"的运作模式同样显现出难以掩盖的弊端：由于生存的压力与市场的诱惑力，媒体对商业利益的追求往往超越了对其公共利益的捍卫，或公然置公共利益于不顾，或者打着维护公共利益的旗号为自己挣得盆满钵满。自20世纪90年代中期以来，从都市报、到广播电视、再到网络，中国的传媒领域掀起了一波高过一波的娱乐化浪潮：先是娱乐节目的泛滥，而后是影视剧的戏说化，接着是新闻的娱乐化、文化的娱乐化，甚至科技类节目、服务类节目等原本跟娱乐不沾边的信息都挖空心思和娱乐沾亲带故，而真正有社会政治意义、有文化含量的信息的生存空间越来越窄，甚至遭遇被淘汰的结局。

长此以往，必将造成对社会文化的损害，且不利于公众民主意识的培育。对于新闻从业者而言，媒体商业化的运作模式亦不利于其成长与潜能的发挥：不少有新闻理想、有社会责任感的从业者在这样的媒体运作模式中感到无奈；部分从业者甚至逐步妥协于这样的现实：21世纪报系管理层的大面积违规违法行为即为典型例证。可以说，市场机制与生存压力的淡化甚至破坏了新闻从来者的社会责任感与专业意识。在此轮商业化运作的过程中，媒体的社会责任意识并未充分显现，专业主义理念更是缺乏。

在媒体商业化运作的背景下，政治利益、经济利益、商业利益的博弈给中国的新闻从业者以及新闻媒体带来了新的挑战。面对日益复杂的社会政治生态与一系列出其不意、错综复杂的新闻事件，每一家媒体、每一位新闻从业者在每一则报道中都可能面临这样的拷问：新闻的功能何在？新闻从业者的立场何在？从业者需要具备什么样的素养才能无愧于新闻事业、无愧于公众与社会？

对此，笔者认为，新闻的本质是民主，新闻媒体要真正维护公众的民主权利，就必须真正成为公众知情、表达、参与、监督的平台与渠道；新闻从业者必须理解新闻的真谛，站在公共利益的立场，抵制政治的压力与经济利益的诱惑，主持社会正义，张扬新闻专业主义理念。这样的表述看似容易，但在中国现实的媒介生态中，却举步维艰。"事业性质，产业化经营"的媒体定位使媒体在强势的政治权力与诱人的经济效益之间摇摆和彷徨，真正按照专业主义理念行事的新闻人和媒体在这个行业中压力巨大。

从现实的情况来看，媒体市场化运作进程推进之后，根据社会的多元需求，媒体定位开始多样化，在一定程度上促进了整个社会的信息流通；与此同时，市场的自发性也显现出来：出于对受众需求的迎合，商业化运作的媒体开始走娱乐化的路线，大量低俗而无关公共利益甚至有损公共利益的内容被大肆传播，在利润最大化的诉求下，公共利益被有意无意地忽略了，甚至公共利益受损的例子也比比皆是。在笔者看来，公共利益受损的表现可归纳为以下五种形态。

其一是"遮蔽"，主要体现为媒体娱乐化、商业化对公共利益的遮蔽。 铺天盖地的娱乐信息、娱乐化的新闻报道、戏说化的电视剧以及网络的"恶搞文化"充斥着传播渠道；公众知情、表达的渠道和平台被抢占、被挤压，追逐商业利益的媒体或无心或无力提供一个关注重大政治、经济、社会问题的多维观察视角，同时也未能搭建一个具有广泛性、公共性、倡导性、批判性的言论平台。"大型生活服务类栏目"《非诚勿扰》等的热播在一定程度上反映了社会文化的趋向，从这一方面可以透视出媒体对公众需求的迎合以及对社会责任的漠视。当今社会，值得公众关心的话题很多，政治、经济、教育、农业、科技、航天、外交等，然而，娱乐化的报道、媒体炒作化的报道要么侵占了这些重要议题的空间，要么以娱乐化的方式对之进行解读，浮光掠影、不及本质，从这个意义上讲，公共议题的传播渠道与接收通道都被压缩了，公共利益被娱乐化的信息所遮蔽。

其二是"淹没"，主要体现为媒体对公共议题的过度炒作，以及由此带来的社会恐慌。 对于一些敏感的公众关心的话题，媒体常常是一窝蜂而上，听风便是雨，求快心切、不加辨别，对事实报道不准确，甚至无中生有、杜撰新闻，只关注报道题材的吸引力，骇人听闻，缺乏起码的人文情怀，造成不良社会后果。2008 年秋国内媒体对三鹿奶粉"三聚氰胺"事件的疯狂报道就是一个典型的例证，夸大事实、扩大打击面造成的结果是全民的奶粉恐慌，消费者和企业都深受其害；2012 年"毒胶囊"事件以及媒体关于酸奶、果冻质量问题不恰当的报道再次引起公众的食品恐慌。媒体对事件的报道常常偏离问题本身，扩大报道范围，引发公众的质疑与不信任。正是这种"强势"的集中报道，使信息场乌烟瘴气，让公众难辨是非，这就是汹涌的炒作化报道对公共利益的一种淹没。在此过程中，网友对主流媒体报道以及"专家"和政府部门的质疑在一定程度上反映了主流媒体公信力的下降，也反映了公众对主流媒体不能维护其权益的不满。

其三是"戏说"，主要表现为对重大新闻的娱乐化报道。更有甚者，为抓眼球，在反映新闻事件核心的标题上大动心思，使新闻标题偏离本意、似是而非。例如，2012 年在报道神舟九号与天宫一号成功对接的新闻时，河南某媒体用了这样的标题：《天宫的"床"终于不再寂寞》，用语的含糊与故弄玄虚在网上激起轩然大波，对于如此严肃的科技报道采用如此戏谑的方式抓取观众眼球，一方面说明媒体在赢得受众方面已经黔驴技穷，另一方面也表明媒体在商业诱惑下职业精神与操守的败退。

其四是"破坏"，主要体现为信息品质的低劣，以及由此带来的负面社会影响。历史被篡改，名著被阉割，经典被肢解，插科打诨、打情骂俏登上舞台，甚至连麻将也能堂而皇之登上电视屏幕，受众从中获取的只是感官的刺激与低俗的娱乐。例如，2009 年"谍战剧"风行，其中不乏《潜伏》等精品，但诸多电视台盲目跟风带来的结果却是很多电视剧的粗制滥造；2011 年《宫锁心玉》等穿越剧大行其道，演绎了无数次"穿越时光的爱恋"，但都毫无历史依据，这无疑是对中国历史文化的一种"低俗化"解读；2012 年中国电视屏幕又迎来宫斗剧《甄嬛传》等，意欲以宫廷争斗影射现实，却歪曲了历史与文化。这些剧种的扎堆播出与盲目跟风播出，一方面反映了媒体对经济效益的追逐，另一方面体现了媒体创作力的低下，以及思想性、艺术性的匮乏。这些劣质的信息如同污水一样排向社会，带来的是整个社会文化的伤痛。从前文对公共利益的界定来看，信息品质低劣也是对公共利益的一种破坏。

其五是"忽视"，主要表现为对公共事件的"视而不见""按兵不动"。出于种种原因，报纸、电视等传统媒体对事关民生、事关政府职责与形象的事件常常缺乏足够的关注与报道，在信息公开方面明显未发挥应有的功能。在2003 年"非典"之前，对于重大危机事件，媒体常常是等待政府和相关部门的指令，捂住消息不报，造成谣言四起、人心惶惶；"非典"给国内媒体和相关管理部门上了深刻的一课。不可否认，2003 年之后，媒体在事关公共利益的新闻的报道方面有了很大改观，尤其是 2008 年 5 月《政府信息公开条例》

实施之后，越来越多的公共事件见诸报端与荧屏。然而，无论从公众民主权利的角度来衡量，还是从媒体社会责任的角度来衡量，国内传统媒体在公共危机面前的表现都还是不尽如人意。例如，在 2012 年 7 月初的"什邡事件"中，四川的所有本地媒体均未予以报道，微博上却炒得沸沸扬扬，政府公信力、媒体公信力在该事件中未能经受住考验；2012 年 6 月 30 日天津某县发生大火灾，不仅当地媒体不予报道，国内主流媒体集体"失声"，于是微博上充满了谣言与质疑之音，直到 7 月 10 日央视给出权威报道，谣言才慢慢平息。总之，由于传媒体制与媒体管理制度的限制，国内媒体在面对政府公共危机时常常表现为对公共利益的"无视"与"忽视"。在微博时代，媒体的公共利益的忽视带来的并不是政府所期望的"稳定"，而恰恰是政府公信力的丧失、媒体公信力的丧失。

总体看来，中国的传媒业呈现这样的现实：在媒体市场化运作以前，媒体自由度低，同质化现象严重，受传播平台与接受渠道的限制，公众能得到的信息极少，基本谈不上"普遍服务"，更谈不上信息来源的多元化和观点的多元化，真正意义上的公共利益难以确保。而传媒实现市场化运作之后，我们发现，中国历次传媒体制改革基本遵循产业发展导向，尽管助推了产业发展，但也带来了两大缺憾。

一方面，媒体过度偏重经济效益而忽视公共利益，这主要表现为以下三点。

其一，正在进行的广播电视体制改革（广播电视公共服务体系的建设）尽管在公共设施的普及上着力较多，但基本未触及传媒公共产品与服务供给这一核心，对于如何确保传媒产品的质量与品位，如何确保信息公正、平等传达没有明确的规制措施，因而缺乏对公共服务的监管和对公共利益的保障。

其二，目前文化体制改革正在如火如荼展开，然而，在此背景下展开的传媒体制改革仍主要是在产业导向下进行单向度的推进，缺乏对事业性传媒的关照，文化体制改革强调的是产业发展，传媒体制改革对事业性传媒也着力不多，因而带来的是媒体商业化的进一步加剧，而对于在商业化运作背景下如何确保媒体的公共性缺乏必要的反思与探索。

其三，近年来展开的广播电视公共服务体系建设尚停留在工程建设层面

（如村村通工程），未建立长效机制，更未上升到制度层面，以致公共利益缺乏保障，如何将保障与维护公共利益常态化、制度化，是当前传媒体制改革要考虑的重要难题。

另一方面，尽管传媒产业化进程还在曲折中推进，但由于改革未涉及最根本的"事业单位、企业化运作"这一体制，传媒业产业化程度仍不深入，未实现与中国综合国力、国际地位相匹配的规模与效应，在国际上话语权弱，竞争力不强；可以说现有体制（"事业单位，企业化运作"）在一定程度上限制了媒体的市场主体地位，制约着其发展壮大，以致其国际竞争力差，话语权弱，直接影响着国家"软实力"的提升。这也进一步形成了对公共利益的制约。

在现行传媒体制之下政府、传媒、公众这三者的博弈关系呈现出这样一种态势：政府从政治上考虑问题，确立传媒业的优先目标是意识形态安全天经地义，因为这关系国家利益。传媒业要营利，也无可厚非，因为当国家切断对传媒业的资金供应后，传媒业必须依靠自身的经营来自负盈亏。学者要求传媒业维护公共利益，同样有理有据——因为我们的政府是人民的政府，维护公共利益是党和政府的一贯主张，尤其在中央确立"以人为本"的执政理念后，更是如此。中国所有媒体都声称把服务公众作为办报（台）的根本宗旨。但是，在实施过程中，受到冷落的恰好是公众。为什么呢？

政府以"党性原则"约束传媒业，这有一系列行政手段、组织纪律手段来保证，所以政府对传媒业的约束是硬约束，媒体必须服从。传媒业为求生存、求发展必须营利，这是"硬道理"，也是各级政府考核传媒业领导层的一项"硬指标"。然而，传媒业服务公众、维护公共利益，却仅仅是一种理念，一种道义力量。全国以及各地方虽然都制定了新闻从业者的职业道德条例，但那仅仅是"自律"，没有形成刚性约束，规约效果不明显。传媒界的确有一大批有高尚职业素养的从业者，他们不懈地维护着公共利益，各级政府也在不断倡导向他们学习，但这终究只是一种道义呼唤，并没有形成有效的制度约束。

二 中国传媒体制改革的方向——公共利益至上

回首过去的 30 年，中国的媒体改革与经济改革几乎是同步进行，但二者选择的路径却不一样。经济改革，是以体制改革为突破口，由体制改革来推动经济发展；媒体改革则是在维持原有体制不变的前提下，由观念变革来拉动——无论是改革初期的拨乱反正、高扬新闻规律的旗帜，还是 20 世纪 80 年代"信息"概念的引入、"舆论监督"问题的提出，抑或是 1992 年以后对传媒业"事业性质、企业化运作"的属性界定，都未触及中国传媒体制原有的根基。新闻属于意识形态领域，传媒体制属于政治体制范畴，因而其体制的变迁与政治体制有着密切的联系，甚至只能是亦步亦趋，任何超越时代、挑战政治体制的改革都难有实质性的推进。传媒体制改革只能伴随着社会主义民主政治的进程而展开，适应并推动民主政治建设。

当前，中国传媒业的改革已进入实质性的攻坚阶段。如果中国传媒业的改革不能像经济领域那样，在体制上实现突破，那么其他的一切改革都是微不足道的。失去制度上的保障，媒体改革的一切成果都是靠不住的。

改革开放以来，中国的民主政治建设逐步推进，人民当家作主的地位日益凸显。2007 年，中共十七大鲜明地指出，"人民民主是社会主义的生命""人民当家作主是社会主义民主政治的本质和核心。……保障人民的知情权、参与权、表达权、监督权"。[①]

这"四权"是公民言论、出版自由应有的题中之义，却是中国共产党第一次以最权威的文件加以确认。十七大报告从人的基本需求角度立论，"知情权"又一次被强化，"表达权"第一次被引入中共中央重要文献，"民主"一词被提及 69 次之多，这标志着中国的社会主义民主政治建设将迈出更坚实、更稳健的步伐。可以说，"四权"（知情权、参与权、表达权、监督权）的提出为中国新一轮媒体改革带来了新的曙光——"四权"的提出真正揭开了中国新闻体制改革、传媒体制改革的序幕。或者说，中国的新闻改革与媒体改革真正进入了正题，前 30 年的改革只不过是传媒体制改革的序幕而已。"四权"的提出基本上为中国媒体改革奠定了基调。新一轮媒体改革就要从维护公民的"四权"入手，从体制上建立一系列保障，确保在遵纪守法的前提下，公民能够通过公开的渠道获得他们需要的信息，能够通过公开的渠道，公正地表达他

---

① 胡锦涛：《高举中国特色社会主义伟大旗帜 为夺取全面建设小康社会新胜利而奋斗——在中国共产党第十七次全国代表大会上的报告》，人民出版社，2007，第 27、29 页。

们的意见，尤其是不同意见或反对意见。

知情权和表达权是人民民主的核心和基础，也是新闻媒体赖以生存的根基。大众传媒是公民表达权与知情权得以实现的重要载体，没有媒体的参与，公众的知情权、表达权，乃至参与权、监督权都无法落到实处，所谓的民主权利也就失去了保障。

公众的知情权、表达权实际上就是公共利益最核心、最关键的问题。如果媒体不能保障公共利益，所谓的知情权、表达权就会沦为空洞的政治口号。

"政治自由的实现依赖于现实制度的细节和要素。"巴克（Earnest Barker）在《对政府的反思》一文中说。同样，要确保公民知情渠道、表达渠道的畅通，必须建立一系列的制度保障。为实现这一目标，中国的传媒体制就要进行一系列改革，包括观念、实践、管理模式的改革等。

现在的问题是：如何使服务公众、维护公共利益，保障公众的知情权、表达权成为传媒业的基本制度，成为一种像遵守党性原则那样的硬约束？

笔者认为，传媒业的制度创新必须确立一个原则，那就是公共利益至上。这也是全世界传媒业赖以生存的核心原则，即使在实际运作中时常有所偏离。在传媒领域，从学界到业界，都在不断呼吁制度创新，制度创新首先必须明确目的、明确目标。公共利益至上应该成为制度创新的指导思想。如果传媒连为谁服务都不清楚，制度创新就毫无意义。

确立公共利益至上原则需要制定一整套规则来约束传媒业。笔者认为，要改变中国传媒业现状，必须从体制上着手，建立一种能保护、培育新闻媒体与新闻从业者社会责任感，或者至少不破坏这种责任感的体制。它至少包括两个层面。

第一，能保障媒体乃至传媒从业者生存的基本需要。如果"生存"与"物质"成为首位，媒体生产出来的精神产品必然是无法满足公众需求的，其所代表的只能是出于自身生存与发展的私利，而非公共利益或社会责任。

第二，让从业者尝到维护公共利益的甜头。通过制度设计，在媒体内部形成一股风气：让维护公共利益的记者受到表彰、受人尊敬，让事关公共利益的稿件优先发表、优先评奖，并在稿酬和评价方面给予倾斜，最终形成良好的氛围，将关心社会、维护公共利益的意识内化为记者的实践理念。

在这一点上，美国广播电视业可以为我们提供一系列的借鉴，如以商业运作为主的美国广播电视业是如何在商业利益、国家利益和公共利益之间进行平衡的？他们建立了什么样的制度保障？在实际运作过程中出现了怎样的问题？……

诚然，各国有着不同的现实，我们不可能照搬其每一条法规、每一个细节，但其中的精髓和实质应该能成为我们今后传媒体制改革的参照。

三　美国广播电视体制变迁对中国传媒体制改革的启示

由于国家制度的差异性，长期以来，人们认为，美国广播电视体制对中国传媒体制并无借鉴意义。然而笔者以为，随着中国媒体改革推进、采取商业化运作模式，中国传媒业面临着越来越多的与美国广播电视业同样的问题。虽然由于体制的差异，在运营中中国广播电视业与美国广播电视业之间呈现出诸多不同点，然而，由于市场经济的共性以及人性的共通性，其体现出的共同点也非常多。

例如，看到两个"杰西卡"① 的例子时，笔者想到了如今我们的国有电视频道上出现的越来越多的几乎已经没有什么价值的"营救报道"——这样的报道常常是披着深度报道的外衣，以故事化、娱乐化的形式出现，其效果只能带给观众神经与感官的刺激；笔者还想到了 2007 年轰动全国的"杨丽娟事件"——面对一些明知可能酿成恶果的人和事，媒体表现出的更多是猎奇、纵容甚至试图将之策划得更煽情、更"抢眼"，而没有体现出应有的人文关怀精神与社会责任感。问题出在哪里？不在于个别记者的专业素养、职业道德，也不在于个别媒体的管理模式，而在于体制。现今的传媒体制让媒体的趋利性无以遏制地爆发。

20 世纪 90 年代末乃至 21 世纪初，新闻传播学界还在欣然于传媒市场化、商业化所迸发出来的强大经济效应，还在苦心孤诣地研究中国传媒业的经营管理与资本运营之道；然而很快，到了现在，我们不得不面对另一个现实的迫在眉睫的问题：如何抵御或弥补商业化给社会文化、公共利益带来的创伤？

---

① 两个"杰西卡"的例子见第五章第二节。

中国和美国广播电视共同面对的问题可以概括为以下几个方面。

第一，商业化、市场化能促进传媒产业的壮大与发展，但与此同时，媒体商业化的弊端清晰可见。在媒体收获真金白银的同时，公共利益被逐步侵蚀——娱乐化的内容席卷精神文明领域，公众知情权、表达权难以得到确保，自由、民主的根基遭到破坏。

第二，在政治利益、商业利益与公共利益三者的博弈中，政治利益与商业利益越发强势，公共利益总是受到挤压，并如同一块悬空的馅饼，成为多方争抢的对象，而其自身却毫无根基、毫无保障。

第三，公众的知情权、表达权诉求强烈，民主、自由的呼声愈发高涨，但现行的传媒体制却无法为之提供必要的保障。在美国，从我们的分析来看，形势正在恶化。在中国，虽然当前的政治体制改革将确保公众的"四权"提高到了一个相当重要的地位，但是在可见的传媒制度设计中，却没看到相关的配套措施。

通过梳理美国广播电视体制变迁的路径，我们可以得出如下结论。

第一，商业化运作的确能促进传媒产业的发展与壮大。美国以及其他西方国家的实践表明，商业化能激发市场主体的活力、放松规制能带来传媒业的规模经济效应；中国近年来媒体改革的实践也表明，市场化使中国媒体的巨大潜力得以发挥，形成了中国媒体今天的繁荣态势。中国传媒产业要真正壮大与发展，在世界传媒舞台上占有一席之地，扩大经济版图、政治话语权和文化影响力，必须走市场化、商业化的路子。

第二，市场是自发的，它从来不可能自动实现公共利益。有学者认为，市场能对公众偏好实现累加，最终自发实现公共利益。美国广播电视业的发展路径充分表明，至少在精神文化领域，这一论断不成立。公共利益只能由非营利的机构来实现。

第三，公共利益与商业利益是一对永恒的矛盾。同一实体很难自发地同时兼顾商业利益与公共利益。就如同不能指望公共机构来壮大产业一样，我们也不能指望商业机构自动地实现公共利益，这其中必须要有适度、有效的政府规制。

第四，政策目标的实现需要具体的执行细则作为保障。在美国广播电视公众委托模式下，其一系列政策细则从实质上确保了公共利益；在市场模式下，虽然公共利益在《1996 年电信法》的文本中赫然可见，但由于管制的放松，公共利益实际上并未得到确保。我们能参照的，或许不是具体的细则，而是相应的政策措施对政策目的实现的重要意义。也就是说，政策目标固然重要，但相应的制度保障也同样重要。

第五，体制总是在政治利益、商业利益、公共利益的博弈中演化与变迁，并受到政治经济思潮的影响，因此它不可能实现突变，只能结合时代发展的特点，在多方利益的平衡中实现渐变。经济学的路径依赖理论在这里是适用的。

第六，社会中各种制度安排是彼此关联的，不参照社会中其他相关的制度安排，就无法估量某个特定制度安排的效率。因此，在一个社会有效的体制在另一个社会未必有效。在建立最有效的体制方面要考虑的因素很多，例如意识形态方面的原因、集团利益冲突等。

如果说走市场化之路是媒体发展壮大过程中不可逾越的路径，那么，我们在进行制度设计的过程中应该思考的问题是：怎样才能约束资本异化的范围与程度，怎样尽可能地发挥其积极作用？换言之，对将来而言，最大的现实问题在于：如何维持传媒产业的繁荣，同时又能为优秀新闻机构的生存与发展提供一个良好的生存环境？

这已经不仅仅是一个观念层面的问题，更是一个制度层面的问题。

美国广播电视的发展历史与美国广播电视体制的变迁给了我们经验，也给了我们深刻的教训。

政治学的核心范畴是权力，经济学的核心命题是探寻繁荣的本源。政治经济学者曼瑟·奥尔森（Mancur Olson）认为，凡是协调好政府权力和个人权利保障之间关系的国家都会走向繁荣，反之则衰败，经济上繁荣与否的问题实际上就是政治权力形成与运用是否得当的问题。[1] 一句话，权力先于繁荣，或者说强制性规则先于资源交换与市场机制。

正如发现了"创新"奥秘的美国经济学家熊彼特（Joseph Alois Schumpet-

---

① 〔美〕曼瑟·奥尔森：《权力与繁荣》，苏长和等译，世纪出版集团、上海人民出版社，2005，第 2 页。

er）所言："发展是一个突出的现象，它在流动的渠道中自发地、非连续地变化，是均衡的扰动，它永远地改变和取代着先前存在的均衡状态。"无论是美国广播电视业，还是中国传媒业，其发展都是如此，它们一直在"自发地变化"。对于中国传媒业而言，它来自一个单纯而僵硬的均衡状态，经过30多年的改革与发展，很多秩序都被颠覆，很多价值观都遭到了质疑——这些都为中国传媒业进入新一轮的调整提供了思想基础和理论条件。

诺斯言："知识存量和技术存量能扩大人类福利的范围，但它们不决定人类在这个范围内怎样达到成功。决定经济绩效和知识技术增长率的是政治经济组织的结构。"[①] 刘易斯·芒福德（Lewis Mumford）也说："技术的进步从来都不会自动地应用于社会，它需要政治上的一些灵活的创新和适应。"[②] 在传媒技术与信息技术的发展方面，中国与世界已经没有距离，这些为中国传媒业的发展、为公众福利的扩大提供了无限的可能性。然而，在制度层面，公众福利能否得到最大限度的实现，政治效益、经济效益、社会福利能否得到兼顾呢？这取决于下一步的制度选择。

当市场经济的概念终于得以确立之后，当政治体制改革的方向愈发明确之后，面目不清的中国传媒体制也应当能够确立未来前行的航标了：改革的动力将从观念的突破转向制度的创新。

之前，人们认为，中国之落后主要在于科技，只要大量引进生产线和新技术，就能够很快地迎头赶上。而现在，很多人已经意识到，观念突破和技术引进所释放出来的生产力并不能够让中国变成一个成熟的现代国家。经济学家吴敬琏因此提出"制度大于技术"。

在2015年的政府工作报告中，"制度"一词出现了38次，"体制"一词出现了14次。[③] 如此高的词频足以说明，在改革开放30多年后，制度更新、体制改革依然是解决一切问题的根本和源头。对于变革与飞速发展中的中国传媒产业，同样如此。

---

① 丁和根：《中国传媒制度绩效研究》，南方日报出版社，2007，导言，第6页。
② 〔英〕尼古拉斯·加汉姆：《解放·传媒·现代性——关于传媒和社会理论的讨论》，李岚译，新华出版社，2005，第107页。
③ 温家宝：《政府工作报告——2009年3月5日在第十一届全国人民代表大会第二次会议上》。

　　200多年前美国总统约翰·亚当斯就曾论述了一个难题："如果人类状况会有什么改善的话，那么，哲学家、神学家、立法者、政治家和伦理学家将发现，在他们不得不解决的最困难、最危险和最重要的问题中，对新闻界的管制居于首位。如果没有这种管制，治理人类就无从实现；如今尽管有了它，治理人类也无从实现。"任何一个国家的执政者都面临着这样的困境。它考验着政治家的能力与智慧。在中国，也不例外。

参考文献

A. 英文文献:

1. Ackerman, William C. The Dimensions of American Broadcasting [J], The Public Opinion Quarterly, Vol. 9, No. 1, 1945 (1).

2. Ackerman, William C. U. S. Radio: Record of a Decade [J]. The Public Opinion Quarterly, Vol. 12, No. 3, 1948 (3).

3. Barrow, Roscoe L. Program Regulation in Cable TV: Fostering Debate in a Cohesive Audience [J]. Virginia Law Review, Vol. 61, No. 3, Communications Law: Policy and Problems, 1975 (4).

4. Barrow, Roscoe L. The Attainment of Balanced Program Service in Television [J]. Virginia Law Review, Vol. 52, No. 4, 1966 (5).

5. Barton, Margaret F. Conditional Logit Analysis of FCC Decision making, The Bell Journal of Economics [J]. Vol. 10, No. 2, 1979 (3).

6. Barton, Margaret F. Conditional Logit Analysis of FCC Decision making [J]. The Bell Journal of Economics, Vol. 10, No. 2. 1979 (3).

7. Blake, Francis. Judicial Review of FCC Program Diversity Regulation [J]. Columbia Law Review, Vol. 75, No. 2. 1975 (3).

8. Brown, Ralph S. Character and Candor Requirements for FCC Licensees [J]. Law and Contemporary Problems, Vol. 22, No. 4, Radio and Television: Part 1. 1957 (3).

9. Celler, Emanuel. Antitrust Problems in the Television Broadcasting Industry [J]. Law and Contemporary Problems, Vol. 22, No. 4, Radio and Television: Part 1, 1957 (3).

10. Chazen, Leonard and Leonard Ross. Federal Regulation of Cable Television:

The Visible Hand [J]. Harvard Law Review, Vol. 83, No. 8, 1970 (6).

11. Chazen, Leonard and Leonard Ross. Federal Regulation of Cable Television: The Visible Hand [J]. Harvard Law Review, Vol. 83, No. 8. 1970 (6).

12. Coase, R. H. The Economics of Broadcasting and Government Policy [J]. The American Economic Review, Vol. 56, No. 1/2, 1966 (3).

13. Crandall, Robert W. FCC Regulation, Monopsony, and Network Television Program Costs [J]. The Bell Journal of Economics and Management Science, Vol. 3, No. 2, 1972 (3).

14. Deakin, Simon and Stephen Pratten. Reinventing the Market? Competition and Regulatory Change in Broadcasting [J]. Journal of Law and Society, Vol. 26, No. 3, 1999 (9).

15. Douglas, Susan J. Inventing American Broadcasting: 1899—1922 [M]. The Jones Hopkings University Press, 1987.

16. Gary, Hampson. Regulation of Broadcasting in the United States [J]. Annals of the American Academy of Political and Social Science, Vol. 177, Radio: The Fifth Estate, 1935 (1).

17. Givens, Richard A. Refusal of Radio and Television Licenses on Economic Grounds [J]. Virginia Law Review, Vol. 46, No. 7, 1960 (11).

18. Hansen, Victor R. Broadcasting and the Antitrust Laws [J]. Law and Contemporary Problems, Vol. 22, No. 4, Radio and Television: Part 1, 1957 (3).

19. Hazlett, Thomas W. Assigning Property Rights to Radio Spectrum Users: Why Did FCC License Auctions Take 67 Years? [J]. Journal of Law and Economics, Vol. 41, No. 2, Part 2, The Law and Economics of Property Rights to Radio Spectrum: A Conference Sponsored by the Program on Telecommunications Policy, Institute of Governmental Affairs, University of California, Davis. 1998 (10).

20. Hazlett, Thomas W. Digitizing "Must-Carry" under Turner Broadcasting v. FCC (1997) [J]. Supreme Court Economic Review, Vol. 8, (2000).

21. Henisz, Witold J. The Worldwide Diffusion of Market-Oriented Infrastructure Re-

form, 1977 – 1999 [J]. American Sociological Review, Vol. 70, No. 6, 2005 (12).

22. Horning, R. Allan. The First Amendment Right to a Public Forum [J]. Duke Law Journal, Vol. 1969, No. 5, 1969 (10).

23. Humphreys, Peter. Germany's "Dual" Broadcasting System: Recipe for Pluralism in the Age of Multi-Channel Broadcasting? [J]. New German Critique, No. 78, Special Issue on German Media Studies, 1999 (3).

24. Jaffe, Adam B. and David M. Kanter. Market Power of Local Cable Television Franchises: Evidence from the Effects of Deregulation [J]. The RAND Journal of Economics, Vol. 21, No. 2, 1990 (2).

25. Jaffe, Louis L. WHDH: The FCC and Broadcasting License Renewals [J]. Harvard Law Review, Vol. 82, No. 8. 1969 (6).

26. Jordan, Amy B. and Emory H. Woodard IV. Growing Pains: Children's Television in the New Regulatory Environment [J]. Annals of the American Academy of Political and Social Science, Vol. 557, Children and Television, 1998 (5).

27. Kunkel, Dale. Policy Battles over Defining Children's Educational Television [J]. Annals of the American Academy of Political and Social Science, Vol. 557, Children and Television, 1998 (5).

28. Levin, Harvey J. Economic Structure and the Regulation of Television [J]. The Quarterly Journal of Economics, Vol. 72, No. 3, 1958 (8).

29. Levin, Harvey J. Workable Competition and Regulatory Policy in Television Broadcasting [J]. Land Economics, Vol. 34, No. 2, 1958 (5).

30. Loeb, G. Hamilton. The Communications Act Policy toward Competition: A Failure to Communicate [J]. Duke Law Journal, Vol. 1978, No. 1, Ninth Annual Administrative Law Issue. 1978 (3).

31. Makk, Fouad Nationalism. State Formation and the Public Sphere: Eritrea 1991 – 96 [J]. Review of African Political Economy, Vol. 23, No. 70, 1996 (12).

32. M. B. Sarkar, S. Tamer Cavusgil, Preet S. Aulakh. International Expansion of Telecommunication Carriers: The Influence of Market Structure, Network Char-

acteristics, and Entry Imperfections [J]. Journal of International Business Studies, Vol. 30, No. 2, 1999 (2).

33. McCray, Sandra B. FCC v. The States: Who Shall Regulate Intrastate Telecommunications? [J]. Publius, Vol. 19, No. 3, The State of American Federalism, 1988 – 1989. 1989 (3).

34. Meaney, John W. The Institution of Public Television [J]. The Review of Politics, Vol. 30, No. 4, 1968 (10).

35. Motta, Massimo Michele Polo, Patrick Rey, Lars-Hendrik Roller. Concentration and Public Policies in the Broadcasting Industry: The Future of Television [J]. Economic Policy, Vol. 12, No. 25, 1997 (10).

36. Noam, Eli M. Will Universal Service and Common Carriage Survive the Telecommunications Act of 1996? [J]. Columbia Law Review, Vol. 97, No. 4, 1997 (4).

37. Ozro, William. The FCC's Proposed CATV Regulations [J]. Stanford Law Review, Vol. 21, No. 6. 1969 (6).

38. Peoples, James and Rhoda Robinson. Market Structure and Racial and Gender Discrimination: Evidence from the Telecommunication Industry [J]. American Journal of Economics and Sociology, Vol. 55, No. 3, 1996 (7).

39. Perez-Linan, Anibal. Television News and Political Partisanship in Latin America [J]. Political Research Quarterly, Vol. 55, No. 3, 2002 (9).

40. Petrick, Michael J. "Equal Opportunities" and "Fairness" in Broadcast Coverage of Politics [J]. Annals of the American Academy of Political and Social Science, Vol. 427, Role of the Mass Media in American Politics. 1976 (9).

41. Ronald, Francis S. The Future of International Broadcasting [J]. Annals of the American Academy of Political and Social Science, Vol. 398, Propaganda in International Affairs, 1971 (11).

42. Shelanski, Howard A. Peter W. Huber. Administrative Creation of Property Rights to Radio Spectrum [J]. Journal of Law and Economics, Vol. 41, No. 2, Part 2, The Law and Economics of Property Rights to Radio Spectrum: A Conference

Sponsored by the Program on Telecommunications Policy, Institute of Governmental Affairs, University of California, Davis. 1998 (10).

43. Shiman, Daniel R. Parity: Implementing the Telecommunications Act of 1996 [J]. Statistical Science, Vol. 17, No. 3, 2002 (8).

44. Sidak, J. Gregory and Daniel F. Spulber. The Tragedy of the Telecommons: Government Pricing of Unbundled Network Elements under the Telecommunications Act of 1996 [J]. Columbia Law Review, Vol. 97, No. 4, 1997 (4).

45. Simmons, Steven J. The Problem of "Issue" in the Administration of the Fairness Doctrine [J]. California Law Review, Vol. 65, No. 3, 1977 (5).

46. Simon, Jules F. The Collapse of Consensus: Effects of the Deregulation of Cable Television [J]. Columbia Law Review, Vol. 81, No. 3, 1981 (4).

47. Wiley, Richard E. "Political" Influence at the FCC [J]. Duke Law Journal, Vol. 1988, No. 2/3, Nineteenth Annual Administrative Law Issue. 1988 (4 – 6).

48. Wolak, Frank A. Gerald R. Faulhaber, Ariel Pakes. The Welfare Impacts of Competitive Telecommunications Supply: A Household-Level Analysis, Brookings Papers on Economic Activity [J]. Microeconomics, Vol. 1996, (1996).

B. 中文文献:

1. 〔法〕让 – 诺埃尔·让纳内著, 段慧敏译. 西方媒介史 [M]. 广西: 广西师范大学出版社, 2005.

2. 〔法〕托克维尔著, 董果良译. 论美国的民主 [M]. 上海: 商务印书馆, 2007.

3. 〔加〕R·哈克特, 赵月枝, 周雨译. 客观性的演变: 从实证主义到消极性新闻 [J]. 国际新闻界, 1998 (5 – 6).

4. 〔加〕考林·霍斯金斯, 斯图亚·特迈克法蒂耶, 亚当·费恩著, 刘海丰, 张慧宇译. 全球电影和电视: 产业经济学导论 [M]. 北京: 新华出版社, 2004.

5. 〔加〕文森特·莫斯可著, 胡正荣等译. 传播政治经济学 [M]. 北京: 华夏出版社, 2000.

6. 〔加〕赵月枝. 公共利益、民主与欧美广播电视的市场化 [J]. 新闻与传播研究，1998（2）.

7. 〔加〕赵月枝. 全球电信危机和产业重组的困境——一位美国学者的分析和警示 [J]. 现代传播，2003（2）.

8. 〔美〕R. 科斯，A. 阿尔钦，D. 诺斯等著. 财产权利与制度变迁——产权学派与新制度学派译文集 [M]. 上海：上海三联书店，上海人民出版社，1994.

9. 〔美〕T. 巴顿·卡特等著，黄列译. 大众传播法概要 [M]. 北京：中国社会科学出版社，1997.

10. 〔美〕埃里克·弗鲁伯顿，〔德〕鲁道夫·芮切特著，姜建强、罗长远译. 新制度经济学：一个交易费用分析范式 [M]. 上海：上海三联书店，上海人民出版社，2006.

11. 〔美〕本·H. 贝戈蒂克安著，吴靖译. 媒体垄断（第六版）[M]. 河北：河北教育出版社，2004.

12. 〔美〕本杰明·康佩恩、道格拉斯·戈梅里著，詹正茂，张小梅，胡燕等译. 谁拥有媒体？——大众传媒业的竞争与集中 [M]. 北京：中国人民大学出版社，2004.

13. 〔美〕查尔斯·费尔查德，王欣编译，美国广播的非地域化——放松规制与合作主义观的不断胜利 [J]. 现代传播，2001（4）.

14. 〔美〕丹尼尔·F. 史普博著，余晖等译. 管制与市场 [M]. 上海：上海三联书店，上海人民出版社，2006.

15. 〔美〕丹尼尔·W·布罗姆利著，陈郁等译. 经济利益与经济制度——公共政策的理论基础 [M]. 上海：上海三联书店、上海人民出版社，2006.

16. 〔美〕丹尼尔·布尔斯廷著. 美国人民主历程 [M]. 北京：三联书店，1993.

17. 〔美〕道格拉斯·凯尔纳著，史安斌译. 媒体奇观——当代美国社会文化透视 [M]. 北京：清华大学出版社，2003.

18. 〔美〕赫伯特·席勒著，刘晓红译. 大众传播与美利坚帝国 [M]. 上海：上海译文出版社，2006.

19. 〔美〕亨利·威廉·斯皮格尔著，晏智杰等译．经济思想的成长（上）
    〔M〕.北京：中国社会科学出版社，1999.

20. 〔美〕拉尔夫·德贝茨著，南京大学历史系英美对外关系研究室译．美国
    史（1933 – 1973）上：富兰克林·罗斯福当政时期：1933 – 1945〔M〕,
    北京：人民出版社，1984.

21. 〔美〕理查德·科恩．公司新闻与利润最大化〔J〕.国际新闻界，2001
    （2）：33 – 39.

22. 〔美〕伦纳德·小唐尼，罗伯特·G.凯泽著，党生翠等译．美国人和他们
    的新闻〔M〕.北京：中信出版社，辽宁教育出版社，2003.

23. 〔美〕罗伯特·W.麦克切斯尼著，谢岳译．富媒体 穷民主：不确定时
    代的传播政治〔M〕.北京：新华出版社，2004.

24. 〔美〕迈克尔·埃默里，埃德温·埃默里，南希·L.罗伯茨著，展江，殷
    文译．美国新闻史：大众传播媒介解释史（第九版）〔M〕.北京：中国人
    民大学出版社，2004.

25. 〔美〕曼瑟·奥尔森著，苏长和等译．权力与繁荣〔M〕.上海：世纪出版
    集团，上海人民出版社，2005.

26. 〔美〕唐·R.彭伯著，张金玺，赵刚译．大众传播法（第十三版）〔M〕.
    北京：中国人民大学出版社，2005.

27. 〔美〕威廉·哈森．世界新闻多棱镜〔M〕.北京：新华出版社，2000.

28. 〔美〕新闻自由委员会，展江等译．一个自由而负责的新闻界〔M〕.北
    京：中国人民大学出版社，2004.

29. 〔美〕詹姆斯·沃克，道格拉斯·弗格森，陆地，赵丽颖译．美国广播电视
    产业〔M〕.北京：清华大学出版社，2005.

30. 〔美〕詹姆斯.M.布坎南著，平新乔、莫扶民译．自由、市场与国家——
    80年代的政治经济学〔M〕.上海：上海三联书店，1989.

31. 〔英〕丹尼斯·麦奎尔等．90年代欧洲媒介变革分析框架〔J〕.新闻与传
    播研究，1994（4）.

32. 〔英〕丹尼斯·麦奎尔著，崔保国 李琨译．麦奎尔大众传播理论〔M〕.
    北京：清华大学出版社，2006.

33. 〔英〕吉利恩·多伊尔著，陈剑南等译. 传媒所有权 [M]. 北京：中国传媒大学出版社，2005.

34. 〔英〕尼古拉斯·加汉姆著，李岚译. 解放·传媒·现代性——关于传媒和社会理论的讨论 [M]. 北京：新华出版社，2005.

35. 〔英〕约翰·基恩著，刘士军等译. 媒体与民主 [M]. 北京：社会科学文献出版社，2003.

36. 〔英〕詹姆斯·卡瑞、珍·辛顿著，栾轶玫译. 英国新闻史（第六版）[M]. 北京：清华大学出版社，2005.

37. 〔英〕詹姆斯·库兰，〔美〕米切尔·古尔维奇编，杨击译. 大众媒介与社会 [M]. 北京：华夏出版社，2006.

38. 阿维纳什·K. 迪克西特著，刘元春译. 经济政策的制定：交易成本政治学的视角 [M]. 北京：中国人民大学出版社，2004.

39. 蔡琪，蔡雯. 美国传媒与大众文化——200 年美国传播现象透视 [M]. 北京：新华出版社，1998.

40. 单波，刘学. 关于当前美国媒介改革运动的观察与分析 [A]. 本文为"中国媒介生态与媒介改革"国际会议提交论文，武汉大学：2005 年 11 月 17 日—18 日，未公开发表.

41. 丁和根. 中国传媒制度绩效研究 [M]. 广州：南方日报出版社，2007.

42. 端木义万. 美国传媒文化 [M]. 北京：北京大学出版社，2001.

43. 樊纲. 市场机制与经济效率 [M]. 上海：上海三联书店，上海人民出版社，1999.

44. 方立. 我国政治体制改革历程的简要回顾和总结 [J]. 今日中国论坛，2007，12.

45. 高子华. 美国广播电视的运营与管制——对美国广播电视产业生态环境的实地考察与分析 [J]. 新闻实践，2005 (9).

46. 辜晓进. 美国传媒体制 [M]. 广州：南方日报出版社，2006.

47. 郭庆光. 二十一世纪美国广播电视事业新构图：1996 年电信法的意义与问题 [J]. 国际新闻界，1996 (6).

48. 郭镇之. 美国公共广播电视的起源 [J]. 新闻与传播研究，1997（4 卷

4 期）.

49. 郭镇之. 欧洲公共广播电视的历史遗产及当代解释［J］. 国际新闻界，1998（5 - 6）.

50. 何德旭，王朝阳，张捷. 机制设计理论的发展与应用——2007 年诺贝尔经济学奖评介［N］. 中国经济时报，2007，10（23）.

51. 何顺果. 美国历史十五讲［M］. 北京：北京大学出版社，2007.

52. 胡锦涛. 高举中国特色社会主义伟大旗帜　为夺取全面建设小康社会新胜利而奋斗——在中国共产党第十七次全国代表大会上的报告［R］. 北京：人民出版社，2007.

53. 胡正荣. 产业整合与跨世纪变革——美国广播电视业的发展走向［J］. 国际新闻界，1999（4）.

54. 简淑芳. 商业运作机制下的美国电视［J］. 中国广播电视学刊，2003（11）.

55. 金冠军，郑涵. 当代西方公共广播电视体制的基本类型［J］. 国际新闻界，2002（2）.

56. 金冠军，郑涵. 国际传媒政策新视野［M］. 上海：上海三联书店，2005.

57. 鞠宏磊. 媒介产权制度——英美广播电视产权制度变迁及其对我国的启示［M］. 成都：四川大学出版社，2006.

58. 李良荣，林晖. 垄断·自由竞争·垄断竞争——当代中国新闻媒介集团化趋向透析［J］. 新闻大学，1999（夏）：5 - 10.

59. 李良荣，张健. 公共频道呼唤电视媒介管理创新［J］. 电视研究，2006（5）.

59. 李良荣. 当代西方新闻媒体［M］. 上海：复旦大学出版社，2006.

60. 李良荣. 论中国新闻改革的优先目标［J］. 现代传播，2007（4）.

61. 李书藏. 公共广播电视体制的首席设计师——约翰·里斯与 BBC［J］. 中国广播电视学刊. 2002（1）.

62. 李瞻. 传播法：判例与说明［M］. 台北：台湾黎明文化事业公司，1992.

63. 梁山. 中美广播电视宏观管理体制比较［J］（上）. 中国广播电视学刊，2003（9）.

64. 梁山. 中美广播电视宏观管理体制比较 ［J］ （下）. 中国广播电视学刊，2003 （10）.

65. 林爱培. "5.12" 应是信息迅速公开的纪念日 ［N］. 南方周末，2008，5 （22）：周末特别版8.

66. 刘涤源，谭崇台主编. 当代西方经济学说 ［M］. 武汉：武汉大学出版社，1983.

67. 刘小怡. 新自由主义述评 ［J］. 学习论坛，2004 （20 卷8期）.

68. 刘绪贻等著. 美国通史 （第6卷） ［M］. 北京：人民出版社，2002.

69. 柳旭波. 传媒体制改革的制度经济学分析 ［J］. 新闻界，2006 （2）.

70. 龙一春. 日本传媒体制 ［M］. 广州：南方日报出版社，2007.

71. 陆晔，赵月枝. 美国数字电视：在权力结构与商业利益之间的曲折发展 ［J］. 新闻与传播研究，1999 （3）.

72. 陆晔. 力量游戏 全球化过程中世界电视业的市场重构 ［J］. 电视研究，2001 （3）.

73. 陆晔. 美国广播电视界在注视什么？——美国RTNDA98年会综述 ［J］. 新闻记者，1998 （12）.

74. 罗乐. 公共取向还是市场取向——从BBC改革看公共服务广播体制的转型 ［J］. 当代经理人 2006 （3）.

75. 美国历史百科辞典 ［M］. 上海：世纪出版社，上海辞书出版社，2004.

76. 牛海峰. 美《广播净化执法法案》始末 ［J］. 电视研究，2004 （9）.

77. 奴役与自由：美国的悖论——美国历史学家组织主席演说集 （1961－1990） ［M］. 贵州：贵州人民出版社，1993.

78. 宋建武. 媒介经济学—原理及在中国的实践 ［M］. 北京：中国人民大学出版社，2006.

79. 宋小川. 经济学的第三次危机与第二次凯恩斯革命 ［J］. 经济学动态，2008 （5）.

80. 唐建军. 对美国广播电视管理体制基本思想的分析 ［J］. 电视研究，2004 （7）.

81. 唐亚明，王凌洁. 英国传媒体制 ［M］. 广州：南方日报出版社，2007.

82. 王才勇. 德国广播电视业及传媒集团的构成现状 [J]. 德国研究，2002 （1）.

83. 魏佳. 德国广播电视体制探究 [J]. 新闻爱好者，2008 （8）.

84. 温家宝. 政府工作报告——2009 年 3 月 5 日在第十一届全国人民代表大会第二次会议上.

85. 夏倩芳. 公共利益与广播电视规制——以美国为例 [J]. 新闻与传播研究，2005 （12 卷 1 期）.

86. 夏倩芳. 公共利益与广播电视规制——以英国和美国为例 [D]. 武汉：武汉大学，2004.

87. 夏倩芳. 广播电视放松规制与重新界定公共利益 [J]. 现代传播，2005 （4）.

88. 谢国平. 改变世界的搏击——西方信息业大兼并透视 [M]. 上海：复旦大学出版社，1999.

89. 余永定，张宇燕，郑秉文. 西方经济学 [M]，北京：经济科学出版社，2002.

90. 喻国明，戴元初. 传媒规制的应然与实然——以美国1996年电信法为标本的解读 [J]. 新闻与写作，2008 （3）.

91. 袁侃，周怡. 西方公共广播电视体制变迁研究 [J] ——以 BBC 为例. 青年记者，2005 （11）：74 – 77.

92. 詹姆斯·卡伦著，史安斌译. 媒体与权力 [M]. 北京：清华大学出版社，2006.

93. 展江. 《1996 年电信法》给美国带来了什么？ [J]. 国际新闻界，1997 （4）.

94. 张晓彤. Eviews 使用指南与案例 [M]. 北京：机械工业出版社，2007.

95. 张咏华，陈沛芹. 浅谈西欧国家的新闻道德规范（上、下）[J]. 新闻界，2002 （5 – 6）.

96. 张咏华. 美国新自由主义思潮和 FCC 新规定之争 [J]. 新闻记者，2003 （11）.

97. 张志君. 美国媒体自由的本质 [J]. 电视研究，2003 （6）.

98. 赵曙光，周育华．后管制时代的美国电视媒体集中度分析［J］．传媒观察，2004（11）．

99. 郑涵．当代西方广播电视体制商业模式研究［J］．现代传播，2005（4）．

100. 中国社会科学院美国研究所，美国年鉴（2006）［M］，北京：中国社会科学出版社，2007．

101. 周小梅．美国 FCC：放松电信管制后的管制原则［J］．管理现代化，2003（2）．

102. 朱杰．90 年代美国广播电视新闻报道的变迁及原因［J］．中国广播电视学刊，2002（1）．

103. 诸葛蔚东．日本公共广播体制的改革走向［J］．传媒，2007（11）．

C. 主要法律法规：

Communications Act of 1934

Radio Act of 1912

Telecommunications Act of 1996

The Radio Act of 1927

附录 1 Radio Act of 1912 （节选）

Text of the August 13, 1912 "An Act to regulate radio communication". This was the first act in the United States to require radio stations to be licenced—the earlier ship acts only required that certain ships to have radio equipment installed.

An Act To regulate radio communication, approved August 13, 1912.

SEC. 1. *Be it enacted by the Senate and House of Representatives of the United States of America in Congress assembled*, That a person, company, or corporation within the jurisdiction of the United States shall not use or operate any apparatus for radio communication as a means of commercial intercourse among the several States, or with foreign nations, or upon any vessel of the United States engaged in interstate or foreign commerce, or for the transmission of radiograms or signals the effect of which extends beyond the jurisdiction of the State or Territory in which the same are made, or where interference would be caused thereby with the receipt of messages or signals from beyond the jurisdiction of the said State or Territory, except under and in accordance with a license, revocable for cause, in that behalf granted by the Secretary of Commerce and Labor upon application therefor; but nothing in this Act shall be construed to apply to the transmission and exchange of radiograms or signals between points situated in the same State: *Provided*, That the effect thereof shall not extend beyond the jurisdiction of the said State or interfere with the reception of radiograms or signals from beyond said jurisdiction; and a license shall not be required for the transmission or exchange of radiograms or signals by or on behalf of the Government of the United States, but every Government station on land or sea shall have special call letters designated and published in the list of radio stations of the United States by the Department of Commerce and Labor. Any person, company, or corporation that shall use or operate any apparatus for radio communication in violation of this section, or knowingly aid or abet another person, company, or corporation in so doing, shall be deemed guilty of a misdemeanor, and on conviction thereof shall be punished by a fine not exceeding five hundred dollars, and the apparatus or device so unlawfully used and operated may be adjudged forfeited to the United States.

SEC. 2. That every such license shall be in such form as the Secretary of Commerce and Labor shall determine and shall contain the restrictions, pursuant to this Act, on and subject to which the license is granted; that every such license shall be issued only to citizens of the United States or Porto Rico or to a company incorporated under the laws of some State or Territory or of the United States or Porto Rico, and shall specify the ownership and location of the station in which said apparatus shall be used and other particulars for its identification and to enable its range to be estimated; shall state the purpose of the station, and in case of a station in actual operation at the date of passage of this Act, shall contain the statement that satisfactory proof has been furnished that it was actually operating on the above-mentioned date; shall state the wave length or the wave lengths authorized for use by the station for the prevention of interference and the hours for which the station is licensed for work; and shall not be construed to authorize the use of any apparatus for radio communication in any other station than that specified. Every such license shall be subject to the regulations contained herein, and such regulations as may be established from time to time by authority of this Act or subsequent Acts and treaties of the United States. Every such license shall provide that the President of the United States in time of war or public peril or disaster may cause the closing of any station for radio communication and the removal therefrom of all radio apparatus, or may authorize the use or control of any such station or apparatus by any department of the Government, upon just compensation to the owners.

SEC. 3. That every such apparatus shall at all times while in use and operation as aforesaid be in charge or under the supervision of a person or persons licensed for that purpose by the Secretary of Commerce and Labor. Every person so licensed who in the operation of any radio apparatus shall fail to observe and obey regulations contained in or made pursuant to this Act or subsequent Acts or treaties of the United States, or any one of them, or who shall fail to enforce obedience thereto by an unlicensed person while serving under his supervision, in addition to the punishments and penalties herein prescribed, may suffer the suspension of the said license for a period to be fixed by the Secretary of Commerce and Labor not exceeding one year. It shall be unlawful to employ any unlicensed person or for any unlicensed person to serve in charge or in supervision of the use and operation of such apparatus, and any person violating this provision shall be guilty of a misdemeanor, and on conviction thereof shall be punished by a fine of not more than one hundred dollars or imprisonment for not more than two months; or both, in the discretion of the court, for each and every such offense: *Provided*, That in case of emergency the Secretary of Commerce and Labor may authorize a collector of customs to issue a temporary permit, in lieu of a license, to the operator on a vessel subject to the radio ship Act of June twenty-fourth, nineteen hundred and ten.

SEC. 4. That for the purpose of preventing or minimizing interference with communication between stations in which such apparatus is operated, to facilitate radio communication, and to further the prompt receipt of distress signals, said private and commercial stations shall be subject to the regulations of this section. These regulations shall be enforced by the Secretary of Commerce and Labor through the collectors of customs and other officers of the Government as other regulations herein provided for.

The Secretary of Commerce and Labor may, in his discretion, waive the provisions of any or all of these regulations when no interference of the character above mentioned can ensue.

附录 2　The Radio Act of 1927 （节选）

Public Law No. 632, February 23, 1927, 69th Congress. An Act for the regulation of radio communications, and for other purposes.

Be it enacted by the Senate and House of Representatives of the United States of America in Congress assembled

That this Act is intended to regulate all forms of interstate and foreign radio transmissions and communications within the United States, its Territories and possessions; to maintain the control of the United States over all the channels of interstate and foreign radio transmission; and to provide for the use of such channels, but not the ownership thereof, by individuals, firms, or corporations, for limited periods of time, under licenses granted by Federal authority, and no such license shall be construed to create any right, beyond the terms, conditions, and periods of the license. That no person, firm, company, or corporation shall use or operate any apparatus for the transmission of energy or communications or signals by radio (a) from one place in any Territory or possession of the United States, or from the District of Columbia to another place in the same Territory, possession or District; or (b) from any State, Territory, or possession of the United States, or from the District of Columbia to any other State, Territory, or Possession of the United States; or from any place in any State, Territory, or possession of the United States, or in the District of Columbia, to any place in any foreign country or to any vessel; or (d) within any State when the effects of such use extend beyond the borders of said State, or when interference is caused by such use or operation with the transmission of such energy, communications, or signals from within said State to any place beyond its borders, or from any place beyond its borders to any place within said State, or with the transmission or reception of such energy, communications, or signals from and/or to places beyond the borders of said State; or (e) upon any vessel of the United States; or (f) upon any aircraft or other mobile stations within the United States, except under and in accordance with this Act and with a license in that behalf granted under the provisions of this Act.

SEC. 2. For the purposes of this Act, the United States is divided into five zones, as follows: The first zone shall embrace the States of Maine, New Hampshire, Vermont, Massachusetts, Connecticut, Rhode Island, New York, New Jersey, Delaware, Maryland, the District of Columbia, Porto Rico, and the Virgin Islands; the second zone shall embrace the States of Pennsylvania, Virginia, West Virginia, Ohio, Michigan, and Kentucky; the third zone shall embrace the States of North Carolina, South Carolina, Georgia, Florida, Alabama, Tennessee, Mississippi, Arkansas, Louisiana, Texas, and Oklahoma; the fourth zone shall embrace the States of Indiana, Illinois, Wisconsin, Minnesota, North Dakota, South Dakota, Iowa, Nebraska, Kansas, and Missouri; and the fifth zone shall embrace the States of Montana, Idaho, Wyoming, Colorado, New Mexico, Arizona, Utah, Nevada, Washington, Oregon, California, the Territory of Hawaii, and Alaska.

SEC. 3. That a commission is hereby created and established to be known as the Federal Radio Commission, hereinafter referred to as the commission, which shall be composed of five commissioners appointed by the President, by and with the advice and consent of the Senate, and one of whom the President shall designate as chairman: Provided, That chairmen thereafter elected shall be chosen by the commission itself.

Each member of the commission shall be a citizen of the United States and an actual resident citizen of a State within the zone from which appointed at the time of said appointment. Not more than one commissioner shall be appointed from any zone. No member of the commission shall be financially interested in the manufacture or sale of radio apparatus or in the transmission or operation of radiotelegraphy, radio telephony, or radio broadcasting. Not more than three commissioners shall be members of the same political party.

SEC. 4. Except as otherwise provided in this Act, the commission, from time to time, as public convenience interest, or necessity requires, shall—

(a) Classify radio stations;

(b) Prescribe the nature of the service to be rendered by each class of licensed stations and each station within any class;

(c) Assign bands of frequencies or wave lengths to the various classes of stations, and assign frequencies or wave lengths for each individual station and determine the power which each station shall use and the time during which it may operate;

(d) Determine the location of classes of stations or individual stations;

(e) Regulate the kind of apparatus to be used with respect to its external effects and the purity and sharpness of the emissions from each station and from the apparatus therein;

(f) Make such regulations not inconsistent with law as it may deem necessary to prevent interference between stations and to carry out the provisions of this Act: Provided, however, That changes in the wave lengths, authorized power, in the character of emitted signals, or in the times of operation of any station, shall not be made without the consent of the station licensee unless, in the judgment of the commission, such changes will promote public convenience or interest or will serve public necessity or the provisions of this Act will be more fully complied with;

(g) Have authority to establish areas or zones to be served by any station;

(h) Have authority to make special regulations applicable to radio stations engaged in chain broadcasting;

(i) Have authority to make general rules and regulations requiring stations to keep such records of programs, transmissions of energy, communications, or signals as it may deem desirable;

(j) Have authority to exclude from the requirements of any regulations in whole or in part any radio station upon railroad rolling stock, or to modify such regulations in its discretion;

(k) Have authority to hold hearings, summon witnesses, administer oaths, compel the production of books, documents, and papers and to make such investigations as may be necessary in the performance of its duties.

The commission may make such expenditures (including expenditures for rent and personal services at the seat of government and elsewhere, for law books, periodicals, and books of reference, and for printing and binding) as may be necessary for the execution of the functions vested in the commission and, as from time to time may be appropriated for by Congress. All expenditures of the commission shall be allowed and paid upon the presentation of itemized vouchers therefor approved by the chairman.

SEC. 5. From and after one year after the first meeting of the commission created by this Act, all the powers and authority vested in the commission under the terms of this Act, except as to the revocation of licenses, shall be vested in and exercised by the Secretary of commerce; except that thereafter the commission stall have power and jurisdiction to act upon and determine any and all matters brought before it under the terms of this section.

SEC. 6. Radio stations belonging to and operated by the United States shall not be subject to the provisions of sections 1, 4, and 5 of this Act. All such Government stations shall use such frequencies or wave lengths as shall be assigned to each or to each class by the President. All such stations, except stations on board naval and other Government vessels while at sea or beyond the limits of the continental United States, when transmitting any radio communication or signal other than a communication or signal relating to Government business shall conform to such rules and regulations designed to prevent interference with other radio stations and the rights of others as the licensing authority may prescribe. Upon proclamation by the President that there exists war or a threat of war or a state of public peril or disaster or other national emergency, or in order to preserve the neutrality of the United States, the President may suspend or amend, for such time as he may see fit, the rules and regulations applicable to any or all stations within the jurisdiction of the United States as prescribed by the licensing authority, and may cause the closing of any station for radio communication and the removal therefrom of its apparatus and equipment, or he may authorize the use of control of any such station and/or its apparatus and equipment by any department of the Government under such regulations as he may prescribe, upon just compensation to the owners. Radio stations on board vessels of the United States Shipping Board or the United States Shipping Board Emergency Fleet Corporation or the Inland and Coastwise Waterways Service shall be subject to the provisions of this Act.

SEC. 7. The President shall ascertain the just compensation for such use or control and certify the amount ascertained to Congress for appropriation and payment to the person entitled thereto. If the amount so certified is unsatisfactory to the person entitled thereto, such person shall be paid only 75 per centum of the amount and shall be entitled to sue the United States to recover such further sum as added to such payment of 75 per centum which will make such amount as will be just compensation for the use and control. Such suit shall be brought in the manner provided by paragraph 20 of section 24, or by section 145 of the Judicial Code, as amended.

SEC. 8. All stations owned and operated by the United States, except mobile stations of the Army of the United States, and all other stations on land and sea, shall have special call letters designated by the Secretary of Commerce.

Section 1 of this Act shall not apply to any person, firm, company, or corporation sending radio communications or signals on a foreign ship while the same is within the jurisdiction of the United States, but such communications or signals shall be transmitted only in accordance with such regulations designed to prevent interference as may be promulgated under the authority of this Act.

SEC. 9. The licensing authority, if public convenience interest, or necessity will be served thereby, subject to the limitations of this Act, shall grant to any applicant therefor a station license provided for by this Act.

In considering applications for licenses and renewals of licenses, when and in so far as there is a demand for the same, the licensing authority shall make such a distribution of licenses, bands of frequency of wave lengths, periods of time for operation, and of power among the different States and communities as to give fair, efficient, and equitable radio service to each of the same.

No license granted for the operation of a broadcasting station shall be for a longer term than three years and no license so granted for any other class of station shall be for a longer term than five years, and any license granted may be revoked as hereinafter provided. Upon the expiration of any license, upon application therefor, arenewal of such license may be granted from time to time for a term of not to exceed three years in the case of broadcasting licenses and not to exceed five years in the case of other licenses.

No renewal of an existing station license shall be granted more than thirty days prior to the expiration of the original license.

SEC. 10. The licensing authority may grant station licenses only upon written application therefor addressed to it. All applications shall be filed with the Secretary of Commerce. All such applications shall set forth such facts as the licensing authority by regulation may prescribe as to the citizenship, character, and financial, technical, and other qualifications of the applicant to operate the station; the ownership and location of the proposed station and of the stations, if any, with which it is proposed to communicate; the frequencies or wave lengths and the power desired to be used; the hours of the day or other periods of time during which it is proposed to operate the station; the purposes for which the station is to be used; and such other information as it may require. The licensing authority at any time after the filing of such original application and during the term of any such license may require from an applicant or licensee further written statements of fact to enable it to determine whether such original application should be granted or denied or such license revoked. Such application and/or such statement of fact shall be signed by the applicant and/or licensee under oath or affirmation,

SEC. 11. If upon examination of any application for a station license or for the renewal or modification of a station license the licensing authority shall determine that public interest, convenience, or necessity would be served by the granting thereof, it shall authorize the issuance, renewal, or modification thereof in accordance with said finding. In the event the licensing authority upon examination of any such application does not reach such decision with respect thereto, it shall notify the applicant thereof, shall fix and give notice of a time and place for hearing thereon, and shall afford such applicant an opportunity to be heard under such rules and regulations as it may prescribe.

SEC. 12. Any station license shall be revocable by the commission for false after the granting thereof such license shall not be transferred in any manner, either voluntarily or involuntarily, to (a) any alien or the representative of any alien; (b) to any foreign government, or the representative thereof; (c) to any company, corporation, or association organized under the laws of any foreign government; (d) to any company, corporation, or association of which any officer or director is an alien, or of which more than one-fifth of the capital stock may be voted by aliens or their representatives or by a foreign government or representative thereof, or by any company, corporation, or association organized under the laws of a foreign country. The station license required hereby, the frequencies or wave length or lengths authorized to be used by the licensee, and the rights therein granted shall not be transferred, assigned, or in any manner, either voluntarily or involuntarily, disposed of to any person, firm, company, or corporation without the consent in writing of the licensing authority

SEC. 13. The licensing authority is hereby directed to refuse a station license and/or the permit hereinafter required for the construction of a station to any person, firm, company, or corporation, or any subsidiary. thereof, which has been finally adjudged guilty by a Federal court of unlawfully monopolizing or attempting unlawfully to monopolize, after this Act takes effect, radio communication, directly or indirectly, through thecontrol of the manufacture or sale of radio apparatus, through exclusive traffic arrangements, or by any other means or to have been using unfair methods of competition. The granting of a license shall not estop the United States or any person aggrieved from proceeding against such person, firm, company, or corporation for violating the law against unfair methods of competition or for a violation of the law against unlawful restraints and monopolies and/or combinations, contracts, or agreements in restraint of trade, or from instituting proceedings for the dissolution of such firm, company, or corporation.

SEC. 14. Any station license shall be revocable by the commission for false statements either in the application or in the statement of fact which may be required by section 10 hereof, or because of conditions revealed by such statements of fact as may be required from time to time which would warrant the licensing authority in refusing to grant a license on an original application, or for failure to operate substantially asset forth in the license, for violation of or failure to observe any of the restrictions and conditions of this Act, or of any regulation of the licensing authority authorized by this Act or by a treaty ratified by the United States, or whenever the Interstate Commerce Commission, or any other Federal body in the exercise of authority conferred upon it by law, shall find and shall certify to the commission that any licensee bound so to do, has failed to provide reasonable facilities for the transmission of radio communications, or that any licensee has made any unjust and unreasonable charge, or has been guilty of any discrimination, either as to charge or as to service or has made or prescribed any unjust and unreasonable classification, regulation, or practice with respect to the transmission of radio communications or service: Provided, That no such order of revocation shall take effect until thirty days' notice in writing thereof, stating the cause for the proposed revocation, has been given to the parties known by the commission to be interested in such license. Any person in interest aggrieved by said order may make written application to the commission at any time within said thirty days for a hearing upon such order, and upon the filing of such written application said order of revocation shall stand suspended until the conclusion of the hearing herein directed. Notice in writing of said hearing shall be given by the commission to all the parties known to it to be interested in such license twenty days prior to the time of said hearing. Said hearing shall be conducted under such rules and in such manner as the commission may prescribe. Upon the conclusion hereof the commission may affirm, modify, or revoke said orders of revocation.

SEC. 15. All laws of the United States relating to unlawful restraints and monopolies and to combinations, contracts, or agreements in restraint of trade are hereby declared to be applicable to the manufacture and sale of and to trade in radio apparatus and devices entering into or affecting interstate or foreign commerce and to interstate or foreign radio communications. Whenever in any suit, action, or proceeding, civil or criminal, brought under the provisions of any of said laws or in any proceedings brought to enforce or to review findings and orders of the Federal Trade Commission or other governmental agency in respect of any matters as to which said commission or other governmental agency is by law authorized to act, any licensee shall be found guilty of the violation of the provisions of such laws or any of them, the court, in addition to the penalties imposed by said laws, may adjudge, order, and/or decree that the license of such licensee shall, as of the date the decree or judgment becomes finally effective or as of such other date as the said decree shall fix, be revoked and that all rights under such license shall thereupon cease: Provided, however, That such licensee shall have the same right of appeal or review as is provided by law in respect of other decrees and judgments of said court.

SEC. 16. Any applicant for a construction permit, for a station license, or for the renewal or modification of an existing station license whose application is refused by the licensing authority shall have the right to appeal from said decision to the Court of Appeals of the District of Columbia; and any licensee whose license is revoked by the commission shall have the right to appeal from such decision of revocation to said Court of Appeals of the District of Columbia or to the district court of the United States in which the apparatus licensed is operated, by filing with said court, within twenty days after the decision complained of is effective, notice in writing of said appeal and of the reasons therefore.

The licensing authority from whose decision an appeal is taken shall be notified of said appeal by service upon it, prior to the filing thereof, of a certified copy of said appeal and of the reasons therefore. Within twenty days after the filing of said appeal the licensing authority shall file with the court the originals or certified copies of all papers and evidence presented to it upon the original application for a permit or license or in the hearing upon said order of revocation, and also a like copy of its decision thereon and a full statement in writing of the facts and the grounds for its decision as found and given by it. Within twenty days after the filing of said statement by the licensing authority either party may give notice to the court of his desire to adduce additional evidence. Said notice shall be in the form of a verified petition stating the stating the nature and character of said additional evidence, and the court may thereupon order such evidence to be taken in such manner and upon such terms and conditions as it may deem proper.

SEC. 17. After the passage of this Act no person, firm, company, or corporation now or hereafter directly or indirectly through any subsidiary, associated, or affiliated person, firm, corporation, or agent, or otherwise, in the business of transmitting and/or receiving for hire energy, communications, or signals by radio in accordance with the terms of the license issued under this Act, shall by purchase, lease, construction, or otherwise, directly or indirectly, acquire, own, control, or operate any cable or wire telegraph or telephone line or system between any place in any State, Territory, or possession of the United States or in the District of Columbia, and any place in any foreign country, or shall acquire, own, or control any part of the stock or other assets of any such cable, wire, telegraph, or telephone line or system, if in either case the purpose is and/or the effect thereof may be to substantially lessen competition or to restrain commerce between any place in any State, Territory, or possession of the United States or in the District of Columbia and any place in any foreign country, or unlawfully to create monopoly in any line of commerce; nor shall any person, firm, company, or corporation now or hereafter engaged directly or indirectly through any subsidiary, associated, or affiliated person, company, corporation, or agent, or otherwise, in the business of transmitting and/or receiving for hire messages by any cable, wire, telegraph, or telephone line or system.

SEC. 18. If any licensee shall permit any person who is a legally qualified candidate for any public office to　use a broadcasting station, he shall afford equal opportunities to all other such candidates for that office in the use of such broadcasting station, and the licensing authority shall make rules and regulations to carry this provision into effect: Provided, That such licensee shall have no power of censorship over the materialbroadcast under the provisions of this paragraph. No obligation is hereby imposed upon any licensee to allowthe use of its station by any such candidate.

SEC. 19. All matter broadcast by any radio station for which service, money, or any other valuable consideration is directly or indirectly paid, or promised to or charged or accepted by, the station so broadcasting, from any person, firm, company, or corporation, shall, at the time the same is so broadcast, be announced as paid for or furnished, as the case may be, by such person, firm, company, or corporation.

SEC. 20. The actual operation of all transmitting apparatus in any radio station for which a station license is required by this Act shall be carried on only by a person holding an operator's license issued hereunder. No person shall operate any such apparatus in such station except under and in accordance with an operator's license issued to him by the Secretary of Commerce.

SEC. 21. No license shall be issued under the authority of this Act for the operation of any station the construction of which is begun or is continued after this Act takes effect, unless a permit for its construction has been granted by the licensing authority upon written application therefor. The licensing authority may grant such permit if public convenience, interest, or necessity will be served by the construction of the station. This application shall set forth such facts as the licensing authority by regulation may prescribe as to the citizenship, character, and the financial, technical, and other ability of the applicant to construct and operate the station, the ownership and location of the proposed station and of the station or stations with which it is proposed to communicate, the frequencies and wave length or wave lengths desired to be used, the hours of the day or other periods of time during which it is proposed to operate the station, the purpose for which the station is to be used, the type of transmitting apparatus to be used, the power to be used, the date upon which the station is expected to be completed and in operation, and such other information as the licensing authority may require. Such application shall be signed by the applicant under oath or affirmation.

SEC. 22. The licensing authority is authorized to designate from time to time radio stations the communications or signals or which, in its opinion, are liable to interfere with the transmission or reception of distress signals of ships. Such stations are required to keep a licensed radio operator listening in on the wave lengths designated for signals of distress and radio communications relating thereto during the entire period the transmitter of said station is in operation.

SEC. 23. Every radio station on shipboard shall be equipped to transmit radio communications or signals of distress on the frequency or wave length specified by the licensing authority, with apparatus capable of transmitting and receiving messages over a distance of at least one hundred miles by day or night. When sending radio communications or signals of distress and radio communications relating thereto the transmitting set may be adjusted in such a manner as to produce a maximum of radiation irrespective of the amount of interference which may thus be cause.

SEC. 24. Every shore station open to general public service between the coast and vessels at sea shall be bound to exchange radio communications or signals with any ship station without distinction as to radio systems or instruments adopted by such stains, respectively, and each station on shipboard shall be bound to exchange radio communications or signals with any other station on shipboard without distinction as to radio systems or instruments adopted by each station.

SEC. 25. At all places where Government and private or commercial radio stations on land operate in such close proximity than interference with the work of Government stations can not be avoided when they are operating simultaneously such private or commercial stations as do interfere with the transmission or reception of radio communications or signals by the Government stations concerned shall not use their transmitters during the first fifteen minutes of each hour, local standard time.

SEC. 26. In all circumstances, except in the case of radio communications or signals relating to vessels in distress, all radio stations, including those owned and operated by the United States, shall use the minimum amount of power necessary to carry out the communication desired.

SEC. 27. No person receiving or assisting in receiving any radio communication shall divulge or publish the contents, substance, purport, effect, or meaning thereof except through authorized channels of transmission or reception to any person other than the addressee, his agent, or attorney, or to a telephone, telegraph, cable, or radio station employed or authorized to forward such radio communication to its destination, or to proper accounting or distributing officers of the various communicating centers over which the radio communication may be passed, or to the master of a ship under whom he is serving, or in response to a subpoena issued by a court of competent jurisdiction, or on demand of other lawful authority; and no person not being authorized by the sender shall intercept any message and divulge or publish the contents, substance, purport, effect, or meaning of such intercepted message to any person; and no person not being entitled thereto shall receive or assist in receiving any radio communication and use the same or any information therein contained for his own benefit or for the benefit of another not entitled thereto; and no person having received such intercepted radio communication or having become acquainted with the contents, substance, purport, effect, or meaning of the same or any part thereof, or use the same or any information therein contained for his own benefit or for the benefit of another not entitled there to: Provided, That this section shall not apply to the receiving, divulging, publishing, or utilizing the contents of any radio communication broadcasted or transmitted by amateurs or others for the use of the general public or relating to ships in distress.

SEC. 28. No person, firm, company, or corporation within the jurisdiction of the United States shall knowingly utter or transmit, or cause to be uttered or transmitted, any false or fraudulent signal of distress, or communication relating thereto, nor shall any broadcasting station rebroadcast the program or any part thereof of another broadcasting station without the express authority of the originating station.

SEC. 29. Nothing in this Act shall be understood or construed to give the licensing authority the power of censorship over the radio communications or signals transmitted by any radio station, and no regulation or condition shall be promulgated or fixed by the licensing authority which shall interfere with the right of free speech by means of radio communications. No person within the jurisdiction of the United States shall utter any obscene, indecent, or profane language by means of radio communications.

SEC. 30. The Secretary of the Navy is hereby authorized unless restrained by international agreement, under the terms and conditions and at rates prescribed by him, which rates shall be just and reasonable, and which upon complaint, shall be subject to review and revision by the Interstate Commerce Commission, to use all radio stations and apparatus, wherever located, owned by the United States and under the control of the Navy Department.

SEC. 31. The expression "radio communication" or "radio communications" wherever used in this Act means any intelligence, message, signal, power, pictures, or communication of any nature transferred by electrical energy from one point to another without the aid of any wire connecting the points from and at which the electrical energy is sent or received and any system by means of which such transfer of energy is effected.

SEC. 32. Any person, firm, company, or corporation failing or refusing to observe or violating any rule, regulation, restriction, or condition made or imposed by the licensing authority under the authority of this Act of any international radio convention or treaty ratified or adhered to by the United States, in addition to any other penalties provided by law, upon conviction thereof by a court of competent jurisdiction, shall be punished by a fine of not more than $500 for each and every offense.

SEC. 33. Any person, firm, company, or corporation who shall violate any provision of this Act, or shall knowingly make any false oath or affirmation in any affidavit required or authorized by this Act, or shall knowingly swear falsely to a material matter in any hearing authorized by this Act, upon conviction thereof in any court of competent jurisdiction shall be punished by a fine of not more than $5,000 or by imprisonment for a term of not more than five years or both for each and every such offense.

SEC. 34. The trial of any offense under this Act shall be in the district in which it is committed; or if the offense is committed upon the high seas, or out of the jurisdiction of any particular State or district, the trial shall be in the district where the offender may be found or into which he shall be first brought.

SEC. 35. This Act shall not apply to the Philippine Islands or to the Canal Zone. In international radio matters the Philippine Islands and the Canal Zone shall be represented by the Secretary of State.

SEC. 36. The licensing authority is authorized to designate any officer or employee of any other department of the Government on duty in any Territory or possession of the United States other than the Philippine Islands and the Canal Zone, to render therein such services in connection with the administration of the radio laws of the United States as such authority may prescribe: Provided, That such designation shall be approved by the head of the department in which such person is employed.

SEC. 37. The unexpended balance of the moneys appropriated in the item for "wireless communication laws," under the caption "Bureau of Navigation" in Title III of the Act entitled "An Act making appropriations for the Departments of State and Justice and for the judiciary, and for the Departments of Commerce and Labor, for the fiscal year ending June 30, 1927, and for other purposes," approved April 29, 1926, and the appropriation for the same purposes for the fiscal year ending June 30, 1928, shall be available both for expenditures incurred in the administration of this Act and for expenditures for the purposes specified in such items. There is hereby authorized to be appropriated for each fiscal year such sums as may be necessary for the administration of this Act and for the purposes specified in such item.

SEC. 38. If any provision of this Act or the application thereof to any person, firm, company, or corporation, or to any circumstances, is held invalid, the remainder of the Act and the application of such provision to other persons, firms, companies, or corporations, or to other circumstances, shall not be affected thereby.

SEC. 39. The Act entitled "An Act to regulate radio communication," approved August 13, 1912, the joint resolution to authorize the operation of Government-owned radio stations for the general public, and for other purposes, approved June 5, 1920, as amended, and the joint resolution entitled "Joint resolution limiting the time for which licenses for radio transmission may be granted, and for other purposes," approved December 8, 1926, are hereby repealed.

SEC. 40. This Act shall take effect and be in force upon its passage and approval, except that for and during aperiod of sixty days after such approval no holder of a license or an extension thereof issued by the Secretary of Commerce under said Act of August 13, 1912, shall be subject to the penalties provided herein for operating a station without the license herein required.

SEC. 41. This Act may be referred to and cited as the Radio Act of 1927.

Approved, February 23, 1927.

附录3 Communications Act of 1934（节选）

COMMUNICATIONS ACT OF 1934

AN ACT To provide for the regulation of interstate and foreign communication by wire or radio, and for other purposes.

Be it enacted by the Senate and House of Representatives of the United States of America in Congress assembled,

TITLE I —— GENERAL PROVISIONS

SEC. 1. [47 U. S. C. 151] PURPOSES OF ACT, CREATION OF FEDERAL COMMUNICATIONS COMMISSION.

For the purpose of regulating interstate and foreign commerce in communication by wire and radio so as to make available, so far as possible, to all the people of the United States, without discrimination on the basis of race, color, religion, national origin, or sex, a rapid, efficient, Nationwide, and world-wide wire and radio communication service with adequate facilities at reasonable charges, for the purpose of the national defense, for the purpose of promoting safety of life and property through the use of wire and radio communication, and for the purpose of securing a more effective execution of this policy by centralizing authority heretofore granted by law to several agencies and by granting additional authority with respect to interstate and foreign commerce in wire and radio communication, there is hereby created a commission to be known as the "Federal Communications Commission," which shall be constituted as hereinafter provided, and which shall execute and enforce the provisions of this Act.

SEC. 2. ［47 U. S. C. 152］ APPLICATION OF ACT.

（a）The provisions of this act shall apply to all interstate and foreign communication by wireor radio and all interstate and foreign transmission of energy by radio, which originates and/or is received within the United States, and to all persons engaged within the United States in such communication or such transmission of energy by radio, and to the licensing and regulating of all radio stations as hereinafter provided; but it shall not apply to persons engaged in wire or radio communication or transmission in the Canal Zone, or to wire or radio communication or transmission wholly within the Canal Zone. The provisions of this Act shall apply with respect to cable service, to all persons engaged within the United States in providing such service, and to the facilities of cable operators which relate to such service, as provided in title VI.

（b）Except as provided in sections 223 through 227, inclusive, and section 332, and subjectto the provisions of section 301 and title VI, nothing in this Act shall be construed to apply or to givethe Commission jurisdiction with respect to （1）charges, classifications, practices, services, facilities, or regulations for or in connection with intrastate communication service by wire or radio of any carrier, or （2）any carrier engaged in interstate or foreign communication solely through physical connection with the facilities of another carrier not directly or indirectly controlling or controlled by, or under direct or indirect common control with such carrier, or （3）any carrier engaged in interstate or foreign communication solely through connection by radio, or by wire and radio, with facilities, located in an adjoining State or in Canada or Mexico （where they adjoin the State in which the carrier is doing business）, of another carrier not directly or indirectly controlling or controlled by, or under direct or indirect common control with such carrier, or （4）any carrier to which clause （2）or clause （3）would be applicable except for furnishing interstate mobile radio communication service or radio communication service to mobile stations on land vehicles in Canada or Mexico; except that sections 201 through 205 of this Act, both inclusive, shall, except as otherwise provided therein, apply to carriers described in clauses (2), (3), and (4).

SEC. 3. 〔47 U. S. C. 153〕DEFINITIONS.

SEC. 4. 〔47 U. S. C. 154〕PROVISIONS RELATING TO THE COMMISSION.

(a) The Federal Communications Commission (in this Act referred to as the "Commission") shall be composed of five Commissioners appointed by the President, by and with the advice and consent of the Senate, one of whom the President shall designate as chairman.

(b) About members of the Commission.

(c) Commissioners shall be appointed for terms of five years and until their successors are appointed and have been confirmed and taken the oath of office, except that they shall not continue to serve beyond the expiration of the next session of Congress subsequent to the expiration of said fixed term of office; except that any person chosen to fill a vacancy shall be appointed only for the unexpired term of the Commissioner whom he succeeds. No vacancy in the Commission shall impair the right of the remaining commissioners to exercise all the powers of the Commission.

(d) Each Commissioner shall receive an annual salary at the annual rate payable from time to time for level IV of the Executive Schedule, payable in monthly installments. The Chairman of the Commission, during the period of his service as Chairman, shall receive an annual salary at the annual rate payable from time to time for level III of the Executive Schedule.

(e) The principal office of the Commission shall be in the District of Columbia, where its general sessions shall be held; but whenever the convenience of the public or of the parties may be promoted or delay or expense prevented thereby, the Commission may hold special sessions in any part of the United States.

(f) The Commission' authority

(g) Three members of the Commission shall constitute a quorum thereof. The Commission shall have an official seal which shall be judicially noticed.

(h) The Commission may perform any and all acts, make such rules and regulations, and issue such orders, not inconsistent with this Act, as may be necessary in the execution of its functions.

(i) The Commission may conduct its proceedings in such manner as will best conduce to the proper dispatch of business and to the ends of justice. No commissioner shall participate in any hearing or proceeding in which he has a pecuniary interest. Any party may appear before the Commission and be heard in person or by attorney. Every vote and official act the Commission shall be entered of record, and its proceedings shall be public upon the request of any party interested. The Commission is authorized to withhold publication of records or proceedings containing secret information affecting the national defense.

(j) The Commission shall make an annual report to Congress, copies of which shall be distributed as are other reports transmitted to Congress.

SEC. 5. [47 U. S. C. 155] ORGANIZATION AND FUNCTIONING OF THE COMMISSION

SEC. 6. AUTHORIZATION OF APPROPRIATIONS.

SEC. 7. [47 U. S. C. 157] NEW TECHNOLOGIES AND SERVICES.

(a) It shall be the policy of the United States to encourage the provision of new technologies and services to the public. Any person or party (other than the Commission) who opposes a new technology or service proposed to be permitted under this Act shall have the burden to demonstrate that such proposal is inconsistent with the public interest.

(b) The Commission shall determine whether any new technology or service proposed in a petition or application is in the public interest within one year after such petition or application is filed. If the Commission initiates its own proceeding for a new technology or service, such proceeding shall be completed within 12 months after it is initiated.

SEC. 8. [47 U. S. C. 158] APPLICATION FEES.

SEC. 9. [47 U. S. C. 159] REGULATORY FEES.

SEC. 10.　[47 U. S. C. 160] COMPETITION IN PROVISION OF TELE-COMMUNICATIONS SERVICE.

SEC. 11.　[47 U. S. C. 161] REGULATORY REFORM.

TITLE II—COMMON CARRIERS

PART I—COMMON CARRIER REGULATION

SEC. 201.　[47 U. S. C. 201] SERVICE AND CHARGES.

SEC. 202.　[47 U. S. C. 202] DISCRIMINATION AND PREFERENCES

SEC. 203.　[47 U. S. C. 203] SCHEDULES OF CHARGES.

SEC. 204.　[47 U. S. C. 204] HEARING AS TO LAWFULNESS OF NEW CHARGES; SUSPENSION.

SEC. 205.　[47 U. S. C. 205] COMMISSION AUTHORIZED TO PRE-SCRIBE JUST AND REASONABLE CHARGES.

SEC. 206.　[47 U. S. C. 206] LIABILITY OF CARRIERS FOR DAMAGES.

In case any common carrier shall do, or cause or permit to be done, any act, matter, or thing in this Act prohibited or declared to be unlawful, or shall omit to do any act, matter, or thing in this Act required to be done, such common carrier shall be liable to the person or persons injured thereby for the full amount of damages sustained in consequence of any such violation of the provisions of this Act, together with a reasonable counsel or attorney's fee, to be fixed by the court in every case of recovery, which attorney's fee shall be taxed and collected as part of the costs in the case.

SEC. 207.　[47 U. S. C. 207] RECOVERY OF DAMAGES.

SEC. 208.　[47 U. S. C. 208] COMPLAINTS TO THE COMMISSION

SEC. 209.　[47 U. S. C. 209] ORDERS FOR PAYMENT OF MONEY

SEC. 210.　[47 U. S. C. 210] FRANKS AND PASSES.

SEC. 211.　[47 U. S. C. 211] COPIES OF CONTRACTS TO BE FILED.

SEC. 212.　[47 U. S. C. 212] INTERLOCKING DIRECTORATES—OF-FICIALS DEALING IN SECURITIES.

SEC. 213. [47 U. S. C. 213] VALUATION OF CARRIER PROPERTY.

(a) The Commission may from time to time, as may be necessary for the proper administration of this Act, and after opportunity for hearing, make a valuation of all or of any part of the property owned or used by any carrier subject to this Act, as of such date as the Commission may fix.

(b) The Commission may at any time require any such carrier to file with the Commission an inventory of all or of any part of the property owned or used by said carrier, which inventory shall show the units of said property classified in such detail, and in such manner, as the Commission shall direct, and shall show the estimated cost of reproduction new of said units, and their reproduction cost new less depreciation, as of such date as the Commission may direct; and such carrier shall file such inventory within such reasonable time as the Commission by order shall require.

(c) The Commission may at any time require any such carrier to file with the Commission a statement showing the original cost at the time of dedication to the public use of all or of any part of the property owned or used by said carrier.

For the showing of such original cost said property shall be classified, and the original cost shall be defined, in such manner as the Commission may prescribe; and if any part of such cost cannot be determined from accounting or other records, the portion of the property for which such cost cannot be determined shall be reported to the Commission; and if the Commission shall so direct, the original cost thereof shall be estimated in such manner as the Commission may prescribe. If the carrier owning the property at the time such original cost is reported shall have paid more or less than the original cost to acquire the same, the amount of such cost of acquisition, and any facts which the Commission may require in connection therewith, shall be reported with such original cost. The report made by a carrier under this paragraph shall show the source or sources from which the original cost reported was obtained, and such other information as to the manner in which the report was prepared, as the Commission shall require.

(d) Nothing shall be included in the original cost reported for the property of any carrier under paragraph （c）of this section on account of any easement, license, or franchise granted by the United States or by any State or political subdivision thereof, beyond the reasonable necessary expense lawfully incurred in obtaining such easement, license, or franchise from the public authority aforesaid, which expense shall be reported separately from all other costs in such detail as the Commission may require; and nothing shall be included in any valuation of the property of any carrier made by the Commission on account of any such easement, license, or franchise, beyond such reasonable necessary expense lawfully incurred as aforesaid.

（e）The Commission shall keep itself informed of all new construction, extensions, improvements, retirements, or other changes in the condition, quantity, use, and classification of the property of common carriers, and of the cost of all additions and betterments thereto and of all changes in the investment therein, and may keep itself informed of current changes in costs and values of carrier properties.

（f）For the purpose of enabling the Commission to make a valuation of any of the property of any such carrier, or to find the original cost of such property, or to find any other facts concerning the same which are required for use by the Commission, it shall be the duty of each such carrier to furnish to the Commission, within such reasonable time as the Commission may order, any information with respect thereto which the Commission may by order require, including copies of maps, contracts, reports of engineers, and other data, records, and papers, and to grant to all agents of the Commission free access to its property and its accounts, records, and memoranda whenever and wherever requested by any such duly authorized agent, and to cooperate with and aid the Commission in the work of making any such valuation of finding in such manner and to such extent as the Commission may require and direct, and all rules and regulations made by the Commission for the purpose of administering this section shall have the full force and effect of law. Unless otherwise ordered by the Commission, with the reasons therefor, the records and data of the Commission shall be open to the inspection and examination of the public. The Commission, in making any such valuation, shall be free to adopt any method of valuation which shall be lawful.

(g) Nothing in this section shall impair or diminish the powers of any State commission.

SEC. 214. [47 U. S. C. 214] EXTENSION OF LINES.

SEC. 215. [47 U. S. C. 215] TRANSACTIONS RELATING TO SERVICES, EQUIPMENT, AND SO FORTH.

SEC. 216. [47 U. S. C. 216] APPLICATION OF ACT TO RECEIVERS AND TRUSTEES.

The provisions of this Act shall apply to all receivers and operating trustees of carriers subject to this Act to the same extent that it applies to carriers.

SEC. 217. [47 U. S. C. 217] LIABILITY OF CARRIER FOR ACTS AND OMISSIONS OF AGENTS.

In construing and enforcing the provisions of this Act, the act, omission, or failure of any officer, agent, or other person acting for or employed by any common carrier or user, acting within the scope of his employment, shall in every case be also deemed to be the act, omission, or failure of such carrier or user as well as that of the person.

SEC. 218. [47 U. S. C. 218] INQUIRIES INTO MANAGEMENT.

SEC. 219. [47 U. S. C. 219] ANNUAL AND OTHER REPORTS.

SEC. 220. [47 U. S. C. 220] ACCOUNTS, RECORDS, AND MEMORANDA; DEPRECIATION CHARGES

SEC. 221. [47 U. S. C. 221] SPECIAL PROVISIONS RELATING TO TELEPHONE COMPANIES.

SEC. 222. [47 U. S. C. 222] PRIVACY OF CUSTOMER INFORMATION.

SEC. 223. [47 U. S. C. 223] OBSCENE OR HARASSING TELEPHONE CALLS IN THE DISTRICT OF COLUMBIA OR IN INTERSTATE OR FOREIGN COMMUNICATIONS

SEC. 224. [47 U. S. C. 224] REGULATION OF POLE ATTACH-

MENTS

SEC. 225.　〔47 U. S. C. 225〕 TELECOMMUNICATIONS SERVICES FOR HEARING-IMPAIRED AND SPEECH-IMPAIRED INDIVIDUALS

SEC. 226.　〔47 U. S. C. 226〕 TELEPHONE OPERATOR SERVICES

SEC. 227.　〔47 U. S. C. 227〕 RESTRICTIONS ON THE USE OF TELEPHONE EQUIPMENT.

SEC. 228.　〔47 U. S. C. 228〕 REGULATION OF CARRIER OFFERING OF PAY-PER-CALL SERVICES.

PART II—DEVELOPMENT OF COMPETITIVE MARKETS

SEC. 251.　〔47 U. S. C. 251〕 INTERCONNECTION.

SEC. 252.　〔47 U. S. C. 252〕 PROCEDURES FOR NEGOTIATION, ARBITRATION, AND APPROVAL OF AGREEMENTS.

SEC. 253.　〔47 U. S. C. 253〕 REMOVAL OF BARRIERS TO ENTRY.

SEC. 254.　〔47 U. S. C. 254〕 UNIVERSAL SERVICE.

SEC. 255.　〔47 U. S. C. 255〕 ACCESS BY PERSONS WITH DISABILITIES.

SEC. 257.　〔47 U. S. C. 257〕 MARKET ENTRY BARRIERS PROCEEDING.

SEC. 258.　〔47 U. S. C. 258〕 ILLEGAL CHANGES IN SUBSCRIBER CARRIER SELECTIONS.

SEC. 259.　〔47 U. S. C. 259〕 INFRASTRUCTURE SHARING

SEC. 260.　〔47 U. S. C. 260〕 PROVISION OF TELEMESSAGING SERVICE.

SEC. 261.　〔47 U. S. C. 261〕 EFFECT ON OTHER REQUIREMENTS

PART III—SPECIAL PROVISIONS CONCERNING BELL OPERATING COMPANIES

TITLE III—PROVISIONS RELATING TO RADIO

PART I—GENERAL PROVISIONS

SEC. 301.　〔47 U. S. C. 301〕 LICENSE FOR RADIO COMMUNICA-

TION OR TRANSMISSION OF ENERGY

SEC. 302. 〔47 U. S. C. 302〕 DEVICES WHICH INTERFERE WITH RADIO RECEPTION.

SEC. 304. 〔47 U. S. C. 304〕 WAIVER BY LICENSEE.

SEC. 305. 〔47 U. S. C. 305〕 GOVERNMENT-OWNED STATIONS

SEC. 306. 〔47 U. S. C. 306〕 FOREIGN SHIPS

SEC. 307. 〔47 U. S. C. 307〕 ALLOCATION OF FACILITIES; TERM OF LICENSES

SEC. 308. 〔47 U. S. C. 308〕 APPLICATIONS FOR LICENSES; CONDITIONS IN LICENSE FOR FOREIGN COMMUNICATION

SEC. 309. 〔47 U. S. C. 309〕 ACTION UPON APPLICATIONS; FORM OF AND CONDITIONS ATTACHED TO LICENSES.

SEC. 310. 〔47 U. S. C. 310〕 LIMITATION ON HOLDING AND TRANSFER OF LICENSES.

SEC. 311. 〔47 U. S. C. 311〕 SPECIAL REQUIREMENTS WITH RESPECT TO CERTAIN APPLICATIONS IN THE BROADCASTING SERVICE.

SEC. 312. 〔47 U. S. C. 312〕 ADMINISTRATIVE SANCTIONS

SEC. 313. 〔47 U. S. C. 313〕 APPLICATION OF ANTITRUST LAWS; REFUSAL OF LICENSES AND PERMITS IN CERTAIN CASES.

SEC. 314. 〔47 U. S. C. 314〕 PRESERVATION OF COMPETITION IN COMMERCE.

SEC. 315. 〔47 U. S. C. 315〕 FACILITIES FOR CANDIDATES FOR PUBLIC OFFICE.

SEC. 316. 〔47 U. S. C. 316〕 MODIFICATION BY COMMISSION OF CONSTRUCTION PERMITS OR LICENSES.

SEC. 317. 〔47 U. S. C. 317〕 ANNOUNCEMENT WITH RESPECT TO CERTAIN MATTER BROADCAST.

SEC. 318. 〔47 U. S. C. 318〕 OPERATION OF TRANSMITTING APPA-

RATUS.

SEC. 319.　[47 U. S. C. 319] CONSTRUCTION PERMITS.

SEC. 320.　[47 U. S. C. 320] DESIGNATION OF STATIONS LIABLE TO INTERFERE WITH DISTRESS SIGNALS.

SEC. 321.　[47 U. S. C. 321] DISTRESS SIGNALS AND COMMUNICATIONS.

(a)　The transmitting set in a radio station on shipboard may be adjusted in such a manner as to produce a maximum of radiation, irrespective of the amount of interference which may thus be caused, when such station is sending radio communications or signals of distress and radio communications relating thereto.

(b)　All radio stations, including Government stations and stations on board foreign vessels when within the territorial waters of the United States, shall give absolute priority to radio communications or signals relating to ships in distress; shall cease all sending on frequencies which will interfere with hearing a radio communication or signal of distress, and, except when engaged in answering or aiding the ship in distress, shall refrain from sending any radio communications or signals until there is assurance that no interference will be caused with the radio communications or signals relating thereto, and shall assist the vessel in distress, so far as possible, by complying with its instructions.

SEC. 322.　[47 U. S. C. 322] INTERCOMMUNICATION IN MOBILE SERVICE.

SEC. 323.　[47 U. S. C. 323] INTERFERENCE BETWEEN GOVERNMENT AND COMMERCIAL STATIONS.

SEC. 324.　[47 U. S. C. 324] USE OF MINIMUM POWER.

In all circumstances, except in case of radio communications or signals relating to vessels in distress, all radio stations, including those owned and operated by the United States, shall use the minimum amount of power necessary to carry out the communication desired.

SEC. 325.　[47 U. S. C. 325] FALSE DISTRESS SIGNALS; REBROAD-

CASTING; STUDIOS OF FOREIGN STATIONS

SEC. 326. [47 U. S. C. 326] CENSORSHIP; INDECENT LANGUAGE.

Nothing in this Act shall be understood or construed to give the Commission the power of censorship over the radio communications or signals transmitted by any radio station, and no regulation or condition shall be promulgated or fixed by the Commission which shall interfere with the right of free speech by means of radio communication.

SEC. 327. [47 U. S. C. 327] USE OF NAVAL STATIONS FOR COMMERCIAL MESSAGES.

SEC. 329. [47 U. S. C. 329] ADMINISTRATION OF RADIO LAWS IN TERRITORIES AND POSSESSIONS.

SEC. 330. [47 U. S. C. 330] PROHIBITION AGAINST SHIPMENT OF CERTAIN TELEVISION RECEIVERS.

SEC. 331. [47 U. S. C. 331] VERY HIGH FREQUENCY STATIONS AND AM RADIO STATIONS.

SEC. 333. [47 U. C. S. 333] WILLFUL OR MALICIOUS INTERFERENCE.

No person shall willfully or maliciously interfere with or cause interference to any radio communications of any station licensed or authorized by or under this Act or operated by the United States Government.

SEC. 334. [47 U. C. S. 334] LIMITATION ON REVISION OF EQUAL EMPLOYMENT OPPORTUNITY REGULATIONS.

SEC. 335. [47 U. C. S. 335] DIRECT BROADCAST SATELLITE SERVICE OBLIGATIONS.

SEC. 336. [47 U. S. C. 336] BROADCAST SPECTRUM FLEXIBILITY

PART II—RADIO EQUIPMENT AND RADIO OPERATORS ON BOARD SHIP

PART III—RADIO INSTALLATIONS ON VESSELS CARRYING PASSENGERS FOR HIRE

PART IV—ASSISTANCE FOR PUBLIC TELECOMMUNICATIONS FACILITIES; TELECOMMUNICATIONS DEMONSTRATIONS; CORPORATION FOR PUBLIC BROADCAST-

ING

TITLE IV—PROCEDURAL AND ADMINISTRATIVE PROVISIONS

TITLE V—PENAL PROVISIONS—FORFEITURES

TITLE VI—CABLE COMMUNICATIONS

PART I—GENERAL PROVISIONS

PART II—USE OF CABLE CHANNELS AND CABLE OWNERSHIP RESTRICTIONS

SEC. 611. 〔47 U. S. C. 531〕 CABLE CHANNELS FOR PUBLIC, EDUCATIONAL, OR GOVERNMENTAL USE.

SEC. 612. 〔47 U. S. C. 532〕 CABLE CHANNELS FOR COMMERCIAL USE

SEC. 613. 〔47 U. S. C. 533〕 OWNERSHIP RESTRICTIONS

SEC. 614. 〔47 U. S. C. 534〕 CARRIAGE OF LOCAL COMMERCIAL TELEVISION SIGNALS.

SEC. 615. 〔47 U. S. C. 535〕 CARRIAGE OF NONCOMMERCIAL EDUCATIONAL TELEVISION.

SEC. 616. 〔47 U. S. C. 536〕 REGULATION OF CARRIAGE AGREEMENTS.

SEC. 617. 〔47 U. S. C. 537〕 SALES OF CABLE SYSTEMS.

PART III—FRANCHISING AND REGULATION

PART IV—MISCELLANEOUS PROVISIONS

PART V—VIDEO PROGRAMMING SERVICES PROVIDED BY TELEPHONE COMPANIES

TITLE VII—MISCELLANEOUS PROVISIONS

附录 4 Telecommunications Act of 1996 （节选）

An Act To promote competition and reduce regulation in order to secure lower prices and higher quality services for American telecommunications consumers and encourage the rapid deployment of new telecommunications technologies.

Be it enacted by the Senate and House of Representatives of the United States of America in Congress assembled,

SEC. 1. SHORT TITLE; REFERENCES.

(a) SHORT TITLE-This Act may be cited as the 'Telecommunications Act of 1996'.

(b) REFERENCES-Except as otherwise expressly provided, whenever in this Act an amendment or repeal is expressed in terms of an amendment to, or repeal of, a section or other provision, the reference shall be considered to be made to a section or other provision of the Communications Act of 1934 (47 U. S. C. 151 et seq.).

SEC. 2. TABLE OF CONTENTS.

The table of contents for this Act is as follows:

TITLE I—TELECOMMUNICATION SERVICES

SUBTITLE A—TELECOMMUNICATIONS SERVICES

Sec. 704. Facilities siting; radio frequency emission standards.

Sec. 705. Mobile services direct access to long distance carriers.

Sec. 706. Advanced telecommunications incentives.

Sec. 707. Telecommunications Development Fund.

Sec. 708. National Education Technology Funding Corporation.

Sec. 709. Report on the use of advanced telecommunications services for medical purposes.

Sec. 710. Authorization of appropriations.

SEC. 3. DEFINITIONS.

(a) ADDITIONAL DEFINITIONS-Section 3 (47 U. S. C. 153) is amended—

(1) in subsection (r) —

(A) by inserting ' (A) ' after ' means' ; and (B) by inserting before the period at the end the following:, or (B) comparable service provided through a system of switches, transmission equipment, or other facilities (or combination thereof) by which a subscriber can originate and terminate a telecommunications service; and

(2) by adding at the end thereof the following:

(33) AFFILIATE-The term ' affiliate' means a person that (directly or indirectly) owns or controls, is owned or controlled by, or is under common ownership or control with, another person. For purposes of this paragraph, the term ' own' means to own an equity interest (or the equivalent thereof) ofmore than 10 percent.

(34) AT&T CONSENT DECREE-The term ' AT&T Consent Decree' means the order entered August 24, 1982, in the antitrust action styled United States v. Western Electric, Civil Action No. 82 – 0192, in the United States District Court for the District of Columbia, and includes any judgment or order with respect to such action entered on or after August 24, 1982.

(35) BELL OPERATING COMPANY-The term ' Bell operating company' —

(A) means any of the following companies: Bell Telephone

Company of Nevada, Illinois Bell Telephone Company, Indiana Bell Telephone

Company, Incorporated, Michigan Bell Telephone Company, New England Telephone and Telegraph Company, New Jersey Bell Telephone Company, New York Telephone Company, U S West Communications Company, South Central Bell Telephone Company, Southern Bell Telephone andTelegraph Company, Southwestern Bell Telephone Company, The Bell Telephone Company of Pennsylvania, The Chesapeake and Potomac Telephone Company, The Chesapeake and Potomac Telephone Company of Maryland, The Chesapeake and Potomac Telephone Company of Virginia, The Chesapeake and Potomac Telephone Company of West Virginia, The Diamond State Telephone Company, The Ohio Bell Telephone Company, The Pacific Telephone and Telegraph Company, or Wisconsin Telephone Company; and

(B) includes any successor or assign of any such company that provides wireline telephone exchange service; but

(C) does not include an affiliate of any such company,

other than an affiliate described in subparagraph (A) or (B).

(36) CABLE SERVICE-The term 'cable service' has the meaning given such term in section 602.

(37) CABLE SYSTEM-The term 'cable system' has the meaning given such term in section 602.

(38) CUSTOMER PREMISES EQUIPMENT-The term 'customer premises equipment' means equipment employed on the premises of a person (other than a carrier) to originate, route, or terminate telecommunications.

(39) DIALING PARITY-The term 'dialing parity' means that a person that is not an affiliate of a local exchange carrier is able to provide telecommunications services in such a manner that customers have the ability to route automatically, without the use of any access code, their telecommunications to the telecommunications services provider of the customer's designation from among 2 or more telecommunications services providers (including such local exchange carrier).

(40) EXCHANGE ACCESS-The term 'exchange access' means the offering of access to telephone exchange services or facilities for the purpose of the origination or

termination of telephone toll services.

(41) INFORMATION SERVICE-The term 'information service' means the offering of a capability for generating, acquiring, storing, transforming, processing, retrieving, utilizing, or making available information via telecommunications, and includes electronic publishing, but does not include any use of any such capability for the management, control, or operation of a telecommunications system or the management of a telecommunications service.

(42) INTERLATA SERVICE-The term 'interLATA service' means telecommunications between a point located in a local access and transport area and a point located outside such area.

(43) LOCAL ACCESS AND TRANSPORT AREA-The term 'local access and transport area' or 'LATA' means a contiguous geographic area—

(A) established before the date of enactment of the Telecommunications Act of 1996 by a Bell operating company such that no exchange area includes points within more than 1 metropolitan statistical area, consolidated metropolitan statistical area, or State, except as expressly permitted under the AT&T Consent Decree; or

(B) established or modified by a Bell operating company after such date of enactment and approved by the Commission.

(44) LOCAL EXCHANGE CARRIER-The term 'local exchange carrier' means any person that is engaged in the provision of telephone exchange service or exchange access. Such term does not include a person insofar as such person is engaged in the provision of a commercial mobile service under section 332 (c), except to the extent that the Commission finds that such service should be included in the definition of such term.

(45) NETWORK ELEMENT-The term 'network element' means a facility or equipment used in the provision of a telecommunications service. Such term also includes features functions, and capabilities that are provided by means of such facility or equipment, including subscriber numbers, databases, signaling systems, and information sufficient for billing and collection or used in the transmission, routing,

or other provision of a telecommunications service.

(46) NUMBER PORTABILITY-The term 'number portability' means the ability of users of telecommunications services to retain, at the same location, existing telecommunications numbers without impairment of quality, reliability, or convenience when switching from one telecommunications carrier to another.

(47) RURAL TELEPHONE COMPANY-The term 'rural telephone company' means a local exchange carrier operating entity to the extent that such entity—

(A) provides common carrier service to any local exchange carrier study area that does not include either—

(i) any incorporated place of 10,000 inhabitants or more, or any part thereof, based on the most recently available population statistics of the Bureau of the Census; or

(ii) any territory, incorporated or unincorporated, included in an urbanized area, as defined by the Bureau of the Census as of August 10, 1993;

(B) provides telephone exchange service, including exchange access, to fewer than 50,000 access lines;

(C) provides telephone exchange service to any local exchange carrier study area with fewer than 100,000 access lines; or

(D) has less than 15 percent of its access lines in communities of more than 50,000 on the date of enactment of the Telecommunications Act of 1996.

(48) TELECOMMUNICATIONS-The term 'telecommunications' means the transmission, between or among points specified by the user, of information of the user's choosing, without change in the form or content of the information as sent and received.

(49) TELECOMMUNICATIONS CARRIER-The term telecommunications carrier' means any provider of telecommunications services, except that such term does not include aggregators of telecommunications services (as defined in section 226). A telecommunications carrier shall be treated as a common carrier under this Act only to the extent that it is engaged in providing telecommunications services, ex-

cept that the Commission shall determine whether the provision of fixed and mobile satellite service shall be treated as common carriage.

(50) TELECOMMUNICATIONS EQUIPMENT-The term telecommunications equipment' means equipment, other than customer premises equipment, used by a carrier to provide telecommunications services, and includes software integral to such equipment (including upgrades).

(51) TELECOMMUNICATIONS SERVICE-The term telecommunications service' means the offering of telecommunications for a fee directly to the public, or to such classes of users as to be effectively available directly to the public, regardless of the facilities used.

(b) COMMON TERMINOLOGY-Except as otherwise provided in this Act, the terms used in this Act have the meanings provided in section 3 of the Communications Act of 1934 (47 U. S. C. 153), as amended by this section.

(c) STYLISTIC CONSISTENCY-Section 3 (47 U. S. C. 153) is amended—

(1) in subsections (e) and (n), by redesignating clauses (1),

(2), and (3), as clauses (A), (B), and (C), respectively;

(2) in subsection (w), by redesignating paragraphs (1) through (5) as subparagraphs (A) through (E), respectively;

(3) in subsections (y) and (z), by redesignating paragraphs (1) and (2) as subparagraphs (A) and (B), respectively;

(4) by redesignating subsections (a) through (ff) as paragraphs (1) through (32);

(5) by indenting such paragraphs 2 em spaces;

(6) by inserting after the designation of each such paragraph—

(A) a heading, in a form consistent with the form of the heading of this sub-section, consisting of the term defined by such paragraph, or the first term so de-fined if such paragraph defines more than one term; and

(B) the words ' The term ' ;

(7) by changing the first letter of each defined term in such paragraphs from a capital to a lower case letter （except for United States, 'State', 'State commission', and 'Great Lakes Agreement'）; and

（8）by reordering such paragraphs and the additionalparagraphs added by subsection （a）in alphabetical order based on the headings of such paragraphs and renumbering such paragraphs as so reordered.

（d）CONFORMING AMENDMENTS-The Act is amended—

（1）in section 225 （a）（1）, by striking 'section 3 （h）' and inserting 'section 3';

（2）in section 332 （d）, by striking 'section 3 （n）' each place it appears and inserting 'section 3'; and

（3）in sections 621 （d）（3）, 636 （d）, and 637 （a）（2）, by striking 'section 3 （v）' and inserting 'section 3'.

后 记

本书是在我复旦大学博士学位论文的基础上修改完善而成。五年过去了，我一直将之深藏"闺阁"，缘于内心的惶惑。我所关注的，是当下中国乃至全球传媒业面临的困境：大众传媒如何在公共利益与商业利益之间找到一个平衡点？为达到这一近乎理想的状态，政府应该如何对之进行规制？……基于这一出发点以及全球传播业的背景，我选择的具体研究对象，是美国广播电视体制；为探究体制变迁与公共利益的内在联系，该研究的时间跨度长达百年；尽管搜集、分析了大量的文献，但我深知，它只能大致勾勒出美国广播电视体制变迁与价值导向变化的主线；尽管研究的是美国广播电视体制，但在博士论文完成之前，本人一直在中国生活，所以无论怎么进行深入细致的文献解读，都无法弥补隔岸观火之憾。

五年来，世界上主要国家传媒业的变化一次次敲打着我，推动着我在这一领域进行跟踪式深入探究。2011 年英国《世界新闻报》窃听事件，2014 年中央电视台财经频道管理层、21 世纪经济报系管理层的大面积违规违法行为……这些绝不仅仅是传媒从业者的素养问题。近年来我所展开的大量案例分析表明，政府规制在一定程度上能决定新闻业的格局与生态，而行业气质与氛围将直接影响到行业内的每一个个体，进而反过来影响到整个新闻业的社会功能。英国广播电视的"瑕不掩瑜"与其报业的相对混乱形成鲜明对照，便是典型例证：政府规制的效应由此可见一斑。于是，在博士论文的基础上，近年来我一直致力于在公共利益、媒体社会责任和传媒管理体制之间建立一种联系，并尝试于将这一理念贯穿于本书的论述之中。

"只有解决好媒体社会价值主体与商业价值副体的关系，媒体业才能继续维持道德基准的角色，成为社会的有益部分。"21 世纪传媒股份有限公司原报刊发行人沈颢在忏悔书中如是说。从骄人的北大学子，到闪烁着理想光辉的

"新闻圣徒"，再到今天的阶下囚，他所道出的也许是今天传媒业问题的症结之所在：公共利益与商业利益交织于一体的纠结、困惑与扭曲。今天早晨，在哈佛通往 MIT 的地铁上，通过微信看到关于沈颢被批捕的报道，读到这一句的那一刻，我才真的有了出版此书的冲动。

对于像我这样初出茅庐的研究者来说，这是一个较为宏观的问题，而涉及体制时，又往往容易陷入"拿捏不准，吃力不讨好"的困境。但我以为，任何改革的推进，可能都需要一些如我这般无知无畏的人做铺垫，说得好听点，叫抛砖引玉。

记得八年前，2006 年的那个秋天，有幸考上复旦大学新闻学院的博士生们意气风发，在时任辅导员张志安老师的组织下，讨论传播学研究方法问题。在讨论即将结束的时候，一直没有说话的我终于忍不住，怯怯问了一句："可是，我们为什么要研究呢？"我记得，当时，没有满座哗然。沉默片刻后，张志安老师问道："别人都是想清楚了才来读博士，你还没想清楚就来了？"我尊敬的大师兄芮必峰教授更是掷地有声："我应该叫导师把你扫地出门。"然后，是温婉的吴静同学说："我记得著名的哲学家张载说过，为天地立心，为生民立命，为往圣继绝学，为万世开太平……"那一刻，我豁然开朗，如浓云压顶、狂风暴雨过后遇见清风暖阳。所以，我要感谢安徽大学新闻与传播学院党委书记芮必锋教授，中山大学传播与设计学院张志安院长，香港恒生管理学院传播学院吴静副教授，还有如今活跃新闻传播研究与实践领域的曾经陪伴我度过博士三年美好时光的同学们，是你们让我在短暂的迷惘过后坦坦荡荡进入学术之门。

幸运的是，我的导师李良荣教授并未将我"扫地出门"。我更要感谢他。他给了我宽松的成长时间与空间，让我得以从一个对学术、对社会懵懂困惑的孩子成长为一个能用理性与良知来思考的研究者。他常常在我一筹莫展、气不定神不闲的时候给我鼓励，或是一句话，或是一个眼神，而更多的，还是信任。来自老师的信任让我一次次克服怠惰与自卑，慢慢建立起在学术上的自信。老师传授给我的，不一定是具体的知识，更是研究问题的立场，分析问题的方法，还有严谨踏实的工作作风。他引用歌德的话说"理论是灰色的，而生命之树常青"。他还说"做研究要有激情""写文章要抓问题"……他让我明白什么是真正的学问之境界，什么是一个学者应有的立场与品格。面对今天中国传媒业的现实，回首发现老师在 20 多年前、10 多年前提出的论断是多么有预见性和洞察力。尽管老师的博大与睿智我无法企及，但老师的人品与学品将是我终生学习的榜样。

此刻的我，坐在沐浴着冬日阳光的麻省理工学院图书馆，透过巨大的落地窗，看查尔斯河洪波涌起、剑桥城上空云卷云舒，心中荡漾的，却依然是博士论文刚刚出炉时的那分惶惑。感谢麻省理工学院（MIT）比较媒体系（CMS/W）王瑾（Wang Jin）教授给了我在这所世界一流学府与来自世界各地的精英们一起学习、探讨的机会。她的智慧、热忱、勤奋与进取实在让身为后辈的我们汗颜。当前王老师致力于中国公益事业，在 MIT 繁重的教学、科研之余，用五年时间将"中国公益2.0"项目做得风生水起。"学问不应该是象牙塔里的坐而论道，而应该面向社会。"她以自己的行动阐释着她的理念，也践行着 MIT"知行合一"（Mind and Hand）的校训。认识王老师，实属幸运。在麻省理工学院比较媒体系从事访问学者研究的这一年，针对这一问题，我补充了大量的文献资料，与相关研究者进行了探讨，还尝试着进行街头访谈，并在此基础上对部分章节进行了完善，但依然留下了不少缺憾。

写作总要止于某一时点，传播业的变化却一直变动不居。五年来，美国传播业发生了重大变化，政府规制措施也在逐步变革。就在几天前（2014年11月10日），为推进"网络中立性原则"（Net Neutrality），现任美国总统奥巴马还敦促联邦通讯委员会（FCC）将互联网界定为"公共事业"（utility）……

"吾生也有涯，而知也无涯。"——停笔之际引用此言，聊以自慰，也算自勉。

感谢社会科学文献出版社编辑杨慧女士对本书的精心斧正。她对书稿逐字逐句的校正，着实让我感动，让我不得不"细心、再细心"。

我还要感谢我最坚实的后盾——南京财经大学科研处、人事处的同事们，新闻学院的同仁们，还有我亲爱的家人。是他们给了我直道而行、潜心尽力完成此书的平台、时间与正能量。

在本书写作的过程中，我的先生樊士德博士给了我莫大的精神支持，并常常从经济学的视角提出针锋相对的质疑——"没有经济效益，哪有企业的生存？没有企业的生存，哪有普遍服务、公共利益？"这样的"诘问"让我不得不时刻保持清醒，在论证自己的观点——"公共利益至上"时谨慎有加。

我的女儿樊伊宁真正地陪伴着我，见证了本书酝酿、构思、斟酌、推敲与成形的全过程。她来到这个世界的时间，几乎与本书的初稿同步，现在，她即将迈进小学的大门。我愧疚于自己给她的精力太少，她却让我在体会为人母亲的欢愉之时，告诉我时间的紧迫……

这是我独立完成的第一本专著。书中行文与观点，难免挂一漏万，存在诸多不足，还望读者诸君不吝赐教。

张春华

2014 年 11 月 20 日

@ MIT Hayden Library

图书在版编目（CIP）数据

美国广播电视体制变迁研究：从"公众委托模式"到"市场模式"／
张春华著.—北京：社会科学文献出版社，2015.9
ISBN 978 - 7 - 5097 - 7884 - 5

Ⅰ.①美…　Ⅱ.①张…　Ⅲ.①广播电视－管理体制－研究－美国
Ⅳ.①G229.712

中国版本图书馆 CIP 数据核字（2015）第 182921 号

美国广播电视体制变迁研究
　　——从"公众委托模式"到"市场模式"

著　　者／张春华

出 版 人／谢寿光
项目统筹／祝得彬
责任编辑／杨　慧　张苏琴

出　　版／社会科学文献出版社·全球与地区问题出版中心（010）59367004
　　　　　地址：北京市北三环中路甲 29 号院华龙大厦　邮编：100029
　　　　　网址：www.ssap.com.cn
发　　行／市场营销中心（010）59367081　59367090
　　　　　读者服务中心（010）59367028
印　　装／北京季蜂印刷有限公司

规　　格／开本：787mm×1092mm　1/16
　　　　　印张：18　字数：290 千字
版　　次／2015 年 9 月第 1 版　2015 年 9 月第 1 次印刷
书　　号／ISBN 978 - 7 - 5097 - 7884 - 5
定　　价／68.00 元